现代传记研究

Journal of Modern Life Writing Studies

第 1 辑

2013 年秋季号

上海交通大学传记中心主办

商务印书馆
The Commercial Press
创于1897

图书在版编目(CIP)数据

现代传记研究 / 杨正润主编. —北京:商务印书
馆,2013
ISBN 978 - 7 - 100 - 10352 - 7

Ⅰ.①现…　Ⅱ.①杨…　Ⅲ.①传记—研究
Ⅳ.①K810

中国版本图书馆 CIP 数据核字(2013)第 244505 号

现代传记研究
第 1 辑
杨正润　主编

———————————————————

商　务　印　书　馆　出　版
(北京王府井大街36号　邮政编码100710)
商　务　印　书　馆　发　行
山东临沂新华印刷物流集团
有　限　责　任　公　司　印　刷
ISBN978-7-100-10352-7

———————————————————

2013 年 10 月第 1 版　　开本 710×1000　1/16
2013 年 10 月第 1 次印刷　　印张 18
定价: 36.00 元

Advisory Board（**in alphabetical order**）

Alexandre, Didier（Université de Paris IV-Sorbonne）

Chen Jianhua（East China Normal University）

Chen Jin（Shanghai Jiao Tong University）

Chen Sihe（Fudan University）

Guérin, Jeanyves（Université de Paris III-Sorbonne nouvelle）

Guan, Daoxiong（University of California, Santa Barbara）

Howes, Craig W.（University of Hawaii）

Hoberman, Ruth（Eastern Illinois University）

Jolly, Margaretta（University of Sussex）

KHA Saenyang（Shanghai Jiao Tong University）

Lejeune, Philippe（Institut Universitaire de France）

Liu Kang（Duke University）

Lu Jiande（Chinese Academy of Social Sciences）

Nie Zhenzhao（Central China Normal University）

Poy, Vivienne（University of Toronto）

Schwartz, Murrary M.（Emerson College）

Terrill, Ross（Harvard University）

Wang Ning（Tsinghua University）

Wang Jie（Shanghai Jiao Tong University）

Waters, Lindsay（Harvard University）

Wong Sin Kiong（National University of Singapore）

Yang Zhengrun（Shanghai Jiao Tong University）

Zhang Jiong（Chinese Academy of Social Sciences）

Editorial Committee

Editor-in-Chief：Yang Zhengrun

Deputy Editors-in-Chief：Liu Jialin, Yuan Qi

Acting Editor-in-Chief：Tang Yuqing

Director of Translation Office：Tang Xiumin

Director of Editorial Office：Chen Lingling

Members：Li Kai Ping, Liang Qingbiao, Yin Dexiang, Zhao Shankui

Address：

Journal of Modern Life Writing Studies

Room 209, Building of Arts and Humanities, 800 Dongchuan Road, Shanghai, 200240, P. R. China.

Tel.：+86 – 21 – 34204579

Email：sclw209@ sina. com

Website：http：// www. sclw. sjtu. edu. cn

卷 首 语

　　传记(life writing)是人类的纪念碑。文化的起源中就包含着传记的因素，孔子的《论语》、柏拉图的苏格拉底回忆录和"四福音书"为传记树立了不朽的经典。其他文学和文化的文本形式，大都随着时代的变迁而消亡，成为历史的陈迹，只有传记以顽强的生命力绵延不绝；到了21世纪更是超过曾经盛极一时的小说，成为文化文本中的最大类别。传统的他传、自传、回忆录、书信、日记、游记等继续繁荣，新兴的口述历史、群体传记又异军突起。传记还超越了文字的媒介，同电影、电视以及互联网和自媒体结缘，开拓出广阔的新空间，拥有难以计量的读者。越来越多的人为自己、为亲爱者写作传记，以保留一份纪念。21世纪是属于传记的时代。

　　传记的发展，提出了许许多多的问题，需要研究和讨论；本刊是中国境内第一个专门研究传记的刊物，创办本刊的目的就是提供一个发表和交流的园地，为中国传记的发展聊尽绵薄之力。

　　在一个全球化的时代，《现代传记研究》是一个开放性的刊物。它向中外传记界开放，它发表对各种传记类型的问题，包括历史的、现实的和理论的问题，所进行的不同角度的研究和探讨；它鼓励和欢迎专家、作者和读者之间的交流和互动；它提倡视角和方法与时俱进、不断创新，同时也倡导严谨、求实的文风。它的目的只有一个，促进传记学术的繁荣，推动传记的发展。

　　办好一份刊物是一件艰苦的事，我们会不断学习、不断反思、不断改善以求进步。我们也吁求国内外传记界的朋友们、传记的爱好者的支持，你们的关注和参予、你们的能力和智慧，是办好这份刊物最有力的保证，期待着你们！

《现代传记研究》编辑部

Editor's Note

As a monument to honor human beings, life writing has permeated culture since its origin. *Analects of Confucius* by Confucius, *The Memorabilia of Socrates* by Xenophon and *The Four Gospels* are immortal classics in the history of life writing. Despite the fact that most genres of literature and culture perish over time, life writing has persisted in a tenacious manner, and the twenty-first century is witnessing a golden age of life writing, which even surpasses the novel, the once-dominating genre. Life writing now is among the most esteemed of cultural texts. Such traditional forms as biography, autobiography, memorial, letter, diary and travelogue still maintain prominence and the emerging oral history and collective lives demonstrate intense momentum. Simultaneously, life writing, having crossed the border of textual medium into the domain of movies, TV, Internet and We Media, claims an ever new and extensive space with the potential for innumerable readers. An increasing number of people have taken to life writing for themselves or for their loved ones, aspiring to erect an everlasting monument. In brief, the twenty-first century is an era of life writing.

Life writing as a genre of discourse has posed a great number of questions, requiring energies devoted to deeper studies and thorough scholarly discussions. *The Journal of Modern Life Writing Studies* takes the initiative in China as the first journal exclusively devoted to life writing studies. It aims to make a distinctive contribution to the development of Chinese life writing by providing a forum for publication and exchange of views in scholarship.

In the context of globalization, *Modern Life Writing Studies* is an open journal, accessible to the life writing community home and abroad, publishing research and explorations on all kinds of life writing issues (historical, practical and theoretical) from various perspectives, encouraging and welcoming communication and interaction among scholars, authors and readers, and highlighting innovative perspectives and methodologies as well as rigorous and realistic style. Our over-arching commitment is to facilitate the development of life writing and to bring it to a new level of excellence.

A full-fledged journal requires arduous and painstaking efforts. We pledge to consistently aim for progress through consistent learning, reflection, and improvement. We also appeal to dear friends in the life writing community at home and abroad and devotees of life writing for your support, attention and participation. Your talents and wisdom are the most powerful assurance of our success. We are looking forward to your help!

目　录

CONTENTS

Life writing : Text Study

Life writing : Subject Study

Book Review

编者按　第四届中国优秀传记作品已经揭晓并举行授奖典礼。5 部作品获得长篇奖,4 篇作品获得中篇奖,2 篇作品获得短篇奖,1 篇作品获得翻译奖。这是中国传记文学界 5 年一次的盛事,为此我们设立本专栏发表以下 4 篇文章。

《从战争中走来》与传记写作*

张　胜

《从战争中走来——两代军人的对话》,张胜著,中国青年出版社,2008 年版。

获奖评语:《从战争中走来》以丰富、翔实的素材和精心、细致的描述,再现了开国上将张爱萍波澜起伏的一生,对中国现代史特别是中国人民解放军军史的宏大叙事作了个性化的补充。作者通过传主父子两代军人之间的心灵“对话”,对战争、军队、人生的意义和国家的命运等问题进行的深入探讨与思索,真实展示了张爱萍这位高级将领强大的人格力量和丰富的内心世界,是日趋成熟的中国现代传记中的一部代表作。

记　者:《从战争中走来》荣获第四届中国传记文学优秀作品奖(长篇),

---

* 该文为本刊记者杨正润、唐岫敏对获奖作者张胜的访谈记录。

我们代表《现代传记研究》同仁和上海交通大学传记中心,向您表示热烈的祝贺!从第三届评奖到现在 5 年了,据说每年出版的传记作品达到 10000 部以上,其中好作品不少。《从战争中来》在这么多作品中脱颖而出而且位于榜首,真是不容易。我们向不少人推荐过这部作品,他们读后也都说好。所以,我们请您做一次访谈,满足读者的愿望,也给传记作者一些参考。

张 胜:这本书得到好评,得了奖,我觉得自己是幸运的。谢谢读者,谢谢评委。

首先,作为这本书的传主我的父亲张爱萍,他是个第一次大革命时期就从事革命运动的老一代共产党人,也是许多重大事件的参与者与见证者。为这样一个带有传奇色彩的人做传,对我来说,作为他的儿子,父亲的人生经历和生活细节,他的个性特质和思想形成的过程,这些写作中必须的第一手素材,我有着得天独厚的优势,所以说,我是幸运的。

我们这一代人都不会忘记,在上个世纪的最后十年,世界上发生了两件大事,一是国内的六四风波,再就是苏联和东欧社会主义阵营在一夜间的解体。这对延续了一个多世纪的国际共产主义运动在信仰层面产生了撼动性的冲击,我们党也不能置身其外,尤其是对像我父亲这样的从事了半个多世纪共产主义运动的老一辈中共领导者,不可能不促使他们去反思,从历史到现实,从理论到实践,从信仰、道路、体制等各个方面去思索。我的父亲那时已经退休,体力、思维尚健,就是在这样的背景下,由我动议,由他口述,回首自己的人生及所献身的事业,通过正反两方面的亲身感受,从党和军队所走过的曲折历程中试图悟到些什么。就这样,他的系统讲述和我们的讨论持续了一年多,这也就为这本书的写作准备了条件。

再一点,我人生的大部时光都是在军旅中度过的,其中在总参谋部机关工作 17 年,主要从事方针政策的制定、战略研究和战役组织规划方面的工作。这样的阅历,使我在生活圈子之外,对传主的事业,对他在重大事件中的思考和抉择的过程和背景,有直观的体验,我甚至还是书中提到的一些事件的直接参与者。这样的特殊阅历,给我的创作提供了便捷的切进思路和深度,而这恰恰不是所有与传主有着亲情关系的作者所都能具备的。

我强调这两点，只是要说明这本书能写到这个程度，不是我个人有多大的本事，而是客观上给了我得天独厚的条件。当然，在实际写作中，素材的充分只是一个条件，但无论怎样，一部传记作品离不开对写作对象详尽的资料占有，这一点则是颠扑不破的。

记　者：读过《从战争中走来》的读者都会惊叹其资料的丰富，其中许多内容有很强的史料价值，而且包含许多细节，也有不少高层政治活动的内容，对中共党史和解放军军史是重要的补充。这样一部50多万字的巨著，一定耗费了您大量的时间和精力，请您谈一谈这部作品写作的过程。

张　胜：谈写作过程，有个前提，即传记写的是谁，毋庸置疑，当然是传主。但就写作过程来说，实际上是在写自己。你就是书中要写的那个人，写作就是在和自己对话。我体会，一本传记的成功，一定要有一个从写别人转变到写自己的过程，也就是作者和被写者（传主）的置换过程。

开始父亲就明确表示，故事可以讲给你听，怎么理解，写不写，怎么写那是你们的事，看都不要给我看，只要不是瞎吹就行。这样就决定搞传记不搞回忆录。有了当事者的亲身回忆，这不应该是个难事。一般政治人物的传记通常以传主对历史的回忆为线索，按历史时间布局，按重大事件为节点展开。经过录音、整理、编纂几个阶段成稿。我当时还在工作岗位上，先后请过几个助手，我以第三者的口吻分别对他们讲述我父亲的经历，他们各自分工记录整理成文字稿，再拿来修改、再构思、再讲述，通稿后共上百万字。就这样，边工作边整理边修改，断断续续地搞了几年，就像不少由传主口述，写作班子组稿的传记一样，延续一个套路，按官方文献的口径，展现大背景下的个人经历，再加查访的细节补充和评议。我军我党的高级干部基本上都出有传记或回忆录，每个人的阅历虽然都很丰富，但成长道路上的共性是显而易见的。父亲说的更直白，搞什么回忆录，书架上有的是，拿下一本，换个名字就行了。千篇一律等于淹没了人物糟蹋了题材。什么是人物最基本的特色？又怎样表述？翻来覆去地修改，搞到后来连我请的帮手都不干了,说你还有完没完了。我是个完美主义者,自己都看不上的怎么出手,直觉告诉我,还没入道,只有放下来。但我从未停止过思考,无形中就像压了块石头,时时提醒我,我还肩负使命。一晃十年过去了,2003年父亲去世,我觉得我欠了他。

在这个期间我经历了从军队到商海的过程。为了追求一个独立意志和自由灵魂的人生,我放弃了晋升的机会,离开了处于和平时期军营的平淡生活,试图在市场经济的大潮中领略风雨体验人生。不能说没有成就,但我并不快乐,我的内心必须在市场权钱交易的潜规则和革命年代就确立起来的价值观中寻找平衡。身置转型的时代潮流,一方面求得生存,另一方面我的内心又难以容忍自己被扭曲的人格。就像我在前言中写道的:"在商海拼打后的迷茫间,在异国漫长黑夜的寂寞里,在与亲人和战友欢聚的酣酊中,在偶尔追怀往事的一刹那,悠忽闪过脑海的是对自己人生和父亲人生的感悟。"我忽然明白这本书该怎样去写了——时代激流裹挟下的人物命运应该是这本书的主题。与追求个性解放而进入革命队伍的文化人不同,我父亲并没有他们其中一些人所经历的痛苦转变和个性失落。他一直处在对敌战斗的风口浪尖上,他人生的成就辉煌,基调高昂,但这不等于说他不曾接受命运的捉弄,只不过这一切都被辉煌所遮盖。人们看到的是他的成功、贡献,不易觉察到在成功背后对人格的坚守,和为此付出的代价。性格即命运,在时代潮流和革命斗争的裹挟下,对真理、正义的声张,对建立平等社会这个最初的革命目标的执著,对来自党内部的封建腐朽意识的抗争,应该是他辉煌业绩下最精彩的人生。这也就注定了他命运的跌宕起伏,构成了他事业成功但却内心孤独的特质,以及倔强固执却又豪放豁达的性格。更具普遍意义的是,这经历不仅仅是他的,也是大时代中中国革命的曲折历程和一代人在探索中付出巨大牺牲的缩影。我和父亲虽然经历了不同的时代,但我们对人生都有着同样的感受,而这正是人物和作品的魅力所在。我在前言中写道:"如果他的人生像一道激流,这激流也将自己对人生的追怀融入其中。要写他,你就必须是他。"我感到炙热,自己似乎已经跨越了时空,像他一样,不,就是我自己,卷入到关乎民族存亡的大革命潮流中;辗转来到了抗日敌后的战场;背负共和国的使命创建新中国海军;自力更生在戈壁滩的荒漠中组织科学家们试爆中国的第一颗原子弹;还有对政治小人趋炎附势的鄙视;为声张正义与邪恶势力的抗争;革命的洪流、政坛的风云、官场的势力和被囚禁时的挣扎与绝望以及青春萌动的爱情和因为事业对家庭的歉疚,等等。同样的人生体验,他的故事,我的感受,一下子就串起来了。我写道:"我自信还来得及。我能以我的亲身经历和感知去把握他,以他曾有过的视角去看待事物审视人生,以我的理智和判断由他而说开去的整整一代人包括那个时代。"2003 年动笔,2006 年完稿,报审出版过程一年零七个月。2008 年才由中国青年出版社出版。

我理解,任何一部成功的作品都是作者在写自己。《红楼梦》中我们能看见曹雪芹的影子,虽然未必能考证对应,但会莫名其妙地为他的身世而动容。《复活》和《安娜·卡列尼娜》中我们能找到托尔斯泰,感受到他的存在。其他的艺术恐怕也是如此,克莱德曼的钢琴曲是为自己演奏的,如果他迎合听众,那他肯定表现不出如此的激情,包括绘画、雕刻、影视、书法,追求的都是自我的审美。我理解,凡认真的文学创作一定都是自我、唯我的过程。是不是这样? 可以讨论,不要求都认同。

记　者:在传记写作中历史和文学的双重要求始终是一对矛盾,如何把两者统一起来,是传记写作的难题。您也遇到这样的问题吧,您是怎么考虑、怎么解决这个问题的?

张　胜:传记不同于小说,真实一定是第一位的,但又不等于史籍,要有文学的感染力。困难的是,以文学要求的细节描写和作品的逻辑性而言,当事者的回忆往往是跳跃的、粗线条、不完整的。为此作者做一些细节的补充是必要的,但不小心就会损坏作品的真实性,这是致命的。读者一旦觉察出破绽,作品的价值就丧失了,不管文章多么华美,读者第一印象就是胡编乱造。尤其是今天的年轻人,渴求真相,不再情愿被谁当作傻瓜去糊弄。要可信也要可读,我觉得三重视角的交叉展现是个不错的手法,也就是类似现代电视纪实片的表现方式。节目主持人,也就是作者,首先亮相,把观众(读者)引入故事情节中。第二个角色是被采访者(传主),按主持人设计好的线索讲述经历,回答问题。主持人(作者)会不断面对观众(读者)进行补充,背景、意义和其他当事者的佐证,包括质疑和褒贬,以印证传主讲述的史实。所有这一切都由画面外的摄像师记录下来,托给观众,故事随场景就这样一步步地推进。作为传记,无非是以文字替代影像记录刻画场面。对传主回忆中的细节缺失,作者可以通过实地考察和查阅史料进行补充梳理。书中涉及的战场环境我大多都亲自走访过,如遭伏击的陕甘长城故道,洪泽湖畔的皖东北抗日根据地,荒无人烟的一江山孤岛,戈壁滩的原子弹试爆遗址……作者对现实遗址的描述与传主对历史的回忆相互衬托,就像电视纪实片,历史是黑白的,而现实是彩色的,时空交相穿插,形成读者面前的立体画面。这里要强调的是,被访者(传主)与作者的身份绝不能混淆,哪些是传主回忆的,哪些是作者揣测补充的,必须严格分开。比如传主对一江山登陆作战的回忆,当时的情节是,当万事就绪,预测把握天气就成了决定成败的唯一因素。可谁又能百分之百地把握天气呢,这就相当于一场赌博,压力可想而知。但这一重要片段,传主回忆只有几句话,他说第二天就要发起进攻了,可天气没有一丝好转的迹象,头天晚上还是风高浪急。没盼头了,不如睡觉去,可哪里睡得着! 也许是太困了,一下子睡过去,猛一睁眼,天已放亮,心一惊,就往外跑,呵! 风平浪静。对创作来说,这么一个关键环节当然不能放过的,要渲染一下,该我上场了。我写到,父亲没有具体形容大海的样子,但我能想象得出,一望无际的大海宁静得就像熟睡的婴儿,深蓝色的天幕上,几颗星星正在向他眨眼睛呢! 东方发白了……1 月 18 日,只有这一天,偏偏被他们抓住了。大海和天空,垂青于这些为共和国统一而战的军人们。这是我的补充,不是传主的原话,所以特别用了"我能想象得出"这样的前置。作者和传主恰当的互动,为的是读者可以多视角地体会事件和人物。

我不是很喜欢华丽精致的描写,这种主观性很强的手法会冲淡作品的客观性、真实性。重现历史,最好的办法就是剪刀加糨糊的史料的逻辑编排,直白地把真相摊开在读者面前。可以评论,评论不妨碍真实,可以引导读者的思考。对传主回忆的失误处理要讲究。如传主回忆在会场上与主持人顶撞一节,他说坐在台上的毛泽东和总司令都不高兴了。总司令按通常理解是指朱德,但查战史,朱德当时并不在场。可我父亲已经过世,无法核对了。我原话照录,只是在注释中说明,此处可能是传主回忆有误,以提醒读者。这样的处理,同样是出于对真实的维护。即使是对同一史实有不同回忆的,也不妨全盘托给读者,不代替判断。书中有一段记述原子弹研制中的小故事,我曾记得父亲在餐厅的墙上挂了张元素周期表,面对高科技他是想补课的。我写道,因为太忙,连吃口饭都是匆匆的,哪会往墙上看一眼。可我的哥哥不认同,他说明明记得,周期表的铀235上画有个红圈圈,不是他画还是谁?不同的人对同一件事的细节有不同的记忆,这很正常,那就两个人的回忆都写上,反而可以丰富内涵,给读者留有想象判断的空间。

实录当事者的原话往往比作者主观的描绘更具个性化、更富感染力。如反映1975年整顿和"反击右倾翻案风"时期的陈云同志,就一句话,我写道,父亲说:"陈云同志当时就提醒过,你们摸准他了吗?"(这里"他"指毛泽东)。根本不用任何描写,只这一句,陈云这位处于党内核心层四十多年的领导人,他政治上的谋略,不轻易出手的风格就显现出来了。再有记述父亲对华国锋当了主席后的见面印象,他回忆说:"他很客气、友善,也很诚恳,但到底和一年前有些不同了。"什么不同?父亲说:"派头出来了。"这很难说是赞扬,但也并非恶意,只是感受。一个人的变化总会在气质上体现出来,何况是当党政军大权集于一身时。我想有这一句就足够了。可以说,只有当事者直观的感受是最生动的,能捕捉到它,简直是一字千金。在它面前,任何作者自己的描写都是苍白的,都是画蛇添足。

我的书不附照片,也是考虑到照片会使人物形象固定化,干扰文字的想象空间,阻断读者的二次创作。香港出版时他们认为照片可吸引不同的读者群,当然也有道理,不是所有的人都有文学审美的同一取向,就由他们吧。

记　者:《从战争中走来》中的张爱萍将军性格鲜明、生动,既是声名赫赫的开国上将、军中元勋,又是刚直不阿、有爱有恨、有血有肉的常人,不少段落如见其人、如闻其声。这些年来我们读到的一些传记,资料很丰富,也有许多细节,作者同样花了大功夫。但是有一个常见的弱点:资料淹没了人物,读者只看到传主的事迹,看不到多少个性,更看不到他的心理活动,如同在读年谱。

  张 胜:写大人物,一定要紧扣人民所关注的重大事件,只津津乐道于自己那一仗怎么打,怎么精彩,这与别人有什么关系? 当然,传记不是历史教科书,事件、事迹只是背景,是为衬托人物的内心活动服务的。政治人物的传记必须回答传主在重大历史事件中的态度、行为,是怎样做出的选择,站在什么立场,为什么? 有过犹豫动摇吗? 付出过怎样的代价? 这些影响人物命运的内心活动,正是读者想要得到的。我们常说的现实主义作品,指得就是那些敢于触及现实矛盾的作品。写近代史,写前三十年,一派歌舞升平,能叫现实主义吗?"谷撒地,薯叶枯,青壮炼铁去,收禾童与姑,来年日子怎么过,我与人民鼓与呼!"这是大跃进后中国农村的写照,彭老总就这短短的几句。尤其作为领导人的子女写父亲,作为最贴近传主的人,不触及他在重大问题上的思考和内心的矛盾,不展现时代,只讲怎么教育子女,怎么艰苦朴素、粗茶淡饭,没有意思。

  复述个人的工作业绩肯定是枯燥的,如表现传主领导的两弹一星事业,怎么规划,怎么组织,怎么发射,谁会有兴趣听你这些工作汇报? 但如果触及到内心,则就生动了。我写他没有接受中央委派的更高的职务,而固守于他钟情的两弹一星事业。为什么? 强烈的使命感! 作为国防工业的领导人,他曾发誓要为这个国家拿出维护生存的杀手锏——导弹、核武器。虽然在"文革"中这一事业几乎夭折,但今天,在经历磨难之后,他有幸重回岗位,他在这条路上走了三十年,给他的时间不多了,他人生的愿望就是把我们自己的火箭发射出去。但这些还只是表层,他说,一个人,不是做的事越大越好,地位越高越好,我不这样去衡量人,我只想在自己认定的事业上尽了力没有。他对我们说,我不要求你们将来一定要干大事,但一定要干正事,干好事。这才是对事业独具情怀背后更深的价值取向。更有甚者,就这个话题,在另外的场合,他还说过,自己有多大本事还不知道吗? 让你上你就上啊! 不知耻! 剑峰所指,意味深长。我想,写到这就足够了。

  记 者:从理论上说,作者同传主的关系在传记写作中具有重要的,甚至可能是决定性的意义。传记史上许多优秀作品都是作者写最亲近的人,如师长、父母、妻子、丈夫、兄弟等,这样写的好处是作者掌握许多第一手的其他人无法获得的资料,对传主有近切的观察,能够感受他的心理世界。作者对传主深厚的感情可以成为写作中的有利因素,但是也有可能成为负担,使作品偏离公正和客观,这样的例子也有很多。出于感情,在传记中扬善隐恶、歌功颂德,结果就适得其反。您怎么看待这个问题?《从战争中走来》是您写自己尊敬和挚爱的父亲,这种关系对您的写作产生了什么样的影响? 妨碍过您的客观公正吗? 您是怎么解决这个问题的?

张　胜:对自己的写作对象投入感情是必然的,否则写不出来,我看过的传记中,作者对传主都有感情的倾向,即使是写恶人。但这不等于说为了完美而回避缺陷,或为了表白公允刻意揭示丑陋。人物的缺点和错误是他性格生成的一个侧面,缺失和遗憾可能正是人物的魅力之所在。很多优秀的作品不回避这些,甚至浓墨重彩,恰恰是为了使人物的个性更加丰满。我在书的一开始就记述了我父亲指挥作战中的一次失利,因为他自己就是这样开始他的回忆的。不是为了写失败而写失败,失败往往是人生的财富。这次战斗的失利促使他重新认识自己,也由此带给他和领袖近距离接触聆听批评和教诲的机会,这无疑对他的人生具有重要的意义。着力表现这些,是展现传主的人生态度,机会没有好坏,只在把握。就文学创作看,人物性格上的缺失更能引导读者对时代、对社会的思考,如曹雪芹笔下的贾宝玉,当然,这是大家手笔。

客观公正是相对的,对同样的人和事,有不同的评价,取决于作者的观念和视角。同样写解放军的将帅,有人写毛主席说了,某某是我的人,是完全可以信赖的。我觉得真可笑,干吗一定要把自己作为是谁的人呢? 独立的人格才是值得敬重的。书中记述我父亲的话:"把我说成是谁的人,是对我的侮辱,我谁的人也不是,我就是我自己。"我欣赏这样的做人态度。我在书中选用了毛泽东对他的一句评价:"好犯上!"你说是贬是褒? 怎么给人物定位,取决于作者的世界观。在"文革"中我父亲就是不低头不检讨,但还有的大人物就是检讨了,认错了,而且不止一次。同样的事,怎么看? 我父亲这种人在人格生成上受中国古代知识分子的影响,讲究一个气节,是英雄不假;但后者呢,胸怀抱负,为了实现自己的政治理想,个人委屈、名誉置于身外,联系他后来的治国韬略和带给中国的奇迹,大英雄也!我不明白这样的气度,这样的雄才大略有什么可回避的? 只能说,自己没有上升到人家的境界高度。比如写周恩来,有人就说毛的错误他都有份,甚至说他助纣为虐,不奇怪,因为你不可能像他一样肩负党和国家存亡的使命,没有达到他的境界,怎么能理解他面对狂澜时的大智大勇呢。作品的倾向性不是坏事,有了它作品才有了激情、血肉,关键是你的观念,有没有不同于世俗的独特视角。我评价我父亲是天真的共产主义者。现在一提共产主义,都觉得滑稽,也许是因为大跃进、"文化大革命"对人们心灵的摧毁,认为它太邪恶。其实共产主义不是太邪恶,而是它太完美了,太纯净了,脱离了追求利益最大化的人类社会的本性,也许永远只是一个梦,但对完美的梦想和追求有什么不好? 天真也同样,回忆我们入党宣誓时心灵都是天真的、圣洁的,但当你身居高位后还能保持当年的天真吗? 我珍惜年轻时心中的那片净土。

记　者: 这本书中,今天看来有什么遗憾的地方吗? 如果有机会重新修订,你觉得哪些地方需要改?

张　胜: 这是一本旧书了。从酝酿构思到今天已经20多年了,即使从完稿报审算起,也过去七年了。今天的网络为普通人提供了主张自己意志的平台,中国思想界学术界也发生了前所未有的变化,新的史料、新的视角、新的立论不断涌现。这些都在提醒我,需要重新审视自己这本书所涉及的那段历史,包括对书中的主人公我的父亲他的经历和信仰的思考。随着时光的流失,当年的伤痛会渐渐平慰,回首往事,心态会渐渐平和,对人对事会变得更为宽容。当然这不等于说忘记苦难、忘记罪恶、忘记作家的社会责任。视角是随距离而扩展的,从对个体情感的关注,更多地延伸至对时代的剖析;从探索真相,伸张正义,抨击邪恶,深入到探讨形成它的背后条件。历史的真实总是在后人的质疑声中一点点地浮现出来的。应该承认,如果我现在再写这本书,很多地方会写得不一样,在观念上也许会跳出我成长的那个环境给予我的政治化思维的定势,更多地站在人类共识的高度上观察那个时代。但出于对历史的尊重,我不可能按自己新的认识再做修改了,哪怕是在文字上。这就是一本在那个特定环境下写的书,一定会带有时代的痕迹和残缺。当然,这并不代表我固守书中的看法和结论。我盼望与读者讨论这本书所涉及的那段历史。

记　者:这话说得真好,传记最需要的就是同情性的理解。您的阅历丰富,对部队生活十分熟悉,同许多高层人士有直接的接触和近距离的观察,他们是很值得写传记的;您有很好的文学修养,通过写作《从战争中走来》又积累了传记写作的经验,我们盼望着您有新的传记作品问世。您有这方面的计划吗?

张　胜:写这本书是我不能推辞的使命。前面说过,传记需要的是第一手的素材,而这需要机会,遇不到一个值得为他做传的人对你倾其所谈,就我这点本事,不可能会有结果。西方史学认为,近代史学就是政治学。对同代人,写作视角的定位会受到政治的制约,不好拿捏。而上一代人又都不在了,所以传记创作的确有个隔代抢救的问题,这是传记作者共同的使命。

张　胜　1945年生,高中毕业后从军,在部队任职多年,1994年申请退出现役后自办企业,2000年企业解散后退休。著有长篇传记《从战争中走来——两代军人的对话》。

关于《我知道光在哪里》

童道明

《我知道光在哪里》，濮存昕、童道明著，北京十月文艺出版社，2008年版。

获奖评语：是什么支撑濮存昕做得如此完美？他怎样去捕捉与接近前行的那束光？作者讲述了自己作为艺术与公共空间背后明星文化人的身家底子，让读者在阅读中能够获得些许有益的参照，借以寻找自己生命中的那束光。

作品打破了明星书无八卦不成书的怪圈，以平实无华的语言，真实呈现出一位表演艺术家曲折坎坷、多彩多姿的成功之路，道出了生活的真谛，温暖而深刻，是近年来难得一见的以"明星文化人"成长为主线的传记佳作。

《我知道光在哪里》的封面上，署了两个作者的名字——濮存昕和童道明。其实这本书还有第三位作者——《北京晚报》记者孙小宁，她在书中写下的一段话，倒是把我们这本书与坊间流行的众多"明星书"的差异点明了——"作为记者，又混迹于书界，有很多次，都听到做书的朋友跟我说，想做濮存昕，他们的计划都落空，因为濮存昕的拒绝里有他对自己生命角色的定位。他要的是《演员濮存昕》那样的书，要的是因为他，戏剧艺术的魅力与精髓可以走入普通百姓视线。那本书，更多的色彩是谈艺录，这也是我对那本《演员濮存昕》刮目相看的原因。这么多年，我做书报道，看了不少书也扔了不少书，这本书却一直珍存于书架，就是知道它不是我们通常意义的明星书，还关涉演员背后的文化。"

这里提到的《演员濮存昕》，是2001年濮存昕与我合作写的一本书，用"谈艺录"的形式,就濮存昕的影视剧创作展开讨论,也涉及对于北京人民艺术剧院的演剧传统,即濮存昕的成长环境的探讨,这本书也曾获得 2001 年度国家图书奖(艺术类)。从一定意义上说,《我知道光在哪里》是《演员濮存昕》的加强版,但就内容的丰富性、呈现的生动性、创新的自觉性而言,《我知道光在哪里》远胜于《演员濮存昕》。

那我就来说说《我知道光在哪里》的创新意识。

显而易见的当然是它的让人耳目一新的结构安排,全书是由"独白"、"对白"、"旁白"这三个板块组成的。

但最有价值的创新不在形式上,而是在内容上。我们想的最多的也恰恰是内容上的创新。因为我们绝对不想把这本书做成迎合市场需求的"明星书"。

于是我们想到了一个道理:有一种创新乃是对一个几乎要被遗忘了的传统的回归。

于是我们想到了斯坦尼斯拉夫斯基(1863—1938),想到了他的那本 1924 年问世的经典之作——《我的艺术生活》。这也许是世上第一本演员自己写的传记文学了。但不知为什么今天的演员写书大多不把主要精力用在记叙自己的"艺术生活"上,《我的艺术生活》便成了一个几乎被遗忘了的传统。而斯坦尼斯拉夫斯基的写作思路恰恰成了我们效法的榜样。我们这本书着力要展现的,就是濮存昕的"艺术生活"。

当然,书写"艺术生活"的过程中,一定也会生发出一些人生的感悟。

斯坦尼斯拉夫斯基是在他六十岁那年写《我的艺术生活》的,《我知道光在哪里》脱稿之时,濮存昕也年近花甲了。我现在对照这两本书,意外地发现,两位作者的有些人生感悟也有相似之处。

在《我的艺术生活》的尾声处,斯坦尼斯拉夫斯基写道:"我害怕成为老来少的老年人,这种老年人奉承青年人,假装是他们的同辈,和他们有同样的趣味和信念,还拼命给他们献殷勤……唯恐落在他们后边……"

而濮存昕在他的"独白"的结尾处,也有这样一段话:"新一拨儿演员起来后,他们又会有他们的想法和个性表达。那些也未必适合我,我可能也会看不懂他们,也会慢慢从舞台中央隐去……要是想跟年轻人争时尚空间,不仅没必要,也不太可能。因为人家已经把你看做那一拨儿了。"

我们在这样的人生感悟中,捕捉到了作者的真实与真诚。是的,真诚是一切文字写作获得成功的必要条件。濮存昕用他的真诚吸引与感动了众多读者。

童道明　1937 年生,中国社会科学院外国文学研究所研究员,长期从事戏剧评论和俄罗斯文学翻译工作,曾与濮存昕合著《我知道光在哪里》。

拯救、操纵、感恩与成长

——评濮存昕《我知道光在哪里》

施 羽

　　濮存昕的《我知道光在哪里》被评为第四届中国传记文学优秀作品奖，但真正吸引笔者阅读它的不是这一荣誉，而是从书名看到的一束希望之光。

　　平实的话语、浓浓的京腔，濮存昕缓缓诉说着自己这五十多年来的生命历程，一口气读完它，似乎有些明白了他那种自由自在无拘无束的生命状态。书页里的图文无不传达出释然、恬静、简单的情绪。"做演员，最幸福的一点是：可以过几辈子的人生，可以过不同的人生"，可以说，濮存昕是幸福的，字里行间都充满着他对从事艺术的幸福表达。

　　拯救。濮存昕说："热爱并从事艺术，真的是对我们这种人的心理拯救。""拯救"是一个分量很重的词，类似于宗教意味上的拯救。的确，濮存昕把艺术作为自己的宗教，剧场则是他的庙宇。他从艺术中找寻到生存的意义，在对艺术的热爱之中释放着激情与汗水，更在长年从事艺术的过程中获取成长的力量与生命的意义。鲁迅与弘一这两个角色在濮存昕的演艺生涯中占据着重要的地位，而与这两个历史人物的结缘更是具有神奇的力量，用濮存昕自己的话讲就是："一种'天上掉馅饼'般的奇缘。"看似具有很大的偶然性，然而濮存昕与他们的邂逅却是有着命定般的安排。濮存昕在1990年时就读过了弘一大师的传记，并说当时便产生希望扮演这一人物的愿望。在此之后扮演的各个角色，如李白、常四爷、曹操等角色都为扮演弘一奠定了表演功底。同时濮存昕的生活经历以及对佛学知识的理解也是促成他与弘一结缘的原因。而与鲁迅的邂逅，更是在饰演弘一后命运的垂涎。出版于2002年的《演员濮存昕》，濮存昕在书里说没有自己可称道的好成绩，也没有自己特满意的角色，而演完《弘一法师》和《鲁迅》后，他突然顿悟到"对生命的态度和修行的问题"，明白了"人无远虑，必有近忧"，这是角色对他的拯救。而这一拯救也可以说是自己对自己的拯救，他的日常积累与努力为获取角色做足了准备。濮存昕从角色中获得肯定、得到滋养、收获成长，找到另一个潜在的自我，一个连自己都未知的自我。从更高的层面上看，这在一定程度上是对传统文化的拯救，对历史上精神巨人的精神遗产的拯救。在传统文化不断丧失的当下，类似于此的文化追寻需要大家共同努力。

操纵。操纵一词，乍听之下有一种被束缚、不自由之感，而濮存昕对它的理解却恰恰相反——操纵指向自由。他认为操纵在舞台形式及艺术创作上包括演员与观众之间、演员与导演之间、编剧与导演之间、演员和对手之间、演员和角色之间，以及演员对自己的操纵。这些操纵都是各个人物自由的表现——自由是操纵的前提，而自由又是有效操纵的结果。身为演员的濮存昕在舞台上具有操纵演员以及自我的自由，所以他才能够进行操纵行为；同时他在表演过程中不仅获得了在操纵观众的过程中的自由，而且获得了操纵角色过程中的自我操纵的自由。操纵与自由相依相存；各司其职的人物定位之间的相互操纵相辅相成，他们良好的契合与互动共同为艺术上色。濮存昕正是掌握了操纵与自由的奥秘才能在舞台上表现得淋漓尽致，书中所附的一些照片虽不能实际展现濮存昕与观众、导演等人物之间的操纵，但一幅幅充满现实感的演出剧照却能充分说明他对自己的有效操纵。他将自己的灵魂与角色的灵魂进行对话，达到艺术追求的最高境界——神似。那么他是如何进行灵魂对话的呢？方法就是"虽不能至，心向往之"。弘一、鲁迅等角色对濮存昕而言都极具吸引力，因为他们的精神气质都是濮存昕所向往追求的，他把他们作为学习的榜样、心灵的寄托，希望通过各种途径向他们靠近，与此同时也就在心理上与角色之间产生了某种跨越时间与空间的关系。有心之所惦念、追求的事物，才会有所憧憬与行动。这是一直支撑着濮存昕做得如此完美、支撑着他怀揣希望捕捉与接近指导其前行的那束光的原因之一。此外，操纵与自由间奥秘的顿悟在表层上看似是一时思想的灵光乍现，实质上却是一个演员多年来舞台经验的积累与人生阅历的丰富的结果。

感恩。在这部自传作品中处处充满着作者的感恩，如对父亲、母亲、王贵、蓝天野、谢晋、林兆华、于是之、郑榕、栗原小卷等人的感恩之情。濮存昕在表达感恩之时没有运用过多华丽的辞藻，而是将事件拉向过去，还原真实，使人物事件尽可能按历史原貌呈现，在叙述过程中尽显感恩之情。他缓缓地叙述着，极像一位老者。其中一个小小的片断令笔者印象深刻。濮存昕为了"返城"，他希望利用已经恢复得差不多的腿到医院开病退证明时，医生说了句令他心头一热的话："你怎么不早来？"医生知道他的情况，但还是替他着想，认为可以早利用他的腿病退。在当时，濮存昕为了追寻自己的艺术梦想只能如此，他知道这是当时唯一的救命稻草，一旦失去这次机会，追梦之路也许就此终止。医生的帮助对当时的他是如此的重要，艺术对他来说是心理上的拯救，而医生的此举则是实现心理拯救的前提，如果没有这一前提，也许就不会产生一个如此优秀的演员了。濮存昕对此事念念不忘，感恩之情从字里行间漫溢出来。此书的后半部分，濮存昕在与童道明的对话中多次提及了一些前辈，他们的谈话围绕"戏剧与人"展开，通过叙述与濮存昕艺术生命相关联的前辈，他将从事艺术的历程更立体、更丰满地展现出来。濮存昕对前辈们的缅怀就是他感恩之心的体现，他把感恩长存于心，对他提供帮助的人也好、使他陷于困境的人也罢，他都觉得那是生命的馈赠。对于前辈们的感恩也是艺术传承的需要，使他们的艺术精神能激励并常留于新一代艺术工作者的心间，濮存昕如是自勉。优秀的演员离不开自身的天赋、后天的努力、机会的垂青，离不开在关键时刻明白轻重、区分黑白，更离不开对生命中人事物的感恩之情。别人说什么好事都被濮存昕"捞着"了，而这与他常怀感恩之心是分不开的。

成长。艺术伴随着濮存昕成长，他在其间不断进步、终有收获，同时也付出了成长的代价。不管角色大小，他都全身心地投入，因而每一次的表演机会、每一次与角色的相遇都促使他在艺术的道路上继续前行。对角色满满的倾注，使角色呈现的不仅只是一个角色，也是创造这个角色的人。他让观众通过这个角色看到了濮存昕，他在舞台上演出的不单是角色，更是在演出自己，是角色与自我的融合。正如李健鸣对他的赞赏："他完全摆脱了仅仅只是表演一个人物悲剧性的束缚,使我活生生地看到:演员和角色既是一个人,又不是一个人。"为角色做相是演员的职责,而在做相的过程中,角色对濮存昕的感召是明显的。弘一、鲁迅,还有舞台上的建筑大师,这些角色都浸润、滋养、净化、提升了他的生命,在他那里,艺术与生命的界限似乎不再清晰,他将角色所蕴含的力量转化为自己的力量,又将自己的力量赋予角色。为了塑造好角色,刻意减肥、重复彩排、反复练习,等等,濮存昕付出了每一个优秀演员所需付出的代价。然而,一些质疑声仍然偶有出现,特别是对他接拍商业广告的质疑。他也曾因此与记者发生过不愉快,但在成长过程中,他渐渐成熟,面对金钱等一些敏感话题也变得从容坦然。他把钱花在了自己觉得应该花的地方上,这就问心无愧了。在濮存昕的成长过程中,他传达给大众的正能量是有目共睹的。正面人物的塑造、对公益事业的热心、为人处世的态度,尤其是对艺术的执著、戏比命大的姿态,这些都是在他身上蕴含着的积极能量,他的成熟成长也带动了我们的成熟长大。濮存昕在成长的路上逐渐明晰了他的光在哪里,他也尽其所能照亮我们前进的道路,引导我们寻找那束属于自己独特的光。

拯救、操纵、感恩、成长……这些都是笔者从此书中获取的信息,但从中所汲取的能量远远还不止于此。书写是阅读之后的行为,难免与阅读过程中的感受不尽一致,只希望它能大致记录下当时的阅读感受。

施 羽 1989 年生,浙江省永康市人,浙江师范大学在读硕士研究生。

第四届中国传记文学优秀作品奖评说

全 展

内容提要：第四届中国传记文学优秀作品奖，体现了近五年来全国传记文学创作的新成果、新水平。事实证明，获奖作品紧随时代的坚守与拓展，其多样并立的生活意识和文学意识，彰显出当代中国传记文学的气质风韵，也为我们展示了传记文学艺术发展的诸多新的可能。

关键词：中国传记文学　优秀作品奖　气质风韵

第四届中国传记文学优秀作品奖于 2013 年 2 月 25 日揭晓，12 部（篇）作品获奖，其中长篇作品 5 部，它们是：《从战争中走来——两代军人的对话》（作者：张胜）、《王蒙自传》（作者：王蒙）、《左手礼》（作者：丁晓兵）、《晚清名将左宗棠全传》（作者：陈明福）、《末代皇帝的非常人生》（作者：贾英华）；中篇作品 4 部（篇），它们是：《华侨抗日女英雄李林传》（作者：王宝国）、《我知道光在哪里》（作者：濮存昕、童道明）、《天仙妹妹》（作者：艺林）、《难回故里——一个台湾老兵的故事》（作者：郭冬）；短篇作品 2 篇，它们是：《故人风清——张充和的琴棋书画》（作者：张昌华）、《精神之灯照彻世界》（作者：西篱）；传记文学翻译作品 1 部：《张纯如：无法忘却历史的女子》（作者：[美]张盈盈著，鲁伊译）。另外还有 18 部（篇）作品得到获奖提名。

本届评选活动于 2012 年 9 月启动，评选范围为 2007 年 7 月 1 日至 2012 年 6 月 30 日期间公开发表的传记文学作品，包括合法网站上发表的作品，体现出评选对象的广泛性和多样性。评选中，评委们坚持以思想性与艺术性完美统一为评选原则，一方面注重入选的作品要有积极的思想意义，另一方面又强调在艺术上要有所创新,同时兼顾题材、主题、风格的多样化,具有一定的代表性,力求体现近五年来全国传记文学创作的新成果新水平。事实证明,获奖作品紧随时代的坚守与拓展,其多样并立的生活意识和文学意识,彰显出当代中国传记文学的气质风韵,也为我们展示了传记文学艺术发展的诸多新的可能。

一、鲜活的"人"的身影

第四届中国传记文学优秀作品奖的获奖作品,集中展示了当前传记文学对于作为生命主体最核心最具主宰意义的"人"的特别关注,不断闪现鲜活的"人"的身影。与以往传记文学多关注外部价值——政治的、思想的、学术的抑或消费的等而有所不同,在全面建设小康社会的历史进程中,随着文化趋向多元,传记文学不断深入人性世界,展现人的魅力与人性特质,科学地、理性地、哲学和人性地发掘被遮蔽的历史,写出了许多具有生命活力的优秀作品,呈现出鲜明的时代特色及文体特色。

作为一部有血有肉有料有魂的精品力作,张胜的《从战争中走来——两代军人的对话》令人耳目一新。传主张爱萍,开国上将,曾任国务院副总理兼国防部长。他是皖东北抗日根据地的创建者;新中国第一支海军部队的创建者;我军首次海陆空三军联合登陆作战的前线司令员;我国"两弹一星"事业最早的组织者和领导者之一,其坎坷与辉煌的人生足以惊天地泣鬼神。这部作品显然不同于时下一些常见的开国将帅的传记。在当今的传记文学大潮中,我们不难见到那种亦步亦趋、满足于给历史教科书做注释的传记,探奇猎艳、以耸动视听为目的的传记,轻率取巧、以主观臆测来代替历史真实的传记,人物形象干瘪、味同嚼蜡的传记。应该感谢张胜,与平庸的传记划开了一条界限。作品以罕见的历史真实,以文学性的巨大魅力,写出了一个立体鲜活的传主,刻画出张爱萍人格上的多样性:"不只是个铁血军人,还是一个性情中人。"[1]一个天真的共产主义者;一个刚烈的人,率真的人,透明的人,孤傲的人;一个服从真理的硬

---

① 陈晓明,"《从战争中走来》:抵达历史的正义",《文艺争鸣》2008 年第 12 期,144 页。

骨头;一个睿智聪颖、文武双全、心胸坦荡、不屈不挠的顶天立地的汉子。或者如张胜所说:"最后一个'士'。"

传记刻画了张爱萍将军卓尔不群、特立独行的个性。他信奉的座右铭是:"勿逐名利自蒙耻,要辨真伪羞奴颜。"毛泽东说他:"好犯上!"叶剑英说他:"浑身带刺!"邓小平说他:"军队中有几个人惹不起,你张爱萍,就是一个!"不是因为他自以为是,而是他只忠于他的信仰,忠于他的人生追求,忠于他的人格特质,他说:"我谁也不跟。我只跟随真理!"耿介之气,跃然纸上。

老作家王蒙的《王蒙自传》三部曲,作为继茅盾自传之后真正意义上的自传,在中国传记文学发展史乃至中国当代文学史思想史上的价值意义,非同寻常。毫无疑问,王蒙是当代最有资格写自传的作家之一。其自传第一部《半生多事》讲述了他从幼年到青年再到中年的曲折遭遇;第二部《大块文章》述说了他平反后作为文化部长和作家的人生历程;第三部《九命七羊》回顾了他近二十年的经历,其中包括一些争议性事件。

我们知道,茅盾1978年开始写作的自传《我所走过的道路》,因当时历史条件所囿,谨言慎行,有所避讳,致使该传蒙上了一层不真实的阴影。而《王蒙自传》出现在开放、清明的新世纪,叙述真相,已成为现代自传的一种潮流。"你必须知道真相,我必须告诉你真相,在我的有生之年。"当读到王蒙如此这般的坦诚之言时,我们分明感受到了,作为共和国文学的一个弄潮儿、一个若干重大历史事件的亲历者见证者的良苦用心和历史的责任心。王蒙说得好:"面对真相的时候,当我需要诚实地叙述真相的时候,我不管他是我的父母,还是我的朋友,还是一个已经被枪决了的贪污犯,还是一个偶像,我都说出了我所看到、我所感到、我所想到的东西。"[1]少忌讳,求真相,自传三部曲详细叙述事件,广泛评价人物,为历史存真,为文学存照,可能是迄今为止作家自传中最为令人惊叹的。一个为官为文真性情的作家形象鲜明夺目,"'感时忧国'和'救出自己'就这样胶合起来,成了王蒙形象的两个不可分离的侧面"[2]。是的,自传中

---

① 王蒙,"真相及其叙述——在《王蒙自传》学术研讨会闭幕式上的讲话",《中国海洋大学学报》2009年第2期,69页。

② 郜元宝,"'感时忧国'与'救出自己'——关于《王蒙自传》",《名作欣赏》2008年第9期,14页。

的王蒙，作为一个多维的甚至矛盾的"人"，不仅为我们了解和认识作为精神个体的作家王蒙，而且也为我们了解和认识新中国一代知识分子精神成长以及思想形成衍变的过程提供了参照。

贾英华的《末代皇帝的非常人生》，告诉了人们一个人所不知的溥仪。作者从溥仪《我的前半生》中语焉不详有意回避的诸多谜题出发，数十年孜孜搜求亲历者珍罕口述、密档与历史文献，探寻并解密传主非常态的人生，对溥仪各个历史阶段展开了具体而生动的描述。溥仪的一生极具戏剧性和传奇性：他三岁登基，一生三次称帝，以帝王之尊而沦为阶下囚，再被改造成普通公民，可谓跌宕起伏；而他经历的那段历史又是风云突变、极为动荡的。作品触及关乎国家前途命运的宫廷斗争、外交密谋、政治谈判等，以及传主的改造、特赦、新生和全国政协文史专员的悲欢交集的生活。可以说，溥仪的皇帝—汉奸—战犯—公民的人生便是一部浓缩的历史。

作者希冀"世人通过阅读，'看到'一个真溥仪、一个活生生的'不掺假'的溥仪，而不是那个被主观丑化或美化了的末代皇帝"[1]。读完全传，我们深感贾英华此言不虚。传记中的溥仪，真实而复杂，立体而丰满。他拥有复杂的人格，既有暴虐无常的一面，又有善良真诚的一面。传记清晰地呈现出权力对他的异化以及权力的丧失使他重获人性的性格发展曲线。他有复杂而隐晦的情感世界，另类的性取向。传记再现了他的欢乐与苦恼，幸福与不幸，希望与失望，如他宽恕"皇后"的通奸者，对猝死的"妃子"谭玉龄的终生怀念，对最后一位妻子李淑贤无微不至的关心，他与一位普通农民刘宝安长达数年的醇厚友谊，等等，这一切都在溥仪的非常人生中形成五音纷繁的交响，闪现出鲜活的"人"的身影。

二、别具一格的心灵对话

阅读本届获奖的优秀作品，"聆听传记家和传主的对话"[2]，的确不啻是一次

---

① 贾英华，《末代皇帝的非常人生》，北京：人民文学出版社，2012年，423页。
② 杨正润，"聆听传记家和传主的对话"，《人民日报》2011年8月2日。

审美的享受,它给我们留下了不少思索和回味的空间。传记理论家杨正润精辟地指出:"传记写作中有两个主体:传记家和传主,他们在身份、经历、气质、兴趣、价值观等方面应当具有尽可能多的一致性,这样才能形成对话和互动关系,传记家才能理解传主,对其人格、命运和人生选择作出准确的描述和合理的解释。"①历史有时候就是在这样的对话间有了立体的感觉。

《从战争中走来》作为两代军人心灵的对话,别具一格。作品真实再现了一个时代,一群英雄,一段传奇,写出了父亲人生的追求,一个儿子心中的挚爱。历时 16 年,张胜不仅基本走遍了父亲生前战斗过的地方,探明那个时代重大事件的来龙去脉和因果缘由,还与父亲倾心交谈,听父亲一点一滴地回溯往事,开掘和理解父辈那一代人的人生信念和特有的行为方式。同为军人亦为高级军官的张胜自信成熟,其客观描摹的能力更值得称道。传记记录了张爱萍暮年时对自己心路历程的回顾,和在重大历史关头的抉择与思考。因为叙述人"我"的时刻在场,"我"能以"我"的亲身经历和感知去把握传主父亲,以他曾有过的视角去看待世界、审视人生,以"我"的理智和判断由父亲而说开去的整整那一代人包括那个非凡的年代。如此一来,不仅回放张爱萍在革命时代和市场化时代中的身影,而且融入了自己的诸多思考。如现代社会究竟需要什么样的信仰,公众又需要什么样的英雄,上一个时代建立起来的文化道德体系还能驾驭眼前这匹狂奔的经济野马吗?诸如此类的问题,看似父子隔空对话,而延续的既是历史脉络,又是血缘亲情。作品将史诗记述和思辨相结合,时代背景的刻画和现代精神相结合,为传记文学创作带来了勃勃生机与活力。

还是张胜说得好:"要写他,你就必须是他。"②在写作的过程中,作者静静地回忆,深深地思考,写传主父亲也写自己。"好像他生前一样,我每天都在和他对话,讨论战争、军人、人生的意义和国家的命运。"③这两代军人的心灵对话,是中国人民百年来在寻找民族解放和追求真理的道路上的时空延续,赤心坦诚,分量如山。笔势纵横恣肆,融历史情境和现实思考于一体,颇具艺术张力。传记让人

---

① 杨正润,"聆听传记家和传主的对话",《人民日报》2011 年 8 月 2 日。
② 张胜,《从战争中走来——两代军人的对话》,北京:中国青年出版社,2008 年,2 页。
③ 同上。

真切的感受到，传主心灵里的圣火在燃烧，传记家灵感在召唤，其巨大的艺术创造和眩人笔法让人浮想联翩。

《左手礼》则为我们展示出别样的心灵对话的斑斓图景。它是当代英模人物以亲身经历撰写的一本自传。这部充满阳刚之气的豪迈之作，在朴实中书写荣光，在平凡中挖掘崇高，坚守精神高地，感人至深。丁晓兵，一位从上世纪80年代初的战斗英模，到近年来重新走进大众视线的"感动中国"人物，这一路走来，变化的是他岁月风霜的历练，不变的是他共产党人的理想情怀。他右臂的袖管尽管空空荡荡，但敬礼的左臂依然坚强有力，神圣庄严，精神的火焰始终炽烈地燃烧。

丁晓兵将自传称为"身体之中的灵魂与我对话"①。他用"行"、"感"、"悟"、"爱"叙述了"我的倒影与年华"，这种写作者与被写作者之间的对话，其实也是写作者与读者的对话。作品"抛弃了英雄人物写作中最令读者深恶痛绝又最司空见惯的'造神运动'，作者笔下的丁晓兵有温热的呼吸，有跳动的心脏，有激情有狂野有梦想有虚荣有执拗有霸道，有一切正常人理所当然拥有的一切正常欲望。作者深谙'文学即人学'，深谙真诚是认识人性的唯一捷径，紧紧捋着人性写，一笔也不肯偏离。作者对丁晓兵的真诚描摹给阅读者创造了和英雄人物的对照空间，在对照和对比中趋于认同，继而心向往之，这恰是主旋律写作的最高境界：即感染之教化之"②。

《我的祖父周立波》获得提名作品奖。这是周仰之与祖父的一次特殊的心灵对话。读这本传记，让人一下子会联想到老鬼的《母亲杨沫》和季承的《我和父亲季羡林》，后两本传记曾先后在读书界引起轰动效应。周仰之作为传主的嫡孙女，已在美国生活20余年。接触了国外文化之后，她摆脱了传统对精神的束缚，秉笔直书，以其尊重历史、还原生活、不为尊者讳、不为亲者讳的独特个性，写出了名作家祖父——《暴风骤雨》的作者周立波在20世纪50年代前的大半生，对其极具才情而又充满矛盾的性格作了人性化的复呈，对祖父母那代人生活中的成败得失予以审视反思，既充满温情，又笔锋凌厉，令人过目不忘。特

① 丁晓兵，《左手礼》，北京：解放军出版社，2010年，1页。

② 引自《第四届中国传记文学优秀作品奖获奖作品评语》，中国传记文学学会，2013年3月12日。

别是书中披露了周立波鲜为人知的另一面："冲动、莽撞的性情中人"；"对爱慕他的女人一而再、再而三的无情无义"。这种不加粉饰，直抒胸臆，开启了一种已往汉语中少有的叙事风格。

三、传奇色彩与精神解读

在波澜壮阔的中国历史长河中，数千年来，曾涌现出无数叱咤风云、名播华夏的传奇人物。他们如夜空中的繁星，交相辉映，璀璨夺目。名将、英雄、杰出人物，是一个民族意志的代表和素质的象征。第四届中国传记文学优秀作品奖的获奖作品，大多既真实再现传主具有传奇色彩的人生，又能突破传奇表面的特定的时空意义，解释传主，揭示出传主超越性的深层意蕴，即行为背后的思想动因和历史动因，进行精神解读，用史笔与诗笔写出人物丰富的精神世界，充分反映了创作者高度的文化自觉与文化自信。

《华侨抗日女英雄李林传》系中国作家协会重点扶持项目。作家王宝国满怀对民族英雄李林的无比敬重，"半生用心，8 年写作，先后面世三版传记"[①]，借人物的传奇色彩闪放出精神之光：传主李林，从弃婴到南洋归侨，从大学生到女军官，成长为一名威武不屈的抗日英雄，最后为祖国的民族解放事业贡献出年仅 24 岁的生命。巾帼英雄是中华大地造就的历史传奇，她"甘愿征战血染衣，不平倭寇誓不休"的信念，驰骋疆场、骁勇善战、威震敌胆的奇功，与劳苦大众血肉相连，情同手足的情怀，凡此种种，作为宝贵的精神财富，闪耀着恒久的魅力。

在民族精神的解读中，王宝国创新了传记独有的时空形式。他不仅在每章的开头都用一首自己精心创作的诗词开篇，由此把读者带入到浓郁的传记氛围中去，而且用蒙太奇技巧剪裁结构，尤其是叙述构架。"李秀若"（李林原名）与"李林"，"李秀若"与"陈嘉庚"，"李林"与"夏伯阳"，"李林"与"贞德"，等等，多线铺陈，散点透视，从不同侧面将李林引领到辉煌的高峰。传记还善用轶事和细节来

---

① 王宝国，"'和平里'缅怀——写在《华侨抗日女英雄李林传》出版之际"，《黄河》，2012 年第 2 期，175 页。

表现传主个性。"轶事常常不为人所知,新鲜、有趣,具有很强的表现力;细节则可以使事件的叙述变得有声有色、生动感人。"①如"窑洞纸条"一节,一盏油灯之下,屈健、李林二人的纸条传来传去,传成传奇,也成就了永恒的英雄爱情。一则轶事,一个细节,便写出了活生生的人物性格,而非单纯的英雄颂歌。

《晚清名将左宗棠全传》,堪称左宗棠诞辰 200 周年最好的纪念。军旅作家陈明福,珍惜中华民族卫国英雄、晚清封疆大吏左宗棠的精神,历时六年悉心研读《左宗棠全集》15 册,用深入发掘、实地考证和鉴别得来的言之有据的历史文献,以史学家的严谨、小说家的技巧和"彩虹般绚丽"的艺术手法,记述了左公坎坷的经历、独特的性格、超群的韬略、辉煌的业绩、传奇的人生;并对有关左宗棠的种种争议,亦力求给予客观公允的评价。这部 125 万言的长篇巨制,分为"伏龙惊蛰"、"砥柱中流"、"晚清夕照"三卷,采用我国传统的叙事结构,将传奇性的故事有头有尾从容展开,颇富文学的可读性。在解读传主精神时,作者吸取中国史传文学的艺术精髓,既注重人物的刻画、传神写心,情节的起伏,一波三折,又注重历史背景和现场氛围的渲染烘托,同时又注意适时地描摹人物的心理变化,收到了立体化展示传主形象的艺术效果。

与上述两部英雄传记再现历史人物有所不同,濮存昕、童道明合著的《我知道光在哪里》和艺林的《天仙妹妹》,则属于当红的明星传记。濮存昕,从家喻户晓的演员,到万众瞩目的公益大使,成名于影视,却痴迷于话剧舞台。他用爱心用正气谱写观众心目中的完美形象,然而光环笼罩下的他,却独自追随艺术之光拾级而上,因为他知道光在哪里。《我知道光在哪里》自觉打破了明星传记无八卦不成书的怪圈,以"独白"、"对白"和"旁白"的特殊视角观照传主,解读其呈现的文化,从而道出了生活的真谛,"做人、演戏都是一门修行,坚持、放弃都是一种境界"。"天仙妹妹"是清水出芙蓉般的羌族姑娘尔玛依娜的网络名字。与近几年来形形色色层出不穷的许多网络红人不同,天仙妹妹传递的是社会的正能量。作品以轻松活泼的文笔和亮丽的图片,对一位少女淳朴的内心世界进行了展示,对她成为网络红人及进入演艺圈后,依然保持着清纯的精神追求进行追踪并做了翔

---

① 杨正润,《现代传记学》,南京:南京大学出版社,2009 年,113 页。

实描述,传递出传主真善美的天性和一个羌族女孩特有的勇敢和美丽。

四、翻译作品奖亮点闪烁

作为中国传记文学的最高荣誉奖,中国传记文学优秀作品奖已于 1995 年、2001 年、2007 年先后成功举办过三届。前两届的评奖活动均仅仅关注长篇作品,自第三届开始便增设了中短篇优秀作品奖。2012 年启动的第四届,在第三届已有长篇优秀作品奖、中短篇优秀作品奖的基础上,新增加了翻译作品奖。这一新举措,顺应了传记文学翻译作品众多的发展趋向和国际文化交流的迫切需要,体现了中国传记文学学会作为国家一级学会,引领中国传记文学创作、翻译、研究的神圣使命。实践证明,本届评选出来的翻译作品奖亮点闪烁,给我们留下了一个充满勇气与信仰的生命传奇。

《张纯如:无法忘却历史的女子》,是献给一位卓越的年轻女士的生命颂歌。传主张纯如,是在《纽约时报》畅销书榜单上停留 10 周之久的《南京大屠杀》一书的作者。这个赤手空拳打破国际社会长达 60 年沉默的奇女子,这位年轻的美国华人,将一场堪比反犹大屠杀的暴行公之于世的勇敢女性,却因抑郁症,于 2004 年 11 月 9 日饮弹自杀,终结了自己 36 岁的生命。这之后的 6 年,张盈盈——纯如的母亲,忍痛写下了这部回忆录。用宽广的胸怀和善良的爱意,为读者复活了真实的张纯如,让我们再次感受到她的存在,感觉到她宛如再世,充满勇气与信念,充满活力。

纯如的一生短暂但却辉煌,有如横过天际的彩虹。她短短 36 年的生命时光,在她的科学家母亲那充满泪水与欢笑的回忆中,一点一滴,一枝一叶地再现了出来。"张纯如是谁? 她生长在一个什么样的家庭? 她拥有怎样的文化传承? 她是如何决定成为一名作家的? 是什么促使她写出了《南京大屠杀》这本书? 她有着怎样的理想? 怎样的美国梦? 她为什么要自杀? 她的死是否可以避免?"①这些既是读者急切需要了解的,也都是张盈盈在回忆录中平静、坦诚回答了的问题。

---

① 张盈盈,《张纯如:无法忘却历史的女子》,鲁伊译,北京:中信出版社,2012 年,9 页。

传记细腻地呈现了女儿的生平:快乐的童年,如花绽放的少年,出类拔萃的青年,到万众瞩目的作家、历史学者、演说家……传记真切再现了纯如生命中更丰满的其他部分:作为一个"人"的一生——作为一个孩子、一个女儿、一个青年人、一个妻子,以及一个母亲的多重角色;她的美丽、善良、敏感、智慧,连同她在成长过程中的艰难与困苦,成功与失败,爱恋与欣悦,悲伤与疼痛。传记还让读者第一次看到纯如生命中最后几个月的悲剧经历,写发病治疗,与抑郁症的抗争;写作为父母的内心煎熬,亲人的寻找……一唱三叹,情感剖析得委婉曲折,如泣如诉。

《张纯如:无法忘却历史的女子》,曾荣获 2012 年美国亚太图书协会文学奖。作品不仅让人们详细了解了张纯如到底是谁,她是如何写出那本最著名的作品的,还揭示出传主行为背后的思想动因和历史动因,在于她的信念、坚韧、特立独行,刻苦努力、不服输的劲儿和一股强烈的责任感、道义感。作品以丰富的传料解释出纯如的精神,捕捉到她内心深处的情愫,那就是"力求最好,永不放弃对历史真相和社会正义的追求"。其价值意义,诚如中国传记文学学会副会长兼秘书长张洪溪所言:"书中展现的她的美丽青春和不朽精神,将鼓舞激励着无数读过它的中国读者,为实现各自人生美好理想和为实现祖国自立于世界之林百年梦想的一致目标不懈奋斗。"[1]

这是一部催人泪下、令人感动,有极大的情感冲击力的优秀翻译作品。我们真诚感谢美国的张盈盈女士、中国的翻译家鲁伊。张盈盈笔下翔实还原的张纯如仿佛还在从人们眼前走过,栩栩如生。鲁伊准确把握并完美再现了作品的风格,译文准确到位,优美流畅,清澈可读,达到了信、达、雅的理想境界,堪称近年来中国传记文学翻译作品中不多见的上品佳作。此前,鲁伊便翻译过张纯如的《蚕丝:钱学森传》(中信出版社,2011),受到中国读者的欢迎和好评,可知其成功绝非偶然。

全 展 荆楚理工学院教授,中国传记文学学会理事。著有《中国当代传记文学概观》、《传记文学:阐释与批评》。

---

[1] 引自张洪溪 2013 年 3 月 27 日致张盈盈信。

从自传到日记，从大学到协会：
一个研究者的踪迹[①]

菲利普·勒热讷

人们总是不好意思谈论自己。那些处世之道的金科玉律也往往不建议谈论自己。由此，斯塔夫男爵夫人才会在 1893 年如是说："避免谈论自己是一种大方的感觉。至少他人的自我应该介入，对于他人来说谈论自己几乎总是一个恼人或者无聊的话题。"然而我跟你们确认一点，我在此与你们谈论的仅仅是个人的研究轨迹。与其阐释，我不如更多地来做一些描述。几个月前，在法国的一个"临床社会学实验室"，我就像一个实验动物一样必须介绍我自己的一些情况，别人问我和自我剖析总是不一样。我必须回答我的"生命历程"和"理论选择"是如何互相衔接的。这个问题我们当中每个人都会被引导着自问，因此设想一下我在说自己的时候其实也是在谈论你们。为什么我们选择了这个工作对象？我们使用的知识工具从何而来？它们好吗？其间我们更换过这些工具吗？

在这个实验室门口，为了回答这个问题，一方面我试图比较我的大学生涯和我父亲的大学生涯（正如布尔迪厄所说，我是他的继承者，这是一种"再现"）；另一方面也分析了为了追随自己的意愿我是如何在大学这个波涛汹涌的海洋里乘风破浪的（这又和布尔迪厄的"场"相关）。让我惊讶的是，我对于个体写作的兴趣形成相对较早（1953 年，我 15 岁的时候开始写日记），而我决

---

① 本文系作者在"同一性和相异性"会议上的讲演（2005 年 3 月 28 日，开罗），原文为法文，现经作者修改和补充交本刊首次书面发表。

定开始我的研究主题却是一个相对晚的年纪(1968 年,30 岁的时候),两者之间并不一致。那么在找到我的坐标之前,我是如何在两个时间的落差中在其他方向上迷途的呢?难道是我的"罗盘"指针磁化得不够?我找到了两个原因,一个是个人的,一个是集体的。

个人的原因就是在我自身写作中形成的形象演变,这也是我那些年所期待的。在青春期的漩涡中,日记一直陪伴我左右。毋庸置疑的是它教会我分析自己的情感,也让我得以更好地写作。但是它也可能对我构成了危害,然后封闭在自我之中,与那些可以让我更好成熟的对话相背离。另外,对于我来说,这更是我的失败之地:我的文学野心的失败。跟不少青少年一样,我爱文学而文学并不爱我,而这些人中的有很多人最后阴差阳错地成为了教授。孩提时代,我相信自己能成为诗人。青少年时期,我做了一件令人赞叹的事:17 岁的时候阅读普鲁斯特。这让我觉得失去了一切:我的作品已经被别人写出来了!这是"乌利波"(潜在文学工场:科诺、佩雷克和他们的伙伴)的成员们亲切地称为"预先抄袭"的悲剧性证明。在发现普鲁斯特其他的读者——那些冒名者们——也认为普鲁斯特是为他们写了这个作品之后,我的痛苦就加倍了。我是普鲁斯特的孤儿,和其他成千上万的人一样。我的日记,重复、爱推理、哀怨又自以为是,在我看来是一个作品的反面教材。但是我对自己说如果我将来成为作家,日记可以成为我的第一手材料,于是我将它保留下来。但在当时,我是没出息的。我不能写出一行虚构的东西:我自己都不相信虚构的东西是我写的。我被迫进入为文学服务的人员行列:成为一名教授。只有在 1968 年的时候,我新的写作兴奋点觉醒了。我组织了一个小型的个人写作工作室,发现所有的文字游戏都可以为一种自传表述服务。自传可以成为一种艺术,而且这种艺术是全新的,也许还是个发明。我的这些感悟来自于阅读米歇尔·莱里斯的作品。是的,自传是一个新的领域,是我个人意愿的对象,同时它也成为了我研究的对象。

在这一时期也有一些集体的原因。在我的个人意愿形成之前,已经在错误的道路上行进了:研究一个标准的作家(当然是普鲁斯特),研究一个经典问题(20 世纪文学诉讼和神秘主义)。我并没有意识到"研究"不能沿着老路向前,这毋庸置疑是正确的。但对我来说直到 1968 年才发现在法国有一个尚未开发的广阔领域,它隐藏着令人惊叹的丰富性,这就是自传。未被触及是因为它一直被误解。所有的评论都认为阿尔贝·蒂伯代在1935年这样写是对的:"自传是那些非艺术家的艺术,是非小说家的小说。"今天,有名望的《世界报》文学副刊《书的世界》仍然在近距离"枪决"自传:它是孤芳自赏的、平庸的。如果一部自传有价值,那它并非真的是自传,因为自传是没用的。在这个时代,我们研究一些稀少的代表作(卢梭、夏多布里昂、司汤达),但从来没有把它们作为一个种类的整体来研究。在这片文学批评的荒漠中唯一的例外是乔治·古斯道尔夫一篇二十来页的文章。我为百科全书撰写一篇关于世界自传的文章时发现在盎格鲁-撒克逊和德语范围内,有很多的批评研究,而且自传研究已然成为一个经典主题。但是在法国,什么都没有。我决定开始我的冒险,不再将我的研究框定在博士论文的形式里,而是要自由地书写我自己想要的。

那么什么是自传? 我必须收集文本组成一个研究主体,先要从定义出发。我参考字典的定义,以卢梭提出的模式为中心进行筛选并将之细化。然而,我着实为一个事实所动:自传不仅仅是被一个形式(叙述)和一个内容(生活)所定义的(这样的定义可以和小说重合),而且是经由一个行为来定义,这种行为从根本上把它自己和小说区别出来:一个真实的人采用这种行为在事实的精神下讲述自己,也就是我所说的"自传契约"。在"自传契约"和小说虚构之间,肯定存在不少的中间地带,但是这些中间地带只能参考这两个坐标来定义。因此基于以事实研究为基础的一面和语言行为的方面,我将之确定为自传这个文类占主导地位的一个特征。自传,并不是某人讲述关于自己的事实而形成的文本,而是一个真实的人借这个文本叙述他已经说过的。这个行为在接受上产生了一些特殊的结果。人们在阅读自认为是小说的文本或者自认为是自传的作品的时候采用的方式是不一样的。"自传契约"会产生令人兴奋的结果(好奇心、轻信、直接介入),但也会有一些可怕的影响,这也部分解释了在法国围绕体裁产生的那些偏见。"自传契约"是"纠缠不休"的:作者预计你的爱、友谊、尊重或者是敬佩,但是你并不总是愉悦地给出这些。"自传契约"是具有"传染性"的:没有必要去挑衅卢梭,让他的读者在评判之前像他一样自我揭露,他提供了一种令人尴尬的互利形式,因为我们并不总是想要思考自身。我关于"自传契约"的构想流行起来,也许是因为它让人联想到了一种用血签订的"与魔鬼的契约"。有的时候我觉得,比起一个理论家自己更像一个做广告的成功的策划了一个广告概念,就像有人发明了那个微笑的牛的形象。

我的第一本书《法国的自传》在比较大的范围内使用了这个定义。这种天真可以看作是年轻带来的,但是对于一本第一次描述了法国自传全景的书来说可能是必要的:它圈定了一个中心及其周边,也划出了范围。从我的第二本书《自传契约》开始,这个定义不仅仅是一个工具,而是成为了一个研究客体。我使用的分析方法大概是受到了热拉尔·热奈特和雅克布森的影响,也包括稍晚的俄国形式主义。我辨识了所有进入这个定义的参数(契约、语言形式、表述、时间性、主题内容等),我为它们中的每一个都展现了可能的解决方法,然后将它们在行列交叉表上交错,并顾及这些特征的等级分布。我是某种能工巧匠,试图将那些已经存在的和那些可能存在的混合在一起。正是针对其中一张交叉图标,塞尔热·杜勃洛夫斯基有了他的想法。为了填补我(鲁莽地)认为的是一个空格,他发明了一种混合物,命名为"自我虚构"。在一系列的研究中,我注重的是对那些边界部分的"涉猎",尤其是那些相互干扰的东西揭示的两个混合文类的一些共同特征和一些不相容的方面:第三人称自传、自我虚构、想象回忆录等。再后来我就尝试跟踪那些离开写作之后自传叙述在图片自画像中和在第一人称叙述的电影中的变形;或者是仍然停留在写作中的自传文本,只不过媒体改变了,我们进入了互联网:这是我近期一本书的主题"亲爱的屏幕"。在这本书里,我试图阐明的是经由博客、日记、书信和期刊之间产生的相互关联。

这种对语法学和分析的热情造成的一种后果就是我一点都不相信文类之间存在永恒的分界,在历史之中我只看到一系列的转化变形。当这些转化变形在存有偏见的状态下被记述时,它就屈从于保罗·利科所说的叙述身份的规则:书写一个文类的历史和书写一个个体的历史同样是具有神话性的操作。古代也有自传吗?在某些古代文本中很容易找到现在自传的某些特征。但是它们的作用是一样的吗?既然这是一种自传,那我就可以悄悄塞进表白。惊叹于卢梭的《忏悔录》,我倾向于将这本书的出版年份——1782 年当作一个转折点,一个振聋发聩的决裂，自此我们进入了现代，我本人对现代传记倾注了所有的心力。这也是具有神话性的。相比较遥远的本源神话，我更喜欢近期出现的传奇。当然，历史应该以另外的方式写成。我认为自己更正确，研究态度一样充满激情，但是方式方法更对路，还有一种收集和清查的癖好。关于个体写作研究的其中一个悲剧就是把注意力都放在少数出版的时候获得成功随后又幸存下来的作品身上。在这个文学类型形成之前，自传写作是一个广泛的运用，仅仅通过一些经过接受的过滤留下的文本来接近这些创作是不明智的。

事实上，我以《自传契约》为中心的早期研究仅仅是围绕着我自己欣赏的那些经典作品展开的，卢梭、司汤达、纪德、萨特和米歇尔·莱里斯。我绕开了夏多布里昂，并不是我不喜欢他，而是让我害怕。我的这些选择在美国激怒了一些人：为什么只有男人！我随后试图"将功补过"，将整本书都用来研究年轻女孩的 115 部日记，这就是 1993 年出版的《小姐们的自我》。这下男女平衡了。那些我喜欢的作品，我尝试分析的不仅是他们组成的复杂性，还有他们独特的多样性：卢梭的神话结构；萨特的辩证论证；莱里斯的漂移和诗性织造，等等。自传创作可以"回收"几乎所有其他形式。

在研究了这些代表作和分析了"契约"几年以后，我有些时候会有低迷和困惑。在我剩下的研究生涯中我要一直重复相同的东西吗？我已经到了自己能力的尽头了吗？每个人都会有这样的一个时期。因着各种时机和阅读的扩展深入，你必须把它赶走，让它和我们所做的剥离开来，然后重新开始。1977年至 1978 年间，我应该感谢萨特和我的曾祖父，是他们帮助我走出文学神圣的围城，开始面向我们中间每个人的自传表述。在《词语》的结尾，萨特声称："任何一个人都是由所有的人构成的，他和所有的人一样，所有的人也都和他一样。"在 1976 年我去看亚历山大·阿斯特里克和米歇尔·孔达的电影《萨特说萨特》的时候我立即抓住了这句话。在摄影机前面，萨特讲述自己的一生，没有修饰，也没有辩解：他的坦率和《词语》中诱惑人的把戏形成对比。他的身体、举止、语调甚至是沉默都在讲述和自传的散文叙事不一样的东西。他卸下了武器，同时也让人消除敌意：我们充满好感地听他诉说。我发现在普通人的自传中存在某种巨大的吸引力：相对于文学自传来说，它要求受众有更加积极的参与。文学计算它的影响并强迫你接受:你可以置之不理,作品已经完成了,愉悦是有保证的。口述生平的叙述或者所谓的一般人写作都是要经过他们的受众再加工的。接收的愉悦越少,获得的愉悦就越多。后者占优势,那受众就更容易成为那些向他讲述的生平的再创作者(我觉得把他们称为"小说家"或者"传记作者"更合适)。对我来说,这点在萨维耶—爱德华·勒热讷身上体现得更清晰。他是我的曾祖父,19 世纪巴黎一些大商店的雇员,同时也是个"星期天作家"。他写了很多,有诗歌也有一些自传性质的文本,尤其是一部中断的大型自传《生命的阶梯》,写的是他二十岁之前的生活。起先我带着某种优越感认为我找到的这个文本是感人的,但又是传统的没有什么突出之处。直到有一天我发现我的曾祖父在那些最重要同时也是最容易去考证的主题上说了假话:关于他的出生和婚姻。事实上,他的人生充满了悲剧和秘密,有的时候他会把这些转嫁到次要人物身上并最终中断了叙述。我在我父亲,也就是他孙子的合作帮助下化身成侦探,在资料堆里翻找,问询家族记忆,破译一个我曾经认为幼稚的棘手文本(《棉布》,1984)。

这种侦探的姿态,我稍后意识到是我自己的一个"特别嗜好"。20 世纪世纪 70 年代初我在对普鲁斯特的玛德莱娜小点心做精神分析的时候就已经是这样了,随后对让-雅克·卢梭和米歇尔·莱里斯的自我揭露感兴趣也是因为这个。当然,我并不是要对他们作出诊断,而是要分析写作在他们身上所起的作用,进而理解写作是如何与他们的无意识协商的。这么做有点风险,尤其是涉及一个还在世的作家的时候,比如米歇尔·莱里斯。1985 年以后我重拾了这种侦探的姿态,就在我充满激情地投身到遗传研究中去的时候。传记作家的草稿让我得以直接继续利科称之为"叙述身份"的研究设计。我研究了萨特《词语》的草稿、娜塔莉·萨罗特《童年》的草稿,还有乔治·佩雷克的一些自传。同时,我也研究了安娜·弗兰克日记的产生。在作者去世后,为了出版,在她父亲的帮助下对日记的结构进行了重组。

我们都知道"好奇害死猫"。但有时候我们在性格或者嗜好方面的一些"不良习惯",在开展研究的时候是否可以成为有用的方法? 在以上的叙述中我已经提到了三个个人的癖好:痴迷分析(把头发分成四段)、爱好侦察和收集的乐趣。当我进入到一般人写作的广阔领域中时,这些让我自由自在。

事实上,1977 年至 1986 年,我已经离开了文学经典而将自己的研究在两个方向上铺陈开来:我的曾祖父为我开辟了一般人写作的领域,而关于萨特是大众传播领域。

我决定从印刷产品出发,对 1789 年到 1914 年(宽泛地来说是 19 世纪)书写的自传来一次清查,按照种类或者社会状态来分。我的想法是要做成一种"话语的社会历史"。首先我找所有商业方面的,工业的或者金融业的,从宣告破产的到成功成为行业典范的。不仅仅要在那些代表作上推理,还要分析那一系列展示在某种既定情境下叙述生平多种可能方式的文本。这些文本,历史学家当作一些其他事件的简单信息来源来用,而我们在处理的时候要当成享受全部利益的历史事实:在什么时期,一个人是如何构建他生平的一个图像并将之用于交流的。研究了商人的传记之后,我开始找小学教师的,接着是罪犯的。人们跟我提出质疑说这个不是一项工作,有的时候它还真是份研究工作。但是研究主体来自司法机关和它强加的话语技巧:我这是处在米歇尔·福柯的领域里了。正是站在这个立场,我试图考察在 19 世纪下半期医疗事业的发达和同性恋犯罪是如何悖论式地将它的自传表述成为可能并出版了纪德的《如果种子不死》(1926)。那是法国第一部由作者自己出版的同性恋自传。为了研究罪犯和同性恋的自传,我离开了那些已经印刷出版的作品,一头扎进了文档资料查询中。我发现的文本数量和丰富性让我喘不过气来:这需要五十多号人来一起工作,但是我只有一个人。与此同时,我也发现了在当代作者自费出版的一般人自传数量惊人。我把这些也做了归类,同时也考察在生平叙述领域里供需之间出现的不协调。某个特定时期的读者想要看的生平叙述或者说人们给他们看的生平叙述并不一定是那些他们同时代人自发书写的传记。

萨特的那部电影纪录片给我的启示在研究中体现得更明显,那就是我与人合作自传,当这个同样的"我"覆盖了两个人的时候,就是一个对话的成果。这就产生了截然相反的两个情境:成功闪光(我开始研究记者采访的历史,包括那些战后电台的访谈和当代电视应用以后像贝尔纳·比沃的 *Apostrophes* 的"新书访谈"节目),或者是完全黑暗(一些当代历史学家或社会学家的"口述历史",还有那些把话语权交给被生活压垮的陌生人的平民书籍)。

这些研究让我逐步远离学术经典和诗学,也使得我接近自我。长期以来,我都尽力在自己的大学工作和个人实践之间维持一种联系。20 世纪 70 年代,在拜读米歇尔·莱里斯的时候,我给自己搞了一个小小的写作工作室,在那里尝试着借此往深处探索。

当我在研究口述历史的时候,我就试图给自己的家人也做一份,先后录了我父母的、我兄弟姐妹的,等等。也许我人生的关键并不在我自己身上,而是在我周围。在这期间我出版的两本书的题目就反映了这种变化:1980 年出版了《我是他者》(借用了兰波的格式,有一点拐弯抹角……),副标题是"自传,从文学到媒体";1986 年出版了《我也是》,没有副标题。

当你觉得计划成熟准备去做的时候,往往是一些小事情会让你改变方向,朝着新领域发展,即使你已经花时间描绘了行进的路线,已经知道将要采取的步骤。从 1986—1987 年间开始,我投身于日记的研究,采用的方法与我在研究自传的时候截然相反。接着我就采取直接的行动了,在大学之外,在法国社会之中,为的是让大家意识到自传写作的价值。

为了清楚起见,这两方面在我的叙述中是一前一后展开的,但是你们会看到,它们确实是交织在一起的。

对于日记的研究应该是源于 1987 年 1 月我跟朋友艾里安娜·勒卡尔姆的一次谈话。我们说到了如今的青少年。她说:"比起我们那会儿,他们现在日记写的少多了。"而我希望是相反的,想着随着教育的普及日记的写作应该是增加的。但是我们两个都没有什么证据来支撑自己的论断。在当时没有关于这个主题的书,也没有这方面的专家,应该进行一番研究。于是我发现,自己做了 17 年自传研究,但是我青少年时期对日记的怨恨完全遮蔽了我对它的关注。我一点一点地回到日记的实践上来,没有更多的野心,但是比起自传可能更忠实于真人真事。在接下来的几年中,我开始设想一种写作实践可以将自传(建构)和日记(即时性)的优势结合起来避免他们的缺陷(幻想和无意义)。这里我在回望以往的时候是简化的,其实这种变化是在数年间铺陈开来的,而我也是花费了时间才意识到的。是的,我作为一个自传研究专家不再热衷那个大写着"自"的自传,我渴望的是那些碎片化的自传文本,注明日期,灵活地跟着时间的发展往前,就像日记一样,是一生的种种变化。

1987年,我正要进入这个被我忽视了的研究领域。与自传研究不同的是,在法国,这个领域已经被学院派认真地探讨过了,那个时候就已经有三部重要的参考书,分别是米歇尔·勒乐、阿兰·热拉尔和贝阿特丽丝·迪迪耶的著作。但这些研究只是把日记当作一种文学类别,他们是建立在对已经出版的书阅读的基础上的。不过日记首先是一种生活的习俗和一种书写的习惯。我们不能仅仅研究出版的书是基于以下两种理由。首先那些出版的日记只有唯一的发展轨迹,就像一个工艺作品:纸张、写作、装饰和参考附录一起做成了一个圣物盒一样的东西。而且日记通常篇幅很长,这让它很难做成一本书,而通常被迫删节;其次,每年有数百万的日记写成,但是能出版的寥寥无几,在法国差不多是十来部。那我们能够确定出版的那部分如实地体现了整体面貌吗? 不能,我们甚至都不能确信它的反面。举例来说,在法国,出版的日记中85%的作者是男的,但是我们所知道的是写日记的大部分是女性。同时,我们经常出版作家的日记,或者那些名人的日记,还有那些战争见证实录,而那些无名的一般人的生活极少在其中表现。

对于自传,我是从一个定义、一个代表作组成的研究主体出发的。对于日记,我却背道而驰。我忘记了定义,我花了十二年的时候才意识到没有下定义。我给自己一个最简单、最容易理解的定义。对我而言,日记就是"一系列标明日期的轨迹"。我必须要给自传下个定义,是因为它与小说之间的边界是存在多重孔隙的。但是日记却没有这种情况。如果你在自己的日记中杜撰了自己的生活,那不是虚构,那是对他者的谎言或者是一种疯癫……于是我就像一个社会学家或者记者一样从经验论的方式出发去研究那些真实的日记。我在中学和大学做问卷调查。我在报刊杂志刊登了一个启事,有47个人回复了我,我和他们保持了通信往来,最后我将其中一些信集结成书出版,名为《亲爱的本子》。2000年,在西班牙进行了一次相似的调查研究。自此我的研究扩展到了别的国家,当然也包括埃及。我的假设是,日记写作的普及和受欢迎程度部分取决于每个国家的宗教传统。在那些有新教传统的国家,日记是一个普通的习惯,也是开放的。但是在那些信奉天主教的国家,日记写作虽然也很广泛,但仍是被怀疑的同时也是更为私密的。在穆斯林国家又是如何呢?看起来没有那么普遍,在口传、故事和以"我们"开始的集体表述占更多地位的文化中,日记甚至是显得陌生的。正因为如此,我们希望在埃及的男性研究者或者女性研究者们暂时放弃研究那些已经出版的大作家的作品,而是实地去进行跟我类似的问卷调查。那在街上碰到的那些人,有几个是正在写或者曾经写过日记的呢?

我回到我的研究,直接考查那些日记文本是必须的。对于以前的,我经常查询档案资料,比如我刚才提到的年轻女孩的 115 本日记就是这么找到的。对于那些当下的文本,我依靠的是两个协会。在法国,有这样一个协会,它建议那些想把日记扔掉的青少年把日记交给他们来保存,以后再还给这些主人。在这个协会的顶楼,我可以阅读当代青少年的日记,大部分是悲剧性的,有些也很有创造性。即使翻阅这些日记是得到他们允许的,这也是一种非常令人不安和沉重的经历,但同时又是很有教育意义的。稍后我会跟你谈起我是如何与一些朋友一起建立另一个协会,用于收集那些不知名的人的自传文本。多亏了这些友情建立起来的网络,我才能接触到异常丰富的私人日记。我深深惊讶于它们的严谨、对语言的掌控以及它们的优美。他们质询的正是法国对日记写作的惯有偏见:幼稚、自恋、没有审美。

很快我面临的问题就是如何转化我所看到的。光谈论是不够的,必须要把它展现出来。应该办一个展览,尽管展出如此私密的东西是很敏感的。多亏了自传协会和我的朋友凯特琳娜·波卡艾尔,这个展览 1997 年的时候在里昂市立图书馆举办。我们展出了 250 份日记原件,包括名人和普通人的。我们做了一份叙事脚本,用于讲述一本日记从第一页到最后一页的故事,橱窗里的那些日记就作为例子一步步地图解我们的分析。如果我们一边读着这些文本一边看完整个展览大概要花几个小时。很多人来看展览,就像是一种对内心的朝圣。非常意外的是,一个里昂的编舞者很偶然地参观了我们的展览,出门的时候就有了以此编写一个芭蕾舞剧的计划,而且还真的实施了!他选择了 19 世纪末一个名叫卡特琳娜·珀兹的少女日记,在芭蕾舞中他把卡特琳娜这个角色分给了三个舞者,只有一个是讲述文本的。舞蹈和音乐一起转化了一本日记的字里行间所蕴含的东西。展览的最后一天,我和凯特琳娜·波卡艾尔对这250部在一起生活了三个月的日记做了一次告别参观。它们将会被分开,那些布景也将被拆除。展览都是转瞬即逝的艺术。我利用这个时期研究了一下展览的薄弱环节:遥远的过去和即时的现在。对于过去而言,主要研究的是古代日记的历史,以及欧洲中世纪末纸张的发明和机械计时的到来引发的巨大变化,而对于当下来说,日记是在网页上的。正是基于这点,2000年我写了本书叫《亲爱的屏幕》,和那本《亲爱的本子》相呼应。不断的等待之后,2001年出现了意想不到的好事:一个出版商建议我们出一本带说明文字的插图书,所配的叙述介于散文和展览说明之间。我们的书2003年由文本出版社出版,做了150本日记影印本,展现了法国日记创作的一个整体的面貌。而书名用的是我们上次展览的名字——《给自己的日记》。

我再回来说一说和日记研究相平行的我的其他探险:在大学之外,建立了一个激进的协会。这一切起源于意识到法国社会对转化自传写作的需求是根本不会回应的。1986年前夕,我在各种报刊上刊登了寻找家庭档案的启事:为了清查19世纪的自传,我寻找那些新的来源。我是这么说的:"如果在您家的阁楼和壁橱里有一些上世纪的自传作品,与我联系吧,我感兴趣的。"

我收到了一些肯定的回复,但是也有几封很奇怪的信。这些信里提到:"先生,我给您写信是为了告诉您我家没有任何19世纪的手稿。"在一些令人困惑的句子之后,我们知道了事实:"但是我家里有一些差不多的东西,可能会引起您的兴趣……"你们可以猜想到,那是写信者自己的自传或者日记,他还对此表示歉意说:"我说谎了,我不是19世纪的,但是……"第一次看到这样的文字,我笑了。但是这样的事情重复几次之后,我就严肃地面对了这个问题。我接受并阅读了这些文本。这下轮到我自己困惑了。我很快来分析这两种困惑。

那些给我写这些信的人,他们希望的是在离开这个世界之前自己写的能被人好好阅读,这样他们的文本就不会死。对于这点,只有三种解决方式。出版社?它能接收的数量很少,这也是为什么那么多的自传落入了出版社要求作者自费出版的圈套。档案?人们帮你保管,但是不会去读。而且更多时候还不接受你的文本帮你保存。在法国,如果你胳膊下夹着自己的私人日记去区档案馆,人们肯定以为你疯了,然后会跟你说:"这是程序,有三点是必须的:1. 死亡;2. 等 50 年;3. 然后拿过来。"他们只接受那些可以证明他们长久保存能力的文本。那这两者之外就只剩下家庭了。如果说有些家庭喜欢家族记忆,那它们对于成员的自传作品的热情要少得多,因为这些个人的版本对于家族整体的历史往往是存在异议的,并且有泄密的可能。于是,尴尬就产生了。很多自传作品在遗产继承和搬家的时候丢失了。人们总是急于把自己的房子清空。在法国,我们经常可以在旧货市场看到个人书写作品杂乱地摆放着,或者被交易……这就是为什么他们要写信给我。

但是我又能做什么呢? 我阅读了,并且充满热情地给他们回信。但是有的时候我的热情是很勉强的:我并不是一个普世的人,我不可能爱所有人;另一方面,我也确实没有办法就他们的保存问题提出什么解决办法。我家不可能成为一个档案馆,而且,我也会死去,我家的橱柜也会被清空。这样看来,解决的办法只可能是集体的:有一个组织可以本着多样性接纳他们所有的经历和情感。而且,既然永恒和我们每个人都不沾边,那么只有一个公共的地方在时间的流逝中具备某种长久性,可以收集各类档案资料。

这个解决问题的想法最初出现在 1988 年,那个时候我知道了意大利有个叫"国立日记档案馆"的地方,就在托斯卡纳一个小村庄里,是一个叫萨维里奥·图迪诺的记者在 1984 年创建的。他说服了当地市政府拿出一部分办公区间用于存放一些由比赛而得到自传档案。一个自传比赛! 当我列席这个比赛的决赛的时,我有点震惊,我想我从来没做过类似的事情。除此之外,这个事情真是不错。三年之后,多亏一个朋友的帮助,我终于在法国找到了一个合适的地方,就在里昂附近的一个小村庄,叫昂贝里厄—布盖。他们有一个很大的图书馆(这不是不可能),市长和图书馆长理解我们的计划。我们要做和意大利人一样的事情,但不是通过比赛,仅仅是通过口耳相传。这个事情开展得不错。自传协会(APA)成立于 1992 年,十几年以来已经收集和"处理"2000 多个文本。主要对象是完成于 20 世纪下半期的当代文本。各类文本数量形成的比例与它们在现实中情况相反:75% 的自传叙述(写这些东西是比较少见也是比较难的),20% 是个人日记

(法国有 300 万人在写日记)和 5%的信(几乎所有人都写这个)。

对竞赛形式的拒绝让我们创建了一个独特的、与公众直接对话的体系。我们和所有提交了文本的人保持了私人的联系。文本一旦交到昂贝里厄,登记之后就会寄给"阅读团"。我们在法国不同的城市(巴黎、斯特拉斯堡、埃克斯普罗旺斯和诺曼底)有 5 个这样的团,每个团有十几个人组成。他们一个月开一次会,全年都在审读这些作品,并给它们编目。从一开始,我就是这其中一个"阅读团"的成员。发现一些别人没有挑拣过的文本,然后不必在阅读之后大声宣布评判意见,真是不同寻常的经历。我们接受所有的,而不必去选择,因为我们不会出版这些东西。如果某个文本不合我们的口味,那我们就把它带到下次会议上,其他人会来处理。所有的文本最终都会找到自己的那个读者。我们会做一个报告,然后交给作者,这也有助于未来的读者可以接近文本。两年间,这些报告带着主题索引集结出版,名为《记忆储存器》,已经出版了 6 卷。在这些分门别类的目录帮助下,历史学家、社会学家和一些感兴趣的人得以在昂贝里厄去查看文本。这个目录本身读起来就像小说,参照《一千零一夜》我们可以将它们称为《一千零一种人生》,是多变的和无法预料的叙述大汇集。

我刚才提到了互相合作,这也意味着每个人都可以起到不同的作用。阅读团的成员也可以交给自传协会他们自己的文本。而那些递交了文本的也可以成为审阅者,等等。自传协会不是一个专家学者的组织,它更像一个志同道合者的俱乐部,大家在里面做相同的事情。尤其是有很多日记作家,都很高兴在法国第一次可以公开地和别人交流他们的创作,这种创作对很多人而言还是会引起顾虑甚至是嘲笑。在阅读团之外,还有一些自由的小团体,他们读一些出版的书,就某个主题展开讨论,比较他们的写作经验,等等。在这些交换网络里,人们不是处在权力关系当中,而是达成一种共同的默契。这也说明了我们的日记展览为什么可以轻易地以其他方式延续。有个叫《卢梭之错》的杂志起到了纽带的作用,它时常跟踪自传现状,出版一些案卷。我们最近两卷档案分别是关于自传文本中的身体和金钱的。

我们人数不是很多,大致 800 人,而我们也只存在了十多年。我们很高兴能相互认识并一起工作,然而我们让法国社会改变了吗? 这么想可能是自负的表现。比较中肯地说应该是我们"伴随"了它的改变。近几年来，一些女性杂志对日记感兴趣了，我也做了很多访谈。在文学杂志上，我们发现一些关于自我虚构的争论，对于指明自传和自传体小说，这是个很好的概念，但同时也是模糊不清的。我们把一些很不相同的作品搞成大杂烩，为的是表明一个新的流派或者是一种新的文学运动，有点像上世纪 60 年代对"新小说"那样。然而，最主要的改变，从长远来看也是最重要的结果是发生在中学教育中的。从 2001 年以来，自传成为中学一年级 5 个必修的文学课程之一。成千上万的老师要向成千上万的学生讲解自传。有的时候我会担心人们会不会从一个极端走到另一个极端，这种必修会不会反而造成一些损害？学习自传会不会成为令人讨厌的工作甚至是折磨？也许，若干年后我会创建一个反自传的协会。

避开了自传文类的种种陷阱，我即将结束我的论述。我唯一希望自己能成功避免的是斯塔夫男爵夫人在她的处世之道里对谈论自身的鄙薄。我相信，如果自传可以力求达到优美，达到一部艺术作品的真实形式，它本身就有可能成为一个科学作品。人们可以自我剖析吗？比埃尔·布尔迪厄在他的《自我分析概要》(2004)一书中就做了这个，在开头，他宣称："这不是一部自传。"以上我所说的某种程度上也是自我剖析，这份简单的说明必须重新放在集体领域，与他人的对照理解。"我"只是一点微光，我从自己孤独的梦中醒来，你们在这儿，谢谢。

（唐玉清译）

菲利普·勒热讷 1938 年生，法国著名的自传研究专家，也是成立于 1992 年的"自传和自传遗产"协会的创始人之一。出版了众多关于自传和个人日记研究的专著，包括《自传契约》(1975) 和《私人日记》(2006)，这些对于界定自传这个文类提供了理论基础，也为日记研究拓展了思路。

我们向司马迁学习什么

——《史记》传记方法的现代意义

杨正润

内容提要：司马迁爱奇而不猎奇，他选择那些有不凡经历的奇人为传主，反映了新的社会力量和社会要求，他喜欢讲奇闻异事而又揭示其背后的意义，包含着对人物的探析。司马迁所说的"究天人之际，通古今之变，成一家之言"，不但是他的写作目标，也关系到他的写作方法，他对传主的选择，对传主的解释以及他笔下的大量细节和轶事，都安放在巨大的历史背景之中，包含着道德的考量和对"天道"的吁求。他采用场面化的方法组织材料，把纷繁的历史事实围绕着传主最精彩的事迹加以叙述，使传记具有了故事性和戏剧性。司马迁的传记方法仍然值得当代传记家学习。

关键词：司马迁　传记方法　爱奇　天道　场面化　格兰特·哈代

中国传记已经进入高产期，据说每年出版万种以上，远远超过小说的规模。但是其中优秀之作的比例仍然不高，中国传记正面临种种挑战和危机。如何使传记作品在真实的前提下写出深度、写出趣味来，使读者信任传记，愿意阅读传记，让传记在电影、电视等大众文化形式的夹击下生存并发展，这是中国，也是世界传记的难题。

《史记》是中国传记史上最伟大的经典作品，它为中国读者所熟悉和喜爱。研究、学习和借鉴《史记》是中国传记界的重要课题。20 世纪以来，《史记》研究的成绩颇为可观，可是大多数集中在史学领域，基本上是传统论题的扩展和深化,文学角度的研究寥寥无几,传记美学的论著更是难得一见①。欧美学术界近20年来出现了几部研究司马迁的重要著作,其内容主要也是从历史角度,包括思想史、文化史和比较史学角度的研究,文学和美学领域的研究专著似乎未见。

美国古典学者托马斯·马丁(Thomas R. Martin)把司马迁同希腊历史学家希罗多德进行了比较,他认为这两位历史学家生活在不同的国家、不同的世纪,没有读过对方的作品,但是,他们有许多共同的东西,他们所做的工作有助于形成现代的历史写作观念,"现代意义上的历史写作可以追溯到古代的希腊和中国"②。这是国际史学界的一个重要的观点。司马迁写的是"史传",不仅中国现代史学观念可以追溯到司马迁,而且现代传记观念和方法同样发源于司马迁。研究和学习司马迁,是提高中国传记水平的有效途径。

一

稍后于司马迁的扬雄,对他这位前辈有很准确的观察:"多爱不忍,子长也。仲尼多爱,爱义也;子长多爱,爱奇也。"③人们公认,司马迁的一个重要特点就是"爱奇"。"爱奇"是时代精神的反映,如李长之所说:"驰骋,冲决,豪气,追求无限,苦闷,深情,这是那一个时代共同的情调"④,这个时代的精神和司马迁的精神是一致的,李长之称为"浪漫的自然主义"⑤,这是自然主义和浪漫精神的结合,或者说以"自然主义"为基础的浪漫主义,司马迁的"爱奇",就体现了这种精神,他喜欢写奇人和奇事。

鲁迅称司马迁"传畸人于千秋"⑥,"畸"即"奇"。司马迁爱写那些富有个性、

---

① 参见陈桐生,"百年《史记》研究的回顾前瞻",《文学遗产》2001 年第 1 期,120—128 页;单瑞永,金家诗,"近十年来《史记》人物研究综述",《渭南师范学院学报》第 25 卷第 3 期,2010 年 5 月,21—25 页。

② Thomas R. Martin, "Introduction", *Herodotus and Sima Qian: The First Great Historians of Greece and China.* Boston: Bedford/St. Martin's, 2009, p. 1.

③ 扬雄,"君子",《法言》卷 12。

④ 李长之,《司马迁之人格与风格》,北京:三联书店,1984 年,19 页。

⑤ 李长之,《司马迁之人格与风格》,176 页。

⑥ 鲁迅,《汉文学史纲要》,《鲁迅全集》(第九卷),北京:人民文学出版社,1981 年,420 页。

特立独行的奇人。如伯夷、商鞅、勾践、伍子胥、信陵君、孙膑、苏秦、张仪、项羽、韩信、李广,等等,他们或是经历、或是功业、或是品德有异于常人。特别引人注目的是《史记》中出现了一批没有显赫身世、名不见经传的下层"奇人",如陈胜、吴广这样的草莽英雄,朱家、郭解这样的游侠,荆轲、聂政这样的刺客。还有一批奇女子:淮阴漂母给饥饿中的韩信送去饭食并予以教训,使韩信成就了一番大业;寡妇怀清以财自卫,不受侵害,也守住了家业;晏子马车夫的妻子劝告丈夫纠正了习性,也被晏子提升为大夫;卓文君看中司马相如的才学,突破礼法与之私奔。这些小人物,在《史记》前的文献中找不到根据,是司马迁"旁搜异闻"写成的。

有着异乎寻常经历的"奇人",是许多传记家,也是读者感到兴趣的。但是并不是所有的传记作者都能发现他们,即是非凡人物就在身边也还是熟视无睹。只有司马迁独到的眼光才能打破世俗的成见,发现真正有价值的传主,"奇"的背后是他们代表了一种不能忽视的社会力量或者社会要求。梁启超说过:"《史记》以社会全体为史的中枢,故不失为国民的历史;《汉书》以下,则以帝王为史的中枢,至是历史乃变为帝王家谱矣。"①一些西方学者的研究,得出进一步的结论,如斯蒂芬·W. 杜伦特(Stephen W. Durrant)指出:"司马迁表明,给一切有成就、值得记住的人留下适当的记录和防止失传,这正是他的目的。"②司马迁作传的,是社会全体之中那些最值得记录下来的人,他的"奇人"符合这样的标准。

司马迁也好"奇事",杨伯峻发现了一个生动的例子:《左传》中有个著名的"曹刿论战"的故事,司马迁没有采用,而是采用了曹刿(即曹沫)劫持齐桓公的故事,这件事他写入"年表"、"齐世家"、"鲁世家",又写入了"刺客列传"。

杜伦特认为"司马迁对那些好听的故事总是热情洋溢、充满兴趣,他确实没有感到要对他的材料进行仔细考察的必要,这使现代史学家的心智感到困

---

① 梁启超,《中国历史研究法》,上海:上海古籍出版社,1998 年,17 页。

② Stephen W. Durrant, *The Cloudy Mirror*: *Tension and Conflict in the Writings of Sima Qian.*, 1995, Albany: State University of New York Press. p. 11.

扰"①,他认为司马迁没有对材料仔细考察,这种说法不够公平。《史记》中写入许多异闻,但是同后来的一些史书相比,这方面的内容要少得多,这是司马迁经过认真选择的结果,他批评过"百家言黄帝,其文不雅驯"("孟子荀卿列传"),还说过:"《禹本纪》、《山海经》所有怪物,余不敢言也。"("五帝本纪赞")《史记》中也收入一些不可靠的传说、梦兆、占卜、怪异之类,这需要具体分析。

以刘邦为例。"高祖本纪"中写了刘邦起事和发迹之前的种种奇迹,比如他喝醉酒有龙现身;醉行时有大蛇挡路,他拔剑挥去,把蛇斩为两截,斩蛇的地方出现一个老妪在哭泣,说她儿子是"白帝子",被"赤帝子"斩杀了,等等。

这些传说无从考查,但是司马迁没有编造故事,他那个时代还没有迷信的观念,他只是合理地运用已有的、广泛流传的故事,他把它们收进《史记》,或者是形成一种氛围,或者是进行烘托。司马迁写刘邦的奇事,是放在楚汉相争的大背景中来写的。无论家世、影响、实力,项羽都远胜于刘邦。刘邦最后的胜利是许多人没有想到的结局,但是司马迁并没有把刘邦的胜利看作是那些奇迹在发挥作用。司马迁在"淮阴侯列传"引用过韩信同刘邦的一段对话,预测了刘邦的胜利,在"项羽本纪"、"高祖本纪"等篇中一再分析这个问题,对刘邦和项羽在个性、策略、人物关系等方面进行比较,探讨了刘邦获胜的原因。这样,司马迁记录同刘邦有关的奇迹异闻,只是记录民间的传说,他用事实证明刘邦的获胜是双方博弈的结果,是历史的必定结局。传说也许是一种征兆,但同刘邦的胜利并没有直接的关系,司马迁在此后的叙述中再也没有提及。它们在历史的实际进程中并没有多少分量,只是引起了读者的兴趣,去更深入地理解刘邦,理解司马迁对刘邦的描述。许多传记家,特别是通俗传记家也喜欢写奇闻异事。司马迁与他们不同的是,他看到了这些故事的社会的和人性的价值,他不仅满足了人们的好奇心,而且从更深的层次上揭示人物的个性,提供了对历史的一种观察。

---

① Raymond Dawson., *Sima Qian*: *The First Emperor*: *Selections from the Historical Records*, "Introduction", Oxford: Oxford University Press 2007, xxix.

美国的司马迁专家格兰特·哈代（Grant Hardy）仔细研究《史记》文本，发现了其中有多种组织材料的方法，诸如"选择"、"并置"、"重复"、"类比"或"比较"、"结构化"等，使用何种方法，司马迁都有认真的考虑。他对"奇事"的引用也是如此，这可以从他所讲述的四公子"养士"的故事中看出来。

战国时期"养士"是一种社会风气，最为著名的孟尝君、信陵君、平原君、春申君等四公子，门客最多时达到 3000 人，这些士平时为恩主厚养，为他们出谋划策或是完成某项特殊任务，以至卖命，演出了许许多多有声有色、惊心动魄的故事，这些故事在民间广为流传，在《战国策》等著作中有不少记录。司马迁也在叙述这些故事，但是他并不以叙述为满足，他要找出故事背后的意义。这些恩主，究竟为什么要养士，又是怎样来养士的。司马迁为四公子各写了一篇传记，他对这些问题的认识，在故事的结构中可以看出端倪。他打破时间的顺序，每篇传记在按惯例述其家谱以后立即各讲了一个他们养士的故事。

孟尝君是这样一个故事：他同客人谈话，屏风后有人记录，记下客人亲戚的住所。客人走后孟尝君就派人去向这些亲戚赠送礼物，客人后来知道了，十分感动，人人都觉得孟尝君对自己最好。有一次孟尝君待客夜食，有一人因为灯光被遮蔽，认为自己的食物给少了，愤怒中要罢食而去。孟尝君就把自己的食物拿来同他比较，客人看了十分惭愧，自杀身亡。

信陵君是这样一个故事：大梁夷门监者侯嬴家贫，信陵君想厚赠他，但请他不到。信陵君有天宴请宾客，待客人坐定后，就亲自驾车去迎接他，恭恭敬敬请他上座，半路上侯嬴要公子绕道让他去看屠户朱亥，还下车讲了半天话，信陵君还是谦和地在一旁等待着。随从都在骂侯嬴，信陵君却始终颜色不变。

平原君的故事是：平原君美人在楼上，看到一门客跛足行走，嘲笑不止，第二天这门客要求平原君砍下美人头以谢罪，平原君笑着答应了。门客走后，平原君笑骂他太过分，不肯杀这美人。一年后，他门下宾客散去一多半。他问原因，下人回答说：你不杀这美人，大家认为你爱色而贱士。于是平原君斩了美人，他的门客又增加了。

春申君的故事是：平原君派人出使楚国，春申君把他们安排入住上等馆舍。赵国使者为了显耀自己，头上是玳瑁的发簪，佩剑上镶着珠玉，来同春申君门客见面。春申君三千门客出来了,其中上等门客的鞋子上都缀着珍珠,赵国使者羞惭不已。

司马迁把这四个好听的故事放在开头,这是哈代所说的"并置"、"类比"或"比较"的例子,比较的目的十分明显,四公子人品的高下立时可判:孟尝君是个善使权术、心胸狭隘的"鸡鸣狗盗之雄",春申君是个浮夸、平庸的纨绔子弟,平原君浅薄而又无能,他们养士不过是为了夸耀或是为己所用。只有信陵君同士相交、相知,是一位难得的君子。司马迁讲述这些故事的时候也在探析着人性。

四公子列传在后面又写了一些门客的故事:"平原君列传"中毛遂自荐,"孟尝君列传"中冯谖弹铗而歌,"魏公子列传"中侯嬴和朱亥对信陵君以死相报,"春申君列传"中的朱英敏锐地指出了主人的危境但不被采用,春申君不久就死于非命。门客的作为又衬托了主人的人格,同四个开头的故事前后呼应。

好奇是智慧之母,好奇是人的天性。传记家需要知识和智慧,这样才能找到值得作传的非同凡响的人物,发现奇闻轶事背后的意义。不好奇就没有探索精神,写不好传记;一味猎奇,以致夸大、篡改或捏造会走向反面,披露隐私也不可能带来读者持久的兴趣,只会瓦解读者对传记真实性的信念,颠覆传记本身。第一个指出司马迁"爱奇"的扬雄,也指出司马迁是"实录",所谓"实录",即"不虚美,不隐恶","爱奇"和"实录"的结合才是传记所需要的。

二

司马迁有名言:"究天人之际,通古今之变,成一家之言。"("报任少卿书")他的意思是:"探究天道和人事之间的关系,通晓历史发展演变的规律,写出自成一家的作品"。人们常常用这些话来证明司马迁的宏大志向,其实,司马迁的传记方法也与此密切相关,无论是写帝王将相、王朝兴衰这类大事,还是写凡人琐事,他始终没有忘记这一宏大目标。

"天道"是司马迁核心的思想概念之一。在"伯夷列传"中,他引用了"天道无亲,常与善人"的说法,他对此也有困惑,因为现实中并非"善人"都有好报;

但是毫无疑问,同"善"联系在一起的"天道"是他的信仰,他写那些"明主贤君死义之士"、"功臣世家贤大夫之业"、"倜傥非常之人"("太史公自序"),就是为了表明"天道"惩恶扬善,吁求道德的改善和社会秩序的重建,这就是司马迁宏大叙事背后的实际写作目标,他的社会理想和批判精神是一致的。司马迁还引用孔子的话:"我欲载之空言,不如见之于行事之深切著明也。"他不要"空言",而是"见之于行事",即写作这部《史记》。按照哈代的说法,司马迁的写作目的是对秦始皇开始建立的专制暴政进行批判,"同秦始皇的横暴和苛政相对立,司马迁致力于重建一种道德,作为国家和人的社会秩序化的基础"①。

《史记》写了4000人,重点写了200人,司马迁是经过认真选择的。那些在历史上有重大影响或是举足轻重的人物,司马迁自然不会忽略,能够在写作中体现出他的道德和社会目标的人,他就给予更多的重视。有一些人,尽管位高权重,声名显赫,如汉武帝时的柏至后许昌、平棘侯薛择、武强侯庄青翟、高陵侯赵周等人,都官至丞相,但是司马迁没有为他们立传,原因就是他们"无所能发明功名有著于当世者"("张丞相列传")。

相反,许多原本默默无名的小人物(包括前文所说的"奇人"),却被写入了《史记》。"货殖列传"是经典的一篇。此传总共写了从春秋到西汉的16位商人,除了原名范蠡的陶朱公当年曾居高位外,其余都是处于社会下层。但是就是这篇传记里,显示出司马迁宏大气魄和历史眼光。此传一开头,司马迁首先批评了老子"小国寡民"的主张,认为那不过是"涂民耳目",根本行不通的。他分析了对待百姓物质生活的五种不同态度:"故善者因之,其次利道之,其次教诲之,其次整齐之,最下者与之争。"最高明的是顺其自然,其次是诱导,再次是教育,又次是规范,最愚蠢的办法是与百姓争利。司马迁既肯定人欲,也批评贪欲是祸乱之源。他肯定了货殖,但不赞成囤积居奇,发国难财。他主张君子求财"以其道得之",他说的"道"就是用自己的劳动和智慧求财,财产正义的标准是"俱利"。他主张"布衣匹夫之人,不害于政,不妨百姓,取与以时而息财富,

---

① Grant Hardy, *Worlds of Bronze and Bamboo: Sima Qian's Conquest of History*, New York: Columbia University Press, 1999, p. 169.

智者有采焉"。其后他写到这 16 个人物的时候,分别写出他们或是根据地理环境,或是审时度势、随机应变得以发家致富的经过。这一篇小人物的列传,司马迁高屋建瓴,通过哲学、经济学、地理学的背景,证明了货殖存在的历史的必然性和道德的合法性。

由于材料的不足,司马迁没有为这些小人物写专传,而是写合传,或是在相关的传记中用不多的笔墨写出他们的最重要的事迹,这些小人物也总是反映出重要的社会问题。"刺客列传"为"以武犯禁"的刺客立传,司马迁赞美他们的侠义精神,但匹夫掌握人主的生杀大权也反映了法制的不张和社会秩序的混乱;"滑稽列传"为主上所戏弄的倡优立传,表彰他们机警善辩,救民远害,但倡优干政也反映了专制统治的荒诞;"酷吏列传"提出了法治的要求,也反映了统治集团面临的危机和混乱的社会现实。在平庸的传记家的笔下,大人物也成了小角色,因为他们只是就事论事,见不到传主同时代背景、历史传统、文化模式的密切关系,传主变成了一个孤立的人,读来常常是索然无味。司马迁把小人物同历史大背景联系起来,就让读者看到了一个变革的时代,感到了趣味,也看到了司马迁的眼光和智慧。

现代传记的一个重要特点是对传主不仅叙述其生平、描述其人格,而且对他进行解释,这是社会进步和知识发展在传记中的反映。不过在古代最杰出的传记家那里,也显示出这一特点,司马迁就是其中的一位。他对传主及其命运的解释,常常是更加直接地同"天道"联系起来,所达到的深度远远超出写作《汉书》的班固和其他历史学家。比如项羽,司马迁用浓墨重彩描绘其一生,最后在针对着项羽自杀前的自我评价:"天亡我,非用兵之罪也",就批驳"岂不谬哉",他认为项羽失败的原因在于"自矜功伐,奋其私智而不师古,谓霸王之业,欲以力征经营天下"。这是司马迁对其兵败自刎的悲剧命运的解释,他发出警告:"欲以力征经营天下"是不可能成功的。

司马迁在为屈原作传的时候,也解释了屈原为什么写作《离骚》,又为什么自杀的原因:"屈平(原)正道直行,竭忠尽智以事其君,谗人间之,可谓穷矣。信而见疑,忠而被谤,能无怨乎? 屈平之作《离骚》,盖自怨生也。""其志洁,故其称物芳。其行廉,故死而不容",这一解释入木三分地道出专制社会的特点和正直之士难以避免的悲剧,可以想象,这是司马迁联想到自己的遭遇和命运发自内心的感慨,悲愤之中也反映了他对合乎"天道"的清明社会的向往。

司马迁写了许多小事。比如说,人们早就注意到,《史记》中几次写到老鼠:"李斯列传"开头也有一段李斯少年时观鼠的轶事:"年少时,为郡小吏,见吏舍厕中鼠食不洁,近人犬,数惊恐之。斯入仓,观仓中鼠,食积粟,居大庑之下,不见人犬之忧。于是李斯乃叹曰:'人之贤不肖譬如鼠矣,在所自处耳。'""酷吏列传"写张汤,一开始就是张汤少年时审鼠的轶事:"其父为长安丞,出,汤为儿守舍。还而鼠盗肉,其父怒,笞汤。汤掘窟得盗鼠及余肉,劾鼠掠治,传爰书,讯鞫论报,并取鼠与肉,具狱磔堂下。其父见之,视其文辞如老狱吏,大惊,遂使书狱。"这两件同鼠有关的轶事都发生在人物的少年时代,张汤后来成为精明干练、善于断案的酷吏,李斯后来留恋爵禄,贪生怕死,投靠赵高而被杀。这两件小小的轶事不但生动地揭示了传主的性格,为他们命运的发展埋下了伏笔,解释了他们命运的性格因素,也为对他们的道德评判做了铺垫。可以设想,如果删去这几只老鼠的故事,李斯和张汤的形象将会丢失许多光彩,读者对他们的认知将会少去许多感性的内容。

司马迁遭到后代一些正统史学家的责难和讥讽,刘知幾认为"迁之所录,甚为肤浅"①,他认为史传的写作应当"以简要为主",要省字省句②。刘知幾指责司马迁"肤浅",就是因为司马迁关注轶事和细节。刘知幾的批评是站在正统历史学的角度对传记的批评,而司马迁所写的这些小事中包含的历史和思想价值,这是正统史学家难以理解的。

《史记》是一部百科全书式的作品,可以从各种角度进行解读。道森(Raymond Dawson)认为:"《史记》最非凡的地方是其结构,司马迁不满足于自己只是书写历史,他懂得历史的复杂性,他把作品分为五个部分。"③确实,司马迁非常理解历史的复杂性,这不但表现在他把《史记》分为"本纪"、"表"、

---

① 刘知幾,"杂说上第七",《史通》卷16。

② 刘知幾,"叙事第二十二",《史通》卷6。

③ Raymond Dawson,"Introduction",*Sima Qian*:*The First Emperor*:*Selections from the Historical Records*,Oxford:Oxford University Press 2007,XXXI.

"书"、"世家"、"列传"等五个部分,其叙述的对象、功能、文体各别而又互相补充;还表现在他所创造的"互见法",既显示出历史的复杂和多面,又保持了叙事和人物的整体性。还需要补充的是:为了表现历史的复杂性,司马迁无论是人物的选择,对人物命运的解释,以及他叙述人物时所使用的大量细节和轶事,都可以看到他是把传主放在历史的发展中进行考察,看到他对历史复杂性的认识和辨析,看到他宏大的社会目标和揭示"天道"的使命意识,这些都显示出他不但是一位"良史",而且是一位伟大的传记家。

<h2 style="text-align:center">三</h2>

《史记》中的大量作品被后人改编为戏剧,据统计,元杂剧取自《史记》的有180多种,京剧取自《史记》的有100多种,现代话剧取材《史记》的也有郭沫若《屈原》、《虎符》,曹禺《胆剑篇》和陈白尘《大风歌》等,一些"史记戏"如《霸王别姬》、《鸿门宴》、《追韩信》、《将相和》等已经成为京剧中的保留剧目。这些剧目来源于《史记》,一方面是因为其中包含着戏剧所需要的尖锐的矛盾冲突,另一方面也是因为《史记》的场面化的叙事同戏剧特别接近。

结构是传记写作中的难题之一。任何传记都不可能叙述传主一生中的每一时刻和每一事件,而只能选择其中若干主要的和重大的事件。选择哪些材料,又怎样安排在文本中,既体现了传记家的写作目的,也反映了他的眼光和能力。传记组织和叙述材料的方法大体说来有四种:时序结构,即基本按照时间的顺序来写;场面结构,选择传主经历中的重要事件组成若干场面来叙述;专题结构,把传主的经历、个性或成就等分解成几个方面分别叙述;复合结构,即把上述方法综合起来使用。

各种结构都各有其方便和不便之处,场面结构是文学性较强的传记使用最多的结构形式。这里传记家把传主的一生分解成一个个相对独立的故事,他以传主的某件事为核心,把有关的人物、事件的背景都集中在一道,相对独立地叙述其原因、经过和结果,这就形成传记中的一个场面,如同舞台上演出的一场戏;若干顺序相连的场面连接起来,就是传主完整的一生。这比起那种简单的直线叙述,更富有故事性,也为纷繁的历史事实找到了清理的方法。

司马迁写作传记的时候,根据他所掌握的材料、传主的身份和写作的目标,使用了各种结构方式,"本纪"大多是按照时间顺序写作的大事记,"世家"和"列传"中,特别是那些材料比较丰富,个性也比较突出的传主,他大量使用场面结构,形成故事化和戏剧化的效果。他虽把项羽放入"本纪",但"项羽本纪"却是场面结构最成功的范例之一。项羽一生经历非常丰富,从起义灭秦到楚汉相争,最后兵败自刎,他参与了许多重大历史事件,包括大小70多次战斗。"项羽本纪"对这些大多是简略的叙述,重点只写了"巨鹿之战"、"鸿门宴"、"垓下突围"三个场面。"巨鹿之战"中项羽破釜沉舟、以一当十、大败秦军,建立不世之功;"鸿门宴"中刀光剑影、惊心动魄,刘邦工于心计却外恭内诈,项羽胸无城府又妄自尊大,最终刘邦脱险,项羽命运发生转折,为他的悲剧埋下伏笔;"垓下突围"中项羽英雄末路,从四面楚歌到自刎乌江,最后结束了生命,也完成了其悲剧性格。这三个场面描述三个重大事件,概括了项羽的一生,描绘了他多面的性格,项羽的主要传材也分别使用在这三个场面中。这三个主要场面中还包含了一些小场面,比如"垓下之围"中又可以划分为"别姬"、"突围"和"自刎"等小场面。场面所不能包容而又必须交代的材料,司马迁就安排在场面之前或穿插在场面之间,比如项羽的身世、青少年时代的经历和他起兵后斩宋义、夺军权、威震楚国、名扬诸侯的经过就在"巨鹿之战"之前作了交代。场面叙事和场面外的叙事的结合,完整地交代了项羽的一生,又突出了他的业绩和性格。

"廉颇蔺相如列传"是司马迁场面叙事的又一经典。其中蔺相如经历的"完璧归赵"、"渑池相会"、"将相和"等重要场面构成了文本的主体。不过蔺相如出场之前也有一段缪贤对他的推荐:缪贤有罪,想逃到燕国去,因为燕王曾经私下握住他的手表示愿意结交。蔺相如劝告他说:这是因为赵强燕弱,而缪贤正得赵王宠幸,所以燕王才这样说。缪贤听从了劝告,摆脱了困境,所以他把蔺相如推荐给赵王。这段简略的叙述,为后面蔺相如的出场作了铺垫,其后的三个主要场面,描绘了蔺相如的机智、忠勇以及他以国事为重的大度。司马迁把蔺相如和廉颇这两个有重要交接的人物放入一篇合传,既有对他们的完整交代，照顾了全局，又突出了蔺相如，到"将相和"一场，两位传主的冲突得到解决，两人的形象都得到完美的呈现。这是传记写作中的大手笔。

18 世纪开始，西方传记开始自觉采用场面方式叙事。鲍斯威尔的《约翰生传》是经典之作，鲍斯威尔选择那些比较典型的事件为核心，把其他文献资料以及轶事和故事，放在这些核心事件的周围组成场面。鲍斯威尔对这种结构方法做过说明："无论写作什么人的生平，我实在想不出有比这更完美的方法：即不但按照年代的顺序叙述所有重要的事件，而且把他个人所写的、所说的和所想的交织在一起，通过这种方法，人们可以看到他是怎样生活的，同他一道'生活在各个场面之中'。"[1]

鲍斯威尔认为传记结构中"没有比这更完美的方法"，他的观点得到许多传记家的赞同。20 世纪美国传记家艾德尔在他的名著《詹姆斯传》中也大量采用这种方法，他说"材料允许的地方，我就'场面化（scenic）'"[2]，其好处是："把文学传记中的场面方法推荐给我们有许多理由，除了这是一种戏剧化的方法外，它还能使我们更加容易地传送时间段。当我们构造出一个接一个的场面，而每一个场面都是由那些我们可以用文献所证明的时间片段所构成的，我们就可以在连续的统一体中而不是相互分离的时间片段中取得了存在感。"[3]西方一些现代著名传记作品，比如法国莫洛亚的《雪莱传》，英国斯特拉齐的《维多利亚女王传》、德国茨威格的《玛丽女王传》等，都出色地使用了场面化的叙事。

司马迁早就熟练地使用了场面叙事，这是《史记》结构中最值得注意的东西。司马迁总是能够把握那些最适合场面叙事的内容，这里显示出他的天才；他也总是能够把各种材料适当地组织在不同场面中，这里显示出他的匠心。场面叙事需要有一个核心，场面内的材料围绕着这个核心来组织，它也是叙事的平台。从这个叙述核心的性质来看，可以有以下几种：以一个主要事件为核心，以人物关系为核心，叙述传主某一时间段的经历，叙述传主在某一个地域的经

① J. L. Clifford, *Biography as an Art*; *Selected Criticism* 1560－1960, New York: Oxford University Press, 1962, p. 53.

② L. Edel, *Henry James*, *A Life*, vol. Ⅴ, New York: J. B. Lippincott Company,1972, p. 19.

③ L. Edel, *Writing Lives*: *Principia Biogrqphica*, New York:, W. W Norton.,1984, p. 201.

历,对传主某一方面的成就集中叙述,对历史背景集中介绍。

这六种场面叙事的方法在《史记》里都能找到。其中最精彩的是事件场面,司马迁叙述事件时集中于行动,"鸿门宴"一场总共 400 多字,其中没有一个字直接叙述人物性格,但通过动作生动地表现了他们的性格。一方有项羽、项伯、范增以及后来的项庄,另一方有刘邦、张良以及后到的樊哙,鸿门宴的全部内容就是这 7 个人的动作,涉及传主项羽的只有 6 次:范增几次盯着他看,并举起玉玦示意,要他动手杀掉刘邦,这时"项王默然不应";楚国将军项庄奉范增命令,进到营帐中准备刺杀刘邦,项庄向项羽请求舞剑,"项王曰:'诺'";危急之中樊哙冲入营帐,怒目直视项羽,"项王按剑而跽曰:'客何为者?'"张良向项羽介绍过樊哙后,"项王曰:'壮士!赐之卮酒'";樊哙把酒喝完,"项王曰:'赐之彘肩'";樊哙彘肩吃完了,"项王曰:'壮士!能复饮乎?'"樊哙劝告项羽不要诛杀有功之人,"项王未有以应,曰:'坐。'"这六处总共 48 个字都是项羽的肢体动作和语言动作,但十分传神地把他那种胸无城府、简单幼稚、心怀仁爱的性格刻画了出来,而其他几个人的行动也对项羽的性格做了很好的衬托。

这一场面也引起过读者的怀疑:如此生动的细节司马迁根据的是什么?这样的描写是否违背"实录"的原则?文学和历史是传记的两极,不同类型的传记在这两极之间移动,它们对真实性的要求是不同的,司马迁写作的是文学性比较强的传记,它允许那种填补性和扩张性的虚构,即保留基本事实的前提下,通过想象填补其中的个别缺漏之处,或是想象出细节以增加故事化的效果。班固《汉书·高帝纪》中的鸿门宴,只有《史记》中鸿门宴篇幅的三分之一,《史记》鸿门宴中事件的基本框架是司马迁从历史文献或口传资料而来,其余的内容则可能是司马迁填补或扩张的结果,这在传记写作中是允许的,就如钱钟书所说"如得死象之骨,各以己意揣想生象"①。

按照亚里斯多德《诗学》和古典戏剧理论,戏剧的最重要的因素是"动作"或"情节",正是因为《史记》中大量高度动作化的事件,所以得到戏剧家的喜爱。一些小说家,比如写《水浒传》的施耐庵,也是学习了司马迁,多用"场面"

① 钱钟书,《谈艺录》,北京:中华书局,1984 年,364 页。

叙述,一个个前后相继的场面就串连为情节的发展。

一些传记作者习惯于罗列、编排资料,事无巨细,也不加提炼和选择,把传记写成大事记或年谱,这种传记形式操作容易、但是无法写出生动的人物。三国时代,枭雄辈出、烽火遍地,勾心斗角、纵横捭阖,演出了许多惊心动魄的故事,出现了许多值得写入传记的人物。但是《三国志》中的人物传记,就远没有《史记》成功,其原因之一就是没有采用场面化的叙事方法。

哈代给司马迁极高的评价,他认为"司马迁征服了历史","司马迁是孔子和秦始皇之后中华帝国的创造者之一","实际上他也创造了比他早的那两个人","司马迁的书成为中华文明的基础文本,他写出了一部普世史,他这样做的时候,就规定了中国将会是个什么样子"①,哈代的说法有其合理性,《史记》不但留下了以"秦本纪"和"孔子世家"为核心的秦始皇和孔子的传记,也为他们的生平活动和身后的影响留下了十分丰富的背景资料,《史记》是百科全书式的作品,是先汉文化的总结,司马迁继孔子和秦始皇之后用他自己的方式影响了中国历史和中国文化的发展。

但是哈代的说法也有所夸大,一位美国学者称之为"大胆的论述"②。《史记》因为其离经叛道之处,正统史学家从班固开始就批评它"是非颇谬于圣人",《史记》的批判精神并不为统治阶级所认可。中国历史上有各种官修的和民间的传记,其数量惊人,但"谀墓"是其通病,一些高度评价《史记》中的人物描写的,如胡适、郁达夫、朱东润等人,也对中国传记进行了严厉的批评。

司马迁的"实录"精神是传记任何时候都应当遵循的原则,而违背司马迁的"实录"精神则是传统传记的最大弊病。司马迁的爱奇而不猎奇,他以宏大的历史眼光关注着社会秩序的重建,他组织材料的场面化方法,都是值得中国当下的传记作家所学习的。

---

① Grant Hardy, *Worlds of Bronze and Bamboo*:*Sima Qian's Conquest of History*, xi.
② Alan Berkowitz,"Book Review", *Biography*, Summer 2001, p.601.

参考书目

曹东方,"《史记》爱奇考述",《古籍整理研究学刊》,1991 年 4 期。

李长之,《司马迁之人格与风格》,北京:三联书店,1984 年。

梁启超,《中国历史研究法》,上海:上海古籍出版社,1998 年。

俞樟华,《史记艺术论》,北京:华文出版社,2002 年。

张大可,《史记研究》,北京:商务印书馆,2011 年。

Clifford, J. C. ed., *Biography as an Art*; *Selected Criticism* 1560 – 1960, New York: Oxford University Press, 1962.

Durrant, Stephen W. , *The Cloudy Mirror*: *Tension and Conflict in the Writings of Sima Qian*, Albany: State University of New York Press, 1995.

Hardy, Grant, *Worlds of Bronze and Bamboo*: *Sima Qian's Conquest of History*, New York: Columbia University Press, 1999.

Martin, Thomas R. , *Herodotus and Sima Qian*: *The First Great Historians of Greece and China*, Boston: Bedford/St. Martin's, 2009.

杨正润　上海交通大学人文学院教授,传记中心主任,著有《现代传记学》、《传记文学史纲》等。

本文为国家社科重大项目"境外中国现代人物传记资料整理与研究"(编号:11&ZD138)阶段性成果。

自传的"微观政治"式解读

梁庆标

内容提要：自传虽是个体的自我书写，但绝不是单纯的个人话语叙事，它内在于宏大的社会政治罗网之中，只不过是以微观的方式进行的展露，因此可称之为一种"微观政治"写作。本文试图从以下几个方面对此进行梳理和解释：自传文类的政治性；自传修辞的政治性；自传批评的政治性。希望在此背景下理解自传，能对相关自传文本和现象给予更客观的评价，还原自传的价值。

关键词：自传　政治　修辞

斯皮瓦克有言："自传是一种创伤，在这里，历史的血迹不会干涸。"[1]这一表述看似有些夸张，实则并不为过。这其实是将自传这种最私人性、个体性的文本置于深层的政治社会层面之中，凸显了其历史性内涵。也就是说，自传虽然是个体的自我书写，但绝不是单纯的个人话语叙事，它内在于宏大的政治叙事罗网之中，只不过是以微观的方式进行的展露，因此可称之为一种"微观政治"写作。自传远非超然于现实的"佳构"，它是一种真正纯粹的"人生写作"，涉及的是具体的、现实的人——某种特定政治现实中的人，自传者终究无法摆脱与现实政治的瓜葛，在文本、修辞中就不得不对政治语境进行回应。从这一角度出发，我们就可以理解美国自传学者奥内那句看似矛盾的话。他指出，一般而言，自传是"最简单也是最普通的文学事业"，任何人都可以写作自传，但事实上远非如此，因为自

---

[1]　Veronica Marie Gregg, "How Jamaica Kincaid Writes the Autobiography of Her Mother", *Callaloo*, 3 (2002), p.920.

传又被视为"一种极为大胆的,甚至是有勇无谋的事业——是进入了连天使可能都非常害怕踏入的领域的一种冒失的冲动"①。他所阐述的困境其实正可以理解为自传写作的危险性。为了应对各种险境,自传写作就要采取策略,就会出现隐瞒虚饰、声东击西等常受非议与指责的现象。在此背景下理解自传,就会对相关自传文本和现象给予更客观的评价,还原自传的价值。

综览西方自传批评史可以发现,对自传政治特性的解读虽非久远,但委实重要,而且当代自传批评家对这一问题非常敏感,并从多个角度切入,使之成为解释自传的重要视角。如美国自传学者库塞(Thomas Couser)指出,自传问题不能仅仅陷于对真实性、权威性、可信性的考证和事实分析,而应当从更开放的角度,突破语言学的文本限制,进入到文本的生产过程进行考察,看在自传的生产过程中发生了什么,是什么因素对它的出现产生了影响,因为它是多重因素"协和"的结果②。西多尼·史密斯和朱莉亚·沃森则直接点明了"政治"这一要素的影响力量:"自我表述和自我叙事行为总是位置明确的、历史的、主观的、政治的以及具体化的。"③可以看到,其他几个方面都与"政治的"这一特性有密切关联,因此它构成了基本的出发点。在一部研究伍尔夫日记的著作中,其主题就直截了当:《〈伍尔夫日记〉中的政治与美学》。作者将日记视为其"美学和政治观冲突的场所"④,更为自由直接。可见,在自传的多种价值与特性中,政治层面居于非常重要的地位,对自传写作与批评的政治问题进行梳理和阐述就具有了必要性。下文将从以下几个方面进行分析:自传文类的政治性、自传修辞的政治性、自传批评的政治性。有必要说明的是,由于政治家自传的政治性毋庸置疑,因此不必举例阐释,我们仅以文学家、思想家、平民等自传文本为例,来阐明这一现象。

---

① James Olney, "Autobiography and the Cultural Moment: A Thematic, Historical, and Bibliographical Introduction", *Autobiography: Essays Theoretical and Critical*, ed. James Olney, Princeton: Princeton University Press, 1980, p.3.

② Thomas Couser, *Altered Egos: Authority in American Autobiography*, New York: Oxford University Press, 1989, p.253.

③ 西多尼·史密斯、朱莉亚·沃森,"自传的麻烦:向叙事理论家提出的告诫",《当代叙事理论指南》,詹姆斯·费伦、彼得·J.拉比诺维茨主编,申丹等译,北京:北京大学出版社,2007年,412页。

④ Joanne Campbell Tidwell, *Politics and Aesthetics in The Diary of Virginia Woolf*, New York: Routledge, 2008, p.2.

一、自传文类与政治权力

从某种意义上说,自传这一文类(写作)本身就是一种政治行为,是一种"人权"的表征。正如勒热讷在《论自传》中所呼吁的:"自传是一种人权。成为你自己的生活的主人!"①但现实往往并非如此理想,在政治力量、个体意识及其他因素的影响下,自传可能会出现两种情形:一是通过暴露、张扬等进行自我肯定与辩解,展现自传者的个性意识与独立观念,这是自传者主动运用自传这一文类来表达自我意识,诉求个人权力;一是自我压制、认同和妥协,以顺从的姿态进行自我忏悔、自我改造,但问题是,这种自我反思和批判并非真诚的反省,往往是外在压力的结果,自传文类变成了政治统治的一种手段。可见,无论是个体抗争还是顺从,自传都发挥了重要的政治功能,成为政治权力"表达或控制"的工具。

证之于自传发展史,自传文类与政治权力之间的密切关联这一特性可以得到清晰的认识。自传的出现显然与个体对自我的价值、权利和身份的意识相关联。与主体意识的形成相对应,自传与自我意识的真正结合是在文艺复兴之后开始的,是自我主体性发展的结果。这是西方个性主义萌发、张扬的时期,也是现代自传的初步发展时期。葛德文(James Goodwin)指出,"'自我',以及与之密切相关的词语'个体'、'个人',其现代意义的出现不早于17世纪","自传——作为融汇了自我、生平与写作的文类——是人类个体性进化的文学、文字记录"②。在欧美各国,这种自我意识逐步积聚,并且在18世纪凸显出来。由是,"自传"一词恰恰在18世纪出现就可以得到理解,这是和当时的政治文化环境相关的,特别是和世界的民主化进程相关的:

> 自传这一术语直到18世纪末才进入了英语语言当中,也正是美国和法国大革命的时期,革命极大地提高了普通个体在文化和政治中的重要

---

① Michael Mascuch, *Origins of the Individualist Self: Autobiography and Self-Identity in England, 1591-1791*, Stanford, Calif.: Stanford University Press, 1996, p.11.

② James Goodwin, *Autobiography: The Self Made Text*, New York: Twayne Publishers, 1993, p.10.

性。虽然在革命时期之前已经有许多个人性的自我研究和生命故事被书写下来,但这一新术语的出现标志着自传事业的意义与方向出现了巨大的转折。这一转变意味着,我们需要一个新的术语来命名在古希腊、古罗马、基督教早期和文艺复兴时代早已出现的一类文学样式。①

之前,各种自传样式虽然存在,但没有统一的术语,使用的是诸如"忏悔录"、"回忆录"、"自画像"等词。在启蒙时代,伴随着哲学上的人性论,表现个体的自传也成为民主政治在文学上的集中体现,因此具有重要的价值,所以伴随着自传的普遍兴盛与经典化,也就出现了对其规范的必要,这一术语被广泛接受和普及,在欧美都是如此。所以《诺顿美国自传》的编者也强调了自传的发展与社会的民主、平等状态的相应性:

> 如果说在一个致力于——至少在原则上——绝对平等的社会,自传将发展成一种核心的,甚至最主要的写作形式,这也不会令人吃惊:因为民主就预先设定了一种社会环境,在那里个体不仅是重要的,而且是优秀的、具有代表性的。②

如此,作为自我意识解放的载体,自传就具有了鲜明的政治内涵:"作为一种具有革命性的文类,自传在美国和法国革命的前夜成熟,说明革命运动释放了现代自我的能量。"③由此形成了18世纪西方自传的经典时代。

进入到自传写作主体内部可以发现,伴随着世界的民主化进程,自传者的身份与表现形式呈现更加多元的趋向,其功能愈加凸显。自传的自我诉求与权力抗争这一功能被延续下来,并且在20世纪以来的自传发展中呈现出明显的趋向。随着多元文化的发展,传统"西方中心论"的思想受到了质疑和挑战,自

---

① James Goodwin, *Autobiography: The Self Made Text*, New York: Twayne Publishers, 1993, p. 3.
② Jay Parini, ed., *The Norton Book of American Autobiography*, New York & London: W. W. Norton & Company, 1999, p. 11.
③ 同上书,12 页。

传写作和研究不再局限于欧洲"白人、男性、有高等文化修养者"①,涉及的人群、身份更加宽泛,尤其是之前被忽视的群体,由此女性、有色人种、少数族裔等的自传受到了认可与尊重,自传趋向开放和民主。

斯文戴尔就是如此来理解"自传的政治功用"的,她在《自传的功用》一书中指出:

> 伴随着建立西欧自传传统的努力,与此紧密相关的是,当人们希望他们的声音被倾听,当他们为自己辩护,甚或当他们替别人说话的时候,自传如今已经成为人们经常依赖的方式。现在,自传极有可能成为受压迫者和文化难民的文本,正在形成一种为个体和他人说话的权力。②

她认为,传统的偏见限定了自传写作及其功能的发挥,如西方男性中心的意识,如今局面发生了变化:"相反,有许多女性、黑人和工人阶级开始从西多尼·史密斯所称的'文化弱势地位'发出声音。"③她甚至以波伏娃为例,认为其自传《闺中少女回忆录》(*Memory of a Dutiful Daughter*)直到最近才得到关注。这部自传恰恰"展示了一个人一生的反抗过程,也就是中产阶级女孩反对家庭和社会的限定,以及附加于身上的种种标签"④。可以看作是西方女性运动的组成部分。因此,她直接将自传界定为"个人政治"⑤,也就是一种"微观政治"。在这个意义上看,"自传已经对社会史和政治思想做出了突出的贡献,因为它为个体提供了向公众表达自己声音的机会,而非将他们排除出政治表现与出版的领域"。由此自传对女性、同性恋者、黑人等争取平等权利做出了贡献,例如,"在同性恋平权运动中,就像在早期的政治运动中一样,自传都作为促动个

---

① Julia Watson, "Toward an Anti-Metaphysics of Autobiography", *The Culture of Autobiography: Constructions of Self-Representation*, ed. Robert Folkenflik, Stanford, Calif.: Stanford University Press, 1993, p.59.

② Julia Swindells, "Introduction", *The Uses of Autobiography*, ed. Julia Swindells, London: Taylor & Francis, 1995, p.7.

③ 同上书,4页。

④ 同上书,206页。

⑤ 同上书,205页。

人与社会自由的因素在发挥作用"①。这类自传文本不胜枚举,如纪德的《如果种子不死》、田纳西·威廉斯的《回忆录》等。

自传易于成为边缘群体的诉求与斗争工具,与它的文类特征有关。主要是自传的门槛较低,不需要太多的艺术才能,只要平实地写出来就可,即使无法写作的人通过口述也可以表达自我,因此便于掌握。自传的形式也比较多样,如日记、书信等都比较普遍,是大众化、具有民主色彩的写作方式。勒热讷在反驳对日记的种种指控如"不完整的、虚假的、懦弱的、无价值的、人为的、无效果的、干瘪的、女性化的等"时②,标举的就是日记作为人生写作的"民主潜力"③。尤其值得注意的是,各种现代媒介的发展与普及对自传的实现和传播也更为有利。西多尼·史密斯与朱莉亚·沃森指出,应当清醒地看到,"媒体技术并未简化或破坏传主的内蕴,恰恰相反,它拓展了自我表现的领域,使其超越了文字层面,达至文化和媒体实践的领域"④。而且新媒介会使我们重塑关于身份的观念以及对自我表现的修辞与形态的认识,比如,"图像自传"(autographics, graphics memoir)在日本、法国、加拿大、美国和南非等越来越普遍,且更为大众化,它"已经成为讲述诸如性别、性活动、创伤和民族问题等复杂故事的一种场所"⑤,主要是因为它打开了新的空间,且更为自由生动,传播更快、更广。可以说,这一独特文类的价值得以彰显:"在文类史的发展过程中,自传确实在服务于文学世界的民主化。"⑥而且这种影响已经溢出了"文学世界",产生了现实的效果。

反过来看,虽然个体记忆与表达应当是主动的、独立的,但由于记忆和话语始终受制于权力,谁有权去记忆、记忆什么、表达什么无不具有局限性,它往往被教导和指引。因此在那些专制的、压抑的政治体制和社会形态下,自传要么极少写作和出版,要么就变成了对统治意识形态的响应和阐释,个性色彩几乎被完全

---

① James Goodwin, *Autobiography: The Self Made Text*, p.18.

② Jeremy D. Popkin, "Philippe Lejeune, Explorer of the Diary", *On Diary*, Philippe Lejeune, Hawai'i: The University of Hawai'i Press, 2009. p.8.

③ Jeremy D. Popkin, "Philippe Lejeune, Explorer of the Diary", *On Diary*, p.3.

④⑤ Smith, Sidonie, and Julia Watson, *Reading Autobiography: A Guide for Interpreting Life Narratives*, Minneapolis: University of Minnesota Press, 2010, p.168.

⑥ James Goodwin, *Autobiography: The Self Made Text*, p.18.

抹杀,自传遭到严重扭曲,变形为思想控制的工具。如殷海光所说,在西方"过去宗教迫害中有所谓自我酷评这种程序"①。自我必须在宗教的逼迫之下赤裸地坦诚与忏悔,其真诚性就可想而知。在世俗权力之下也是如此,"毫不奇怪,政治和文化革命常常催生自我描述方面的突兀变化,就如同我们在中国的'文化大革命'中看到的那样"②。命令式的强迫书写产生了大量的自传文本,但肯定会造成自传中的形式化、虚假应付等现象,背离了其本性,与五四时代的自我表现产生重大差别。它带有相当程度的自我欺骗,而在自传中,"'自我欺骗'更多的是一种政治工具"③,是迎合政治的需要。如此看来,"自传写作最终是政治的,因为它反映了自我作为一个历史的、政治的和社会存在者的意识"④。它反映了个体与社会的交互作用,"自传不是关于谁在说话或说了什么,而是个人在社会中如何言说以及他/她反对何种束缚"⑤。自传者通过自传这一文类面对"何种束缚"、"如何言说"的问题,就使我们转向了"自传修辞的政治性"问题。

二、自传修辞的政治意图

弗莱曾引述约翰·斯图亚特·密尔的话说:"艺术家不是被人聆听,而是被人偷听的。"⑥意思是说,艺术家往往通过种种修辞技巧而非简单的口号来隐秘地传达自己的信念,其实这种说法对自传写作同样适用。与一般所理解的直白、袒露不同,自传者在自传中其实也在运用各种技巧进行精心修辞,在深思熟虑中描述或展现自我,因此会出现隐饰、变形、暗喻等情况。究其原因,除了自传者的文学性追求外,恐怕更重要的还是政治因素的考量,自传的修辞策略其实正是应对政治的表现。这就要求读者和评论者善于"偷听"自传,去探察其"隐微之义"。

---

① 殷海光,《中国文化的展望》,上海:上海三联书店,2002 年,560 页。

② Jerome Bruner, "The Autobiographical Process", *The Culture of Autobiography: Constructions of Self-Representation*, p. 39.

③ 同上书,40 页。

④⑤ Janet Ng, *The Experience of Modernity: Chinese Autobiography of Early Twentieth Century*, Ann Arbor: The University of Michigan Press, 2003, p. 150.

⑥ 诺思罗普·弗莱,《批评的剖析》,陈慧、袁宪军、吴伟仁译,天津:百花文艺出版社,1998 年,4 页。

通常来说,与小说相比,自传与政治的关系更为直接。小说家可以故弄玄虚,逃避现实,自传者则必须迎难而上,在"真实"标准的驱动下将自己置于众人的审判目光之下,接受最严苛的挑剔。因为缺少了虚构这一层掩饰,自传者要直面政治现实,也就更为危险,或者说就成了"弱势群体"。为了保证述说者的安全,达到更理想的效果,对政治控制与迫害的忧虑往往会体现在自传修辞中。如施特劳斯所言,"恶经常被证明能起到解放心灵的作用"①。恰恰因为政治的压力,促使哲人完善了其写作艺术,自传也是如此。可以将思想隐藏在"字里行间":"只要一个有独立思想的人虑事周全,他就可以不受伤害地公开表达自己的观点。倘若他能够采取字里行间的写作方式,他甚至能够以出版物的形式发表观点,而不会给自己带来任何危险。"②或者通过反常的人物传达其隐微意图:"昔日最伟大的著述中出现如此多有趣的魔鬼、疯子、乞丐、智术师、醉汉、享乐主义者、小丑,是很有道理的。"③他们其实都是传达作者思想的隐秘代言人。文笔的晦涩矛盾更是普遍:"晦涩的构思、矛盾、笔名、对过去陈述的不精确的复述、怪异的表达式,等等。……它们则是具有唤醒作用的绊脚石。"④基于这一考虑,对自传修辞策略的剖析,就成为进入自传者心性的要道和关键一环。

有研究者就指出,蒙田的自传《随笔》并非漫不经心的"随意之作",而是精心编织的哲学著作,暗含丰富的政治意图:"《随笔》是一本政治哲学著作,蒙田借助特殊的修辞传达了他的政治意图,同时也遮蔽了其政治意图。"⑤作者认为,《随笔》看似漫不经心、内容杂乱、缺乏逻辑、前后矛盾,甚至缺乏自传的"真诚",实则别有深意。因为面对教会和王权的压力,蒙田要传达独立的思想和判断,就必须运用机巧,"蒙田的'随笔'风格,加上伪装出来的童言无忌,或许可以充当一下保护伞,抵挡批评,免受惩罚"。⑥其实他对许多内容暗含反

---

① 列奥·施特劳斯,《迫害与写作艺术》,刘锋译,北京:华夏出版社,2012 年,16 页。
② 同上书,18 页。
③ 同上书,29 页。
④ 同上书,30 页。
⑤ 萨法尔,"《随笔》的意图和修辞",《古典诗文绎读·西学卷·现代编》(上),刘小枫选编,北京:华夏出版社,2009 年,94 页。
⑥ 同上书,102 页。

讽,并在篇目上进行了精心安排,文字表面的不确定性和无知的姿态恰恰成了"防身的面具"。核心的表现就是,表面上蒙田反对改造传统的道德和宗教,而"根本目的在于削弱阻挡人类思想自由、言论自由和追求世俗享乐自由等道德和宗教传统的禁锢";他坦言自己无力介入公共生活,却不断暗示"他最适合担当的角色,其实是帝王师";《随笔》看似是他充满缺点的、"坦诚"的"自画像",其实是历史学家蒙田有选择性地精心编织的"历史",以图引导当权者和民众认识正确的生活方式,"从而对他们接受保障这种生活方式的政治安排产生重要的影响"①。由此,这位隐居者就通过著述和教诲来完成政治活动这一"个人的秘密计划",并产生了深远影响。如果读者仅就表面文字进行理解,自然会产生很多误解,也无法捉摸作者的良苦用心,卢梭似乎就上了他的当。

蒙田处在专制的时代有此表现可以理解,即使在进入了"民主政治"的当代社会,作家们也要面对同样的处境。德国作家格拉斯深有感触:

> 我来自一个焚烧书籍的国家。我懂得焚毁可恨的书籍的欲望依旧是(或再一次成为)我们时代精神的一部分,必要时,它还找到了适当的电视屏幕来展现,从而拥有广大观众。但是,更糟糕的是,对作家的迫害,包括暗杀的威胁和暗杀行为本身,在全球都有上升趋势,因此,这个世界已经日益习惯于这种恐怖。②

经历了纳粹统治的格拉斯在强烈的政治和历史意识促动下,决定用语言这一工具作为坚持真理的方式。可以发现,格拉斯的写作主要围绕其自传经历与见闻构思:"其虚构性写作总体上看都在围绕着作者的自我呈现这一问题展开。"③或者

① 萨法尔,"《随笔》的意图和修辞",《古典诗文绎读·西学卷·现代编》(上),刘小枫选编,北京:华夏出版社,2009 年,113—116 页。

② 格拉斯,"未完待续……",《给诺贝尔一个理由:诺贝尔文学奖获奖演说精选》,穆易选编,北京:中国广播电视出版社,2006 年,52 页。

③ Rebecca Braun, "'Mich in Variationen erzählen': Günter Grass and the Ethics of Autobiography", *German Life Writing in the Twentieth Century*, eds. Birgit Dahlke, Dennis Tate, and Roger Woods, Rochester, N. Y.: Camden House, 2010, p.130.

说,其虚构小说往往带有较明显的自传色彩,典型如名作《铁皮鼓》(1959),只不过是隐秘的自我暴露与忏悔。说其"隐秘",指的是与更"公开"的自传《剥洋葱》(2006)相较而言。这两部作品其实可以看作格拉斯自传的两个版本,无论在叙述形式(自白)、叙述视角(自我客观化)、叙述时间(第二次世界大战前后)、叙述事件(核心是"纳粹化"及反思),还是典型意象(洋葱)、语言风格(戏谑性)等方面都非常相似,这"揭示出其早期虚构作品实乃意想不到的'文学忏悔'"①。但差别在于,《铁皮鼓》的描述详细、直露甚至夸张,而《剥洋葱》则充满遮掩与辩解(如"遗忘"、"年少无知"等),对政治社会压力的考虑恐怕还是重要因素,因为格拉斯的政治污点非常醒目:他曾是纳粹"党卫军"一员,这一身份的公开是非常危险的。《铁皮鼓》因"小说"之名而无所顾忌,《剥洋葱》因为是自传则含糊其辞,即便如此,其结果则是,前者为格拉斯赢得了诺贝尔奖,后者的出版则差点使他的奖被收回。格拉斯用了近乎50年的时间和努力来塑造自己"民族的道德指引者"②、"正义与良心的化身"的身份,最终的自白、袒露依然使他承受了巨大的压力。

自传者的弱者地位确实会使他们在书写时费尽心机,因此获得自我呈现的机会,即使有骗局和假冒等策略,也是无奈而为之的,并不损害其根本的真实性。如19世纪美国黑人女性哈里特·雅各布斯(Harriet Jacobs)写作并出版的《女奴生平》(*Incidents in the Life of a Slave Girl*, 1861),这部作品使用了一些虚构化表达,一开始被认为是虚构小说,是废奴主义者编造的故事,但是后来被考证为是真实的,只是编辑对其进行了文字加工。评论者由此指出:"雅各布斯的转向小说因此是策略性的。她的这个案例说明某些种类的虚构化,某些对真实性的掩盖是对时间、地点、环境和目的所做出的必要反应,而非违反自传契约的证据。"③这就显示出社会政治语境对自传者的压力,促使他进行策略化表达:"由于叙述者在社会中的脆弱地位,文本的真实性主张,可以很容易地从真

---

① Rebecca Braun, "'Mich in Variationen erzählen': Günter Grass and the Ethics of Autobiography", p.124.

② 同上书,125页。

③ 西多尼·史密斯、朱莉亚·沃森,《自传的麻烦:向叙事理论家提出的告诫》,416页。

实的转向虚构的。"①

西多尼·史密斯和朱莉亚·沃森将这类自传称之为"'悬置'自传的'违法'叙事"②,即作者"把自传叙事建构成小说以使其远离自传'法律'的创作实践"。作品本身具有比较明显的自传性,但作者将其称为"小说",或自传体小说,既借用自传又抵制自传。作者认为,这种状况与"作者的社会文化定位"有关,他们在以此方式影响"阅读政治",这主要出现在后殖民作家、女性作家等少数群体身上,如美国作家金凯德(Jamaica Kincaid)的《我母亲的自传》(The Autobiography of My Mother, 1995)。按照斯皮瓦克的理解,这是"亚文化群体为一个被较轻压迫的他者所提供的受压迫的见证的体裁"③。作者通过对小说、自传这种文体的混杂借用和颠覆改造来表达自己的意图,一方面是对主流的文体观念提出挑战,同时,又因其混杂性而让理想、严肃的读者产生疑惑或焦虑,从而给予更多的关注,达到更好的效果。

曼德里施塔姆在谈到自传写作时说:"我和许多同时代人都背负着天生口齿不清的重负。我们学会的不是张口说话,而是呐呐低语。"④虽然他声称不敢大胆自我表达,但这一段低声倾诉却正暴露了作者的愤怒和无奈,他在以否定的话语方式表达自我,呈现对时代的控诉。这正是在"喧嚣的时代"背景下自传者被迫发出的"低声细语",在这"低语"的背后,其实蕴涵着巨大的能量,因此特别需要解读者的同情与细心。

三、自传批评的政治倾向

作为文类的自传体现了自传者的政治意图与策略,这一点较为清晰。如果对自传深入了解的话,就会发现与自传相关的一些批评研究其实也内在地包含了政治性,其原因各种各样,有的出于自我保护,也有的是为了政治诉求,但是

---

① 西多尼·史密斯、朱莉亚·沃森,《自传的麻烦:向叙事理论家提出的告诫》,418 页。

②③ 同上书,420 页。

④ 曼德里施塔姆,《时代的喧嚣——曼德里施塔姆文集》,刘文飞译,昆明:云南人民出版社,1998年,110—111 页。

更为隐秘,因此更需要特别注意。

保罗·德曼(Paul de Man)是一个典型例子,他在 1979 年发表了《失去原貌的自传》(*Autobiography as De-Facement*),此文常被视为经典的"反自传"批评,对自传进行了极力的质疑、颠覆和解构。比如他认为自传一直声誉不佳,与其他文类难以区隔,缺乏独立性;在对自传、忏悔录和辩解进行详细的反思后,他认定了这种文类的"'不可能性'以及它们展示的很坏的信念"①。同时,"他将自传看作一个语言学困境,每次都易于走向重复,因为作者将他自己当作了自我理解的对象"。也就是说,在他看来,自传容易陷入"猫咬自己的尾巴"一样的怪圈,无法逃脱语言的陷阱。因此,他"发出了自传终结的信号"②。其论述极具学理性,显得晦涩深奥。但是在德曼死后,人们发现了他在第二次世界大战时作为战地记者写的文章,带有明显的"反犹主义"思想,这一隐秘身份的发现大大改变了人们对德曼作品的理解。有人就认为,德曼从修辞、语言的角度来消解颠覆主体,解构真实,其实是对自己青年时代过失的掩盖与推卸责任,从而逃避反犹文章的责任:"德曼对作者责任的拆解和对自传式自我的逃避,受到了个人需要的驱动:他压制自己的过去需要。"也正是对"自传忏悔"的警惕使他从不写作自传,但是又在文章中不断论述自传、消解自传:"吊诡的是,正是他在自己的写作中对自传的疏离成为他不断地回到自传问题上来的原因。"③他正是在声东击西,不说也就是在说,就是隐在的愧疚和忏悔,他对卢梭的忏悔问题的分析,正好用在自己身上。这恰恰"消解"了德曼"反自传"的理论企图:

> 反观之,那些遍及于德曼批评中的失败的、断裂的、被隐没的负面形象,他举出的那些通过修辞来损毁写作的形象,都可以被解读为更加黑暗的个人的焦虑与罪感的形象,它们隐瞒了他个人生涯中的另一指涉点。④

因此,德曼的反自传批评就被认为是"对自传的粗暴侵犯"⑤,也可以说是

---

① Laura Marcus, "The Face of Autobiography", *The Uses of Autobiography*, p. 18.
② Linda Anderson, *Autobiography*, London and New York: Routledge, 2001, p. 12.
③④⑤ 同上书,15 页。

一种掩盖政治错误的策略。因此,马库斯指出:"德曼著作中的这些看法现在倾向于被解读为或者是有意掩饰的忏悔,或者就是虚伪的掩饰,是一位将自传看作是根本不可能的行为者的特殊吁求。"①因此,"很显然的事实是,不管对还是错,现在很难让人不'自传式地'去阅读德曼"②。也就是说,对德曼的哲学与批评的解读,需要以政治背景为参照,对海德格尔,恐怕也要如此。

如果说德曼意在通过对自传的消解来获得自我保护,那么也有一些批评者是在通过自传表达明确的权利诉求,为自身争取地位,当代女性自传批评就是典型。林达·皮特森(Linda H. Peterson)就曾分析了女性自传研究的历程,探讨其从不被纳入自传文类体系,到对其进行专门研究其间经历的变化。作者认为,从 17 世纪女性自传出现到 19 世纪,尤其是维多利亚王朝时代,它被纳入正式研究和关注,重要的影响因素是男性的视野和取向,尤其是男性编辑对女性自传的编辑、删改和阐释。也就是说,编辑的态度和解释的角度,反映的就是某个时代对女性的态度。在男性编辑的删改与创造之下,女性自传在 19 世纪得到重视,尤其是作为描写"女性特征"的文本而被接受,这迎合了 19 世纪文化对女性的想象与需要;与此相反,那些具有叛逆性的,或描写女性怪异思想和倾向的自传则被压抑和贬低。所以作者认为,在 19 世纪,女性自传是被创造而不是被发现,是被建构而不是发掘出来的③。

皮特森从女性自传的产生过程来反思男性中心意识的操控和影响,使读者意识到了女性的真实处境,从而表达了自己的政治诉求。法国女性学者南希·米勒(Nancy Miller)则从自传批评的角度质疑了后结构主义的"男权"意识,她认为所谓的"作者与主体之死"等论调主要指的是男性,而非女性,因为自传恰恰是女性的一种独特"策略"④,是肯定自我独特性的需要,所谓的"解构"理论在现实问题面前彻底失效。自传研究者耶利内克(Estelle Jelinek)则通过十年的女性自传

---

① ② Laura Marcus, "The Face of Autobiography", *The Uses of Autobiography*, p.18.

③ Linda H. Peterson, "Institutionalizing Women's Autobiography: Nineteenth-Century Editors and the Shaping of an Autobiographical Tradition", *The Culture of Autobiography: Constructions of Self-Representation*, pp.91 – 100.

④ Linda Anderson, *Autobiography*, p.91.

研究指出："大部分男性所写的自传理论并不能运用到女性自传文本中去。"①这促使她自己去建立女性自传的传统，借助自传批评来传达女性声音。

作为当代比较活跃的自传研究者，西多尼·史密斯和朱莉亚·沃森已经花费了几十年的时间从各个角度探究自传："这涉及生活叙事的各种模式——词语的、视觉的、文学的、每天的、女人的、男人的、后殖民的、西方的。"②后四个方面其实都直接与政治相关，体现了研究者对社会政治的密切关注。这就不难理解史密斯在最近的研究文章《政治剧中的自传话语》③中关注的话题，即美国总统自传的表演性与政治目的。朱莉亚·沃森也曾对传统自传理论进行了挑战，她认为，传统自传形而上学的建立，实际上是有很大的局限的，其视野比较狭窄，基本上受到西方白人男性文化的限制。因此，在为自传确定界限时，就把非西方的、非白人的、女性的作品排除在外，由此确立了西方的"稳固"的自我观念。不过在她看来，在现代社会观念之下，这种传统的形而上学自传观遭到了各个方面的挑战：女性主义对男性中心的挑战，多元文化对西方中心主义的挑战，黑人身份对西方白人话语的挑战，同性恋者身份对异性恋统治的挑战，等等。自传变成了身份与权力之争的战场，也就不免要充满斯皮瓦克所说的"创伤"和"血泪"。

结　语

波特（Dennis Porter）曾引用阿尔都塞的话说："自传——这是文学的空前衰落。"④表面上看，这似乎意味着对自传的不满与攻击；反过来看，未尝不可以理解为自传兴盛的表征，即相对于虚构文学的审美艺术特性，人们转而对更贴近现实、更有真实依据和历史性的自传产生兴趣。作为时代的"再现"，"自传

① Julia Swindells, "Introduction", *The Uses of Autobiography*, p.5.
② 西多尼·史密斯、朱莉亚·沃森，《自传的麻烦：向叙事理论家提出的告诫》，411页。
③ Sidonie Smith, "Autobiographical Discourse In The Theaters of Politics", *Biography*, 1(2010).
④ Dennis Porter, *Rousseau's Legacy：Emergence and Eclipse of Writer in France*, Oxford：Oxford University Press, 1995, p.2.

既是个人的又是历史的"，"历史和自传构成了一枚普通硬币的两面"①。它所提供的是更强的现实指涉能力。但是，恰恰因为个体记忆是社会语境的反映，必然受到现实政治的影响，因此在选择记忆的内容、完成记忆书写的过程中，要和政治力量进行对话或斗争，这就会体现在自传话语修辞之中。由此可说，自传写作与批评并非是"简单的"或"有勇无谋的"，其意图与修辞会更隐秘地结合在一起，也就需要更深入的挖掘与解读，而不是像后结构主义理论那样武断地消解"主体"、"真实"和"指涉"。因此，"后结构主义理论对我们理解自传时的用处依然处于争议之中"②。自传文本的政治性、历史性等真实指涉问题把我们又拉回到了直面现实这一起跑线上。这正是本文所强调的，即紧抓住自传写作与批评中的政治性这一重要维度，借此深入到自传背后，还原自传写作的处境和意图。

最后，用爱默生 1841 年日记中的话说："那些小说将逐步让位于日记与自传——这种迷人的书，只要一个人知道如何从他所谓的经验中选择那些真正的经验，并且知道如何去真实地记录真相。"③两个"如何"构成了爱默生评价自传是否"迷人"的标准，同时也对解读者提出了挑战："如何"去欣赏和理解"迷人的"、"复杂的"自传？这确实值得继续深思。

参考文献

Goodwin, James, *Autobiography*：*The Self Made Text*. New York：Twayne Publishers, 1993.

Olney, James, ed., *Autobiography*：*Essays Theoretical and Critical*. Princeton：Princeton University Press, 1980.

Parini, Jay, ed., *The Norton Book of American Autobiography*. New York & London：W. W. Norton & Company, 1999.

---

① Jerome Bruner, "The Autobiographical Process", *The Culture of Autobiography*：*Constructions of Self-Representation*, pp. 43 – 44.

② Linda Anderson, *Autobiography*, p16.

③ James Goodwin, *Autobiography*：*The Self Made Text*, p. 15.

Swindells, Julia, *The Uses of Autobiography*. London: Taylor & Francis, 1995.

Anderson, Linda, *Autobiography*. London and New York: Routledge, 2001.

Mascuch, Michael, *Origins of the Individualist Self: Autobiography and Self-Identity in England, 1591–1791*. Stanford, Calif.: Stanford University Press, 1996.

Folkenflik, Robert, ed., *The Culture of Autobiography: Constructions of Self-Representation*. Stanford: Stanford University Press, 1993.

Sidonie, Smith, and Watson, Julia, *Reading Autobiography: A Guide for Interpreting Life Narratives*. Minneapolis: University of Minnesota Press, 2010.

Couser, Thomas, *Altered Egos: Authority in American Autobiography*. New York: Oxford University Press, 1989.

列奥·施特劳斯,《迫害与写作艺术》,刘锋译,北京:华夏出版社,2012 年。

詹姆斯·费伦,彼得·J. 拉比诺维茨主编,《当代叙事理论指南》,申丹等译,北京:北京大学出版社,2007 年。

梁庆标 毕业于南京大学中文系,获博士学位,现为江西师范大学文学院副教授。主要从事传记理论与批评研究,近期发表论文《自我意识与身份:自传研究的新视角》、《对话中的身份建构:格拉斯〈剥洋葱〉的自传叙事》等。

本文为国家社科重大项目"境外中国现代人物传记资料整理与研究"(编号:11&ZD138)、国家社科基金青年项目"当代西方自传理论与批评研究"(编号:11CWW018)阶段性成果。

身障者传记的价值①

郑尊仁

内容提要：近年来，身障者传记数量急速增加，已然成为一种新的传记类型。其原因除了身障人口庞大，早已是一个跨越性别、职业、地域的广大族群之外，还有社会的风气，以及身障者看待自我的态度，都与以往有了很大的差异。本文首先探讨此一现象背后的社会因素，其次从三个方面加以解读，一是英雄传记的次类型，二是发声需求，三是疗愈功能。期望由此能够发掘此类传记的特点及价值。

关键词：身障者　残疾人　传记　发声　书写疗愈

前　言

生命依附身体而存在，身体原本就是传记的写作主题之一。对每一个人来说，自己的身体都是独一无二的，身体上的任何不适或病痛，都十分严重且难以承受，因此传记中对于身体的回忆书写十分常见，而身障者传记，更是极少见以身体为叙述主体的传记类型。

在各类型传记作品中，身障者的传记可说是极为特殊的。一般而言，传记内容受传主的人生经历影响甚大，每个人的家庭、求学、工作经历均不相同，传记作品所呈现的内容也就各不相同，图书馆及书店也只能勉强以传主的年代及

---

① 身心障碍者(disability)，在台湾原本称为残障者，泛指身体或心理丧失某种活动能力之人。台湾自1997年后，为凸显障碍除了来自个人生理或心理因素，亦可能来自社会的限制，故改称为身心障碍者，近年来亦有人以失能者称之。其中因身体因素而不是心理因素所造成的障碍，则简称为身障者。

职业来为传记分类。但身障者传记却都有共同的主题,不论传主的年龄、性别、种族、职业、省籍、党派为何,都可能会有残缺的肢体,或身染罕见疾病。而这些身体上的残缺或疾病,通常是难以治愈。书中不会有忽然痊愈的奇迹,却有传主对身体状况的描述,对自身处境的叙说,以及对自我内心的探索与重建。

长期以来,关于身障者的论述,除了社会福利领域的相关研究之外,多半见诸于文学、电影或表演艺术。读者或观众可由这些艺术作品的刻画中,侧面了解当时社会对身障者的态度及文化上为身障者所建构的刻板模式与限制。近十余年来,随着社会观念的改变,身障者的传记也开始增加,显示出身障者已开始由医生或文学家等人手中,取回属于自己的发声权利。台湾早年若提及此类书籍,除了郑丰喜《汪洋中的一条船》之外,几乎举不出其他有名的作品。然而目前则有许多类似身体状况的人,提笔写下自己的生命故事,也为社会提供了直接了解身障者的机会。在文学的疾病书写中,身障可能是作者制造的隐喻,用来指涉一个不健全的国家或社会。而在传记的范畴中,疾病也被视为作传的重要参考。尤其在精神分析式传记兴起后,疾病更成为解释传主行为的利器①。但是在身障者传记中,身障就是身障,它是传主的身体,也是传记的主题。身障的经验无人可以取代,其真实性毋庸置疑,它比小说中的疾病书写更加真实。这是自传而非病史,是追寻与成长的叙述而非投药与处置的记录。疾病书写是写疾病,生命叙事则是写人生。

传记,尤其是自传,乃是一个十分民主的文类,任何人都有使用它的权利。包括那些长期被忽视甚至蔑视的少数族群,都可以利用它来发声。不过在社会文化霸权底下,身障者这种少数族群要想发表自己的传记,仍然需要社会整体有相对应的进步才行。在美国,身障者的传记直到 20 世纪后期,才急速增加②。这是因为即使在相对开明的西方社会,传统上仍然把身障者视为不幸、无能,甚至是信仰上有问题的代表。而传统中国社会,虽然在"礼运大同篇"中有"鳏寡孤独废疾者皆有所养"的理想。但是实际上,若家中有天生残障者,亲

---

① 参见赵山奎,《精神分析与西方现代传记》(北京:中国社会科学出版社,2010)之相关论述。
② G. Thomas Couser, Disability, Life Narrative, and Representation, *PMLA*, (2)2005, p.602.

朋好友多会归因于家门不幸,因果报应,上辈子曾做过亏心事,等等,诸如此类的叙述在此类传记中屡见不鲜。据笔者统计,由 1950 年到 1990 年,台湾出版的身障者传记只有 16 部。进入 20 世纪 90 年代以后,这类型的传记才忽然急遽增加。因为除非是包装成励志作品,否则早期的社会观念并不能接受这样的传主。

社会能够接受身障者的人权,也不保证一定会造成身障者传记蓬勃发展。还需要身障者本身愿意公开自己的生命故事,愿意和公众分享对私我的讨论才行。如胡绍嘉(2008)所言,事实上,在 20 世纪末,许多反思自身境遇,以及探索极为私密情感的生命故事,纷纷出现在台湾的图书市场上。例如探讨强暴的《暗夜幸存者》(徐璐,1988);探讨童年遭性侵害的《华西街的一蕊花》(李明依,2002);探讨亲人自杀的《昨日历历、晴天悠悠》(吴淡如,2000),还有与本研究相关的小脸症患者所写身障者传记《半脸女儿》(陈烨,2001)等等。这些传记内容,在早期以英雄伟人、功臣名将为传记图书主体,甚至是界定传记价值的年代,是不可能出现的。在这样的出版现象中,我们似乎看到一个新的社会氛围正在成形,这其中透露出个人与秘密间之理解脉络及处理态度上的微妙变化,也提醒了我们台湾社会中关于"自我与他人"、"私人和公共"间之怀想及实践所出现的转折。而与这转折同时出现的,"是公开了的个人生活史与私我的叙事"①。身障者传记也就是在这样的条件交互配合下,出现了发展的生机。

除了社会上的压力及传主的心态造成早年此类传记不易出现,另外还有身障者本身的身体及教育因素。有人身体严重扭曲变形,根本不能执笔。有人病得太重,连开口都有困难。这样的情形下,自然不可能写传。此外,身障者由于身体条件与一般人不同,教育单位必须有相应的设备与措施,才能够满足身障者的就学需求。但是台湾早期社会,对于身障者的教育不仅不重视,某些学校甚至还禁止身障者入学。因此除了身体状况太差不能写作之外,有许多身障者根本没有受过教育,也就不可能执笔写传。这也就是为什么早年出版的身障者传记如郑丰喜《汪洋中的一条船》(1976)及沈晓亚《怕见阳光的人》(1978),作

① 胡绍嘉,《叙事、自我与认同》,台北:秀威资讯科技股份有限公司,2008 年,2 页。

者都是大专毕业生。而蔡文甫《闪亮的生命》(1978)书中所选的十多位身障传主,其职业不是老师就是作家的原因。在当时,大部分身障者连基本的文字教育训练都无,当然不可能写传。而近年来对于身障权益的重视,也反映在教育投资上。许多身障者因此有了受教育的机会,也才能够以文字叙述自身的经历,造成身障者传记的蓬勃发展。

依据统计数据显示,2010 年,全台湾的身心障碍人口有 1076293 人,不但是全台原住民人口(512701)的两倍之多,甚至还超越了同一年零到四岁儿童的总数(964093)。这样大的人口数量,若再以少数族群视之,已不切合实际。而他们的发声,也应该受到社会的重视。美国的身心障碍人口总数超过 4000 万人,也已经超越了非裔美国人的总和。如此庞大的数量,也不宜再以少数族群称之。身障者已然成为另一个主要族群人口,当前研究身障者传记,正可以在社会观念转变的同时,发掘出从未被正视的声音,了解社会文化差异,并且深化传记研究的内涵,开拓传记文学的新领域。

由于身障者传记的内涵十分复杂,因此本研究将从三个面向加以解读,期望能够发掘此类传记的特点及价值,主要探讨以下三项议题。

一、英雄传记的次类型

长久以来,传记都扮演着典范记载的角色,借由描述英雄的事迹与成就,引领读者见贤思齐,向往效法。也因此传记的主人翁多是功成名就、建功立业之人,传记的励志功能,在此也展露无疑。将此功能推而广之,便有《世界伟人传》、《世界十大发明家》等专门以鼓励众人效法学习的英雄传记出现。

如前言所述,早期社会并不接受身障者,因此少数的身障者传记若出现在图书市场上,必定是以励志图书的样貌呈现。例如最为著名的海伦·凯勒(Helen Keller),其自传及生平事迹所改编的传记,自从翻译为中文后,数十年来都是历久不衰的经典作品。书中讲述海伦·凯勒深受失明、失聪及无法表达之苦,但她却能以惊人的毅力,克服各种困难,不仅获得大学学位,同时也奉献一己之力,帮助了许多有相同境遇的人。而在台湾最广为人知的身障者传记应属郑丰喜《汪洋中的一条船》(1976)。身障者传记受到读者的喜爱,由此书所掀起的热潮可见一般。郑丰喜天生双腿畸形,无法行走,只能以爬行代步。加上家中贫困,即使身体不便也必须帮忙照顾家计。由于天性聪颖又刻苦努力,他不仅克服身体上的障碍,更突破许多当时不合理的就学限制,考入大学就读,并且顺利成家立业。他的自传出版之后,受到各界重视,许多读者来信表示读得热泪盈眶,深受启发。当时蒋经国自称反复看了四遍之多,各界纷纷写信打气鼓励,也有医师自愿帮忙装义肢。该书甚至被多次盗版,两次拍成电视剧,也拍成电影,多年来都是中小学推荐优良读物。近年几本国外的身障者传记也同样登上销售排行冠军,如天生没有四肢的日本身障者乙武洋匡《五体不满足》,以及同样没有四肢的澳洲籍作家力克胡哲(Nick Vujicic)的《人生不设限》,都蝉联排行榜冠军数周之久。

传主借由过人的毅力,超越各种限制,自我锻炼成材,本是常见的自传主题,也常出现于各领域杰出人物传记中。而身障者借由自我坚持,超越身体限制,突破社会的成见陋规,终获各界肯定的经历,相对于开国领袖、工商巨子的丰功伟业而言,或许显得渺小,但是读者依然会投以崇拜的眼光。这是因为书中借由传主遭遇的种种逆境与阻碍,凸显其过人的毅力与勇气,引导读者忽略功业的大小,转而注重个人的品性。

身障者突破困境,奋斗求生,进而取得各项成就,这样的写作模式逐渐成为此类传记的惯例。身障者的传记目前已经成为英雄传记的一个次类型,在此类书中,这种奋斗努力摆脱身体条件的故事可以激励大多数人,鼓励每个人尊重生命价值,强调人定胜天的道理。身障者借由自我坚持,超越身体限制,突破社会成见,其成就较一般人而言更为难得。他们所谈所写的人生经历,借由照片上显而易见的身体残缺,自然也带给读者更大的说服力。这些传主就像是到远方异域与猛兽搏斗的勇士,带着身上的明显伤疤成功归来,对着未曾遭遇过如此巨大痛苦及生命挑战的凡夫俗子们,讲述一路上的惊险历程。

除了叙述主旨强调传主本人的良好品格之外,身障者传记的叙述模式也使其与英雄叙述相类似。美国神话学家坎贝尔(Joseph Campbell)曾归纳出神话中英雄叙述的通例,分别为召唤、启程、历险和归返。坎贝尔认为:"英雄是那些能够了解,接受并进而克服自己命运挑战的人",而"英雄的历险诉说人类心灵被试炼、回归的过程,未经过如此的过程,生命不能获致丰富而多彩的境界"①。若与身障者传记相比较,我们会发现两者有极大的相似。

一般而言,身障者传记的叙述模式大致与其致残的原因相关联,而致残的原因约有以下三类:一是突然受伤成残,二是天生畸形,三是因病而缓慢丧失功能。

第一类传记通常原本有美好的人生及光明的未来,但是突如其来的意外,粉碎了原本的规划。传主除了忍受身体的障碍之外,还需要调整看待自己的方式。大部分人在医院醒来后的第一个念头都是自杀,他们无法在忍受剧痛的同时还要接受这样的自我。随着时间的过去,经过多年的自我成长,方能开始以另外的角度看待人生。此类书籍除了自我砥砺的过程感人之外,也可看到传主如何在心理上认同身障的辛苦历程。

第二类天生身障的传记则有不同,书中的主题围绕在跨越与一般人的藩篱的想望,从小面对他人的异样眼光,使他们很希望早日摆脱这样的身体,以进入一般人的行列。如果有整形的机会,常会是书中的转折点,似乎人生从此光明了起来。但不论是否接受手术,其心灵经过多年的磨炼,早已经超越了原本的幼稚,变得更为成熟豁达。

第三类型的作品则混合以上两种传记的特点,传主原本拥有是光明亮丽的人生,却因为罹患了某种无法治愈的罕见疾病,身体逐渐转坏,各器官接二连三地丧失功能,医生束手无策。传主眼见人生的最后大限迫在眼前,却仍奋力将短暂有限的仅存生命活出新的价值。

这三类作品不论叙述内容如何改变,基本上都符合之前所提的英雄叙述模式,传主由于某种原因,进入到一个常人无法忍受之痛苦境地,几经磨难之后,终于在更高层次的心理上得到超越,因自省而新生,进而提笔写书,鼓励他人。此英雄冒险式的叙述类型,十分容易触动读者的心灵,进而获得某些启发与感悟。

---

① 约瑟夫•坎贝尔,《千面英雄》,朱侃如译,台北:立绪文化事业有限公司,1997 年,27 页。

这种借由身障者的不便,凸显四肢健全者的可贵,并进而鼓励大众奋发向上的做法,逐渐成为此类传记的惯例,不过这些奋斗努力摆脱身体条件的故事虽然可以激励大多数人,却有隐含的缺陷。西方有学者提醒,这可能会让人忽略了每个人的疾病与生活条件不同,给人一种身障者只要努力便都能够如此成功的假象,这样简单的单向思考逻辑,不但忽视了个人的禀赋与病况及生活环境的不同,其实无形中也嘲笑了做不好的身障者,甚至会造成对不成功者的歧视。此外这样的传记也受限于一般传记传统,那就是要有个美好成功的结尾,后果就是仅呈现出少数乐观积极的身障人生。但无论如何,身障传记已经成为一种新的传记类型,借由克服身体及社会障碍的种种努力,带给读者奋发向上的动力。

二、发声需求

（一）主体追寻

身障者的传记由于和励志类图书结合太深,一般人常忽略了其所要表达的不只是鼓励他人而已,其中还有很重要的部分,那就是让社会了解身障者的生活及心声。他们也希望能够在社会上得到相当的尊重,作为一个特定的族群而被平等看待,这也就是发声的需求。在身障者传记中,许多人写传是为了让社会了解自己,他们是社会上较被忽视的一群人,通常也因为行动不便而不大出门,使得外界对他们的了解就更少。偶尔出现在街上,便会引来异样眼光。借由传记书写,他们让自己成为发声的主体,除了重新建构出自身的生命意义之外,更重要的是,由身障者的角度叙述自身的经历,而不是由医生或记者,也不是由文学家。借由传记书写,身障者拿回了属于自己叙述与解释生命的权力。他们不再仅仅是医生笔下的病患,也不是记者口中的报道,更不是文学家书中的隐喻。而是拥有自身权利与人格的主体。由传记中也可看出,身障者对于社会的诉求,常常只是希望能够被同等看待而已。

这种发声的需求其实也包含了医生与病人的关系,医生诊断病人,判定病因,并决定接下来的治疗方式与疗程。这些诊断自然会受限于当时医学进步的情况,有的时候反映的只是医学界当时对此疾病的了解。而病人提供自己的身体给医生诊断治疗,却只能被动地接受他人对自己身体的判断与叙述。但是现在身障者也希望由医生手上取回论述自己身体的权利,以建立自身主体的价值。自己不再只是一叠病历中的某一张,而是一个有血有肉的人。此外,病人提供自己的身体让医生检查、用药,也给新进医师学习诊断技巧,甚至练习开刀的技术,不过有些医生对此似乎并无同情心。在身障传记中,除了感谢大多数医师仁心仁术外,对于某些医生的不满也常溢于纸上。如什么也不会的实习医生,没有同情心的冷酷医生,赶着下班而延误病情的失职医生等。他们对病人所造成的痛苦,只有病人自己才能体会,也才能清楚说明及描述。

不可否认,现代医学的进步,的确由死神手中救回不少宝贵性命,但可能也因此而创造了不少新的身障者。由身障者传记的叙述看来,许多发生严重意外,生命垂危的传主,被医生耗费心力救回一命。他们醒来后的第一个念头却不是感谢医生,而是憎恨医生。因为他们无法接受生理上的极度疼痛,还有已不成人形,无法挽回的残破躯体。这些看似另类的想法,其实在每一本因意外成残的传记中,都是固定出现的画面。若不是有这些传记的带领,我们不会了解身障者的真实心声。

身障者作为发声主体,才能创造出相对友善或理解身心障碍者的社会文化。在这样的社会文化底下,也才能够让身障者传记大量出现并且持续出版,两者其实是互为因果的。如果社会对身心障碍者的态度还是恐惧与厌恶,深怕会"感染"自己的话,那么只可能出现少数"勇士"的传记。对于这样的书,社会的态度是怜悯、感佩,却不是真正设身处地理解身心障碍者的观点及心声。例如在《汪洋中的一条船》书中,郑丰喜摘录了一段《中华日报》对于他考大学的采访报道:

> 郑丰喜告诉记者说,他报考的是乙组,第一填的是国际贸易系,但心里真正想念的,却是法律系。依照心理学的观点,这种畸形者争取权力欲的潜在意识,其发生是必然的,他可能是想读法律系,争取权力,以补偿自卑的心理。①

---

① 郑丰喜,《汪洋中的一条船》,台北:地球出版社,1976 年,142 页。

这样明显带有歧视意味的报道若在今日,是不可能出现的,但却是当时的报纸内容。郑丰喜在书中也坦然引用这样的文字,没有任何反驳。因为当时的社会,包含他自己,都认为残障是天生的缺憾,本来就不如人。一定要靠自己努力奋斗,以百倍的毅力,克服外在的限制,方能出人头地,才能回到正常人的行列。外在的歧视是正常的,重点是自己能不能自我砥砺,自我要求。由此可见,所谓的身障人权,在这时还未萌芽。社会上对身障者仍然不友善,由领导者到一般百姓,看完《汪洋中的一条船》的反应都是感动、敬佩甚至落泪,但却以为只要医学进步,这些缺憾就可以消失,似乎唯一需要努力改变的只有医生。因此某几位传主除了写书以外,还投入社会运动,以实际行动突出对自身主体的掌握,强化自身为个人主体之"行动者"(agent)的事实。如终其一生为"类风湿性关节炎"所苦的著名作家杏林子(刘侠),就创办了伊甸基金会,其回忆录《侠风长流》中,便有很长的篇幅提及争取身障权益的艰辛过程。

(二)族群认同

目前对身障的看法,已经渐渐由身体的残缺与个人的不幸,转变为族群的观点。也就是和社会性别(gender)、种族(race)等习见的传统刻板印象造成的族群类别相同。所谓的族群,是指基于对比的一种关系,乃是建立在疏离(dissociative)之上的,它的命题就是"A 是 X,因其不是 Y"。这样的命题最大的危险就是,如果 X 认为自己是人的话,他会因而将 Y 认为非人。这可能会否决了不同组织所共有的人性,并且会划定一个象征性的边界线,就像人与物、生与死之间的界线一样①。

族群议题上,最常见的就是因不认同对方的族群所带来的歧视,身障者由于身体残缺,外貌及动作都与常人不同。加上变形的躯体所带给人的恐惧,社会上早就自动将其归为一个避之唯恐不及的族群。对于这样令人惧怕又身体不便的族群,以往都被以歧视或怜悯的眼光看待。与西方 19 世纪的白人描述

---

① 索罗尔,"族群",弗兰克·伦特里基亚、托马斯·麦克劳克林编,《文学批评术语》,张京媛等译,香港:牛津大学出版社,1994 年,395 页。

黑奴,或是男性叙述女性的方式大同小异。对许多人来说,身障者根本就是另外一个族群的人,他们的生活及痛苦是可悲的,但是似乎与一般人无关。这也就是为什么有西方学者将身障者自传视为一种后殖民,甚至是反殖民叙述(anticolonial)。例如早年天生畸形的身障者传记,其内涵就十分类似 19 世纪的西方殖民叙事,在那些殖民叙事中,描述许多文化弱势的族群,借由好心肠的殖民者帮忙,接受了西方教育,进入了西方文明世界。这证明了殖民者人性的高尚,也证明了西方世界的文明与高贵。而天生身障者最后接受了义肢手术,成功让自己站了起来,这也让社会读者更加认同他已经跨越了边界,离开了那个非人世界。社会大众给他掌声,赞赏他残而不废,其实是在暗中肯定我方疆域的优越性,也为自己成功救赎了一位他者而感到庆幸,就如同是以殖民者的语言来定义被殖民者一样。

其次是关于自我族群的认同,许多传主刚发现自己成为身障者时,所有的反应都是不肯相信,也不愿意接受。但是当接触到其他病友时,才发现自己其实并不孤独。例如江伟君在其自传《轮椅上的公主》中,叙述自己曾留学日本及美国,正值青春年华,有大好前程等在前方,却因车祸而下半身瘫痪。自暴自弃了很长一段时间后,因为参加了美国一个复健中心举办的水上活动,意外发现参加的 98 位脊椎损伤患者都是年轻人及小孩,因为美国这类意外的平均发生年龄为 19 岁。但是许多病况更严重的人,却比她还乐观。其中有位前奥运选手,因遇抢劫枪击而致下半身瘫痪,却开公司当老板,还自己亲自送货,这些都给她莫大鼓舞。另外如曹燕婷在其自传《我,从八楼坠下之后》提及,受伤后参加了一个职训班,发现"这边是一个小小的轮椅社会,董事长和夫人也是坐着轮椅,正常能走路的并不多"①。就连老师都是脊椎损伤患者。她发现这里的人对自己的问题十分了解,也告诉她许多身障者如何打理生活等大小事情。她说:"受伤后,我才知道有一种朋友,叫做'病友'。"②这种互相支持打气,或通过计算机网络联系彼此的叙述,在此类传记中屡见不鲜。借由认同自己的族群,以团体的力量治疗自己,甚至是

---

① 曹燕婷,《我,从八楼坠下之后》,台北:大块文化出版股份有限公司,2005 年,85 页。
② 同上书,168 页。

以团体的口径对外发声,进而体现自己的价值。由此而引出下一个议题,就是传记写作的疗愈功能。

三、疗愈功能

（一）自我及他人

身障者传记除了有发声的需求,期望社会能够正视被视为边缘群体的生命之外,在其中还负担了疗愈的功能。近年来,身障者的权益已经逐渐获得重视,而传记写作也渐渐被视为心理治疗的方式之一,尤其是心理学界,提倡身障者借由自传写作,将自身的问题与自我分开,单独思考疾病或意外本身,而不是把一切的不幸或错误都归诸于自己,以此达到疗愈的目的。因此许多此类作品在传记叙述的末尾,都会由极度沮丧之中,重新找到生命的意义。

许多传主将写作本身视为一种自我疗愈的过程。如因锅炉爆炸而严重灼伤的陈明里说:"伤者,因阅读而治疗;因写书而痊愈。"又说:"写作,是一种自我疗伤止痛的历程。"①因不明疾病导致下半身瘫痪的余秀芷也曾说:

> 刚开始写文章,是想让生病的自己有点事情做,……突然一个勇气上来,我开始写出自己心情的转变,开始觉得写作可以治疗我的心,开始发现我的文章可以鼓励一些人,开始惊觉……我已经超越了我自己。②

在身障者传记中,对于生命意义的追寻是常见的主题。由于意外或疾病,原本一帆风顺的人生一夜间全变了样。面对失去知觉的双腿,庞大的医疗支出,心力交瘁的亲人,人生忽然成了不愿去想象的可怕梦境。传主在每日的不便中,思考自身生命的意义。除了自怜自艾之外,究竟还能做些甚么? 于是提笔写作便成

---

① 陈明里,《阿里疤疤:台湾最丑的男人》,台北:健行文化出版事业股份有限公司,2006 年,19 页。
② 余秀芷,《还有 20%:坚强的理由》,台北:福地出版社,2002 年,17 页。

为许多人共同的选择。

传主经过非同寻常的磨炼,不仅在身体上,在心理上也都有了相应的成长。这也造就了此类传记与其他传记作品极大的不同点,那就是长篇的自我心理描写。传主会在书中叙述自己如何由失落到振奋,由灰心丧志到扭转命运的心理历程,这也是华人传记作品中非常少见的内容。在西方,由于有忏悔录的传统,类似的心理叙述十分常见。但是中国人较含蓄,许多内心深处的想法不愿意让他人知道,造成一般自传与回忆录中几乎都是工作履历的现象。但是身障传主由于经历了一般人难以想象的痛苦,在九死一生捡回一命之后,或是在自知来日不多的情况下,反而可以跨越情感过滤机制,大胆剖析自己的内心世界。他们表述自身的经验——通常是令人难以承受的极端痛苦经历——以取信于读者,同时也由此极端经历中,让精神升华成长至更高层次。传主在受伤之前,和受伤之后,除了身体的不同外,心理上也完全是另一个人。受伤之前心中可能只想着工作、赚钱、玩乐等,受伤之后才发现另外的世界,了解到生命的无限可能,以及价值观的多元认同。有的传主甚至在书中感谢自己曾经发生意外,才能有不同的人生体悟。当然不会有人希望自己出事,这只是传主为了强调心理改变的一个比喻说法而已,但也可看出其改变之剧烈。

传主也希望借由自己的文字,鼓励其他与自己有类似经历的人。毕竟能够出书的还是少数,还有许多身障者可能正处于自暴自弃的阶段。许多人由于突如其来的意外,如车祸、工地意外、火灾,或是不明原因的疾病,终身无法行走,或是器官不断损坏。被困在轮椅上,甚至是病床上。面对永无止境的康复、开刀、治疗,忍受超乎想象的剧烈疼痛,以及众人对畸形身体的嫌恶眼光。这许多身体及心理上的痛苦,一般人很难想象该如何面对? 但是有些人硬是挺了过来,可有些人正在经历。这些过来人,常会从中领悟出生命的意义,开始提笔将自己的经历写下来,帮助有类似状况的病友。一方面争取身障者的权益,另一方面则以过来人的身份开导其他身障人士如何面对未来,这些都是疗愈功能的展现。

(二)边界跨越

边界的跨越也常会是身障传记的重要主题。由于异于常人的长相,或是身体的扭曲变形,身障者长期以来都被视为社会的他者(others)。身障者的肢体反常,使他们被摒除于社会之外,而不是被社会所接受。最重要的是,无法预测而又多元化的致残模式,多年来使得整个社会弥漫在对身障者不理性的畏惧之中,并且自动把人分类。对于一些无法解释的身障,更以因果关系来解释,如此更加深了边界的壕沟,使对方跨越更为困难。身体正常的人,常因为出于恐惧而去守卫这个边界。王浩威在《火星上的人类学家》序言中提及:"在传统观念里,我们习惯将病人或残障人士视为他者,不同于'我们'的存在。因为这样的差异,'我们'还是永远站在'我们'的立场思考人类的一切,不管是心理、环境、人际关系等等。"①这样的思想其实并未真正尝试理解边界另一边的人,也不想真的打开边界,让另一方能够更加自由无碍地来去。后天身障的传主,在受伤之后,大部分人都不能接受这样的自己,也是因为这个缘故。

除了社会上对身障者的刻板印象外,还有身障者本身的自我他者化,也就是对于自我认同的反差与错乱。突如其来的意外所造成的身体伤害,使得这些作者在医院醒来的时候,面对的是一个连自己都不认识的自己。可怕的是,若把自己和社会文化中对身障者的许多既有歧视观点相结合,更让他们无法忍受,只求速死。在颜面伤残者的传记中,此点表现得尤其明显。由于脸部是最常被显露在外的器官,也是辨识身份的重要标志,因此颜面伤残所造成的心理创伤也十分巨大。如果身体受损的部位在脸部,不仅难以隐藏,也容易成为残破的自我投射。颜面伤残或许不影响行动能力,但却是严重损伤了内心的自我认同,外界对颜面伤残的接受度也最低。相较于争取成为发声的主体而言,此处乃是在追寻自我的主体。不论是先天或后天,身障的现象均造成传主无法接受自己,也不被外界接纳。而社会对于身障者的观念既是由整体社会文化所形塑,自然也就存在于每一位受伤成残者的心中。也就是说,对于他者的边界同时也是内在的。身障者除了要跨越社会文化的边界,还要跨越自己内心的边界。

在身障者传记中,几乎都可看见传主被摧毁自我又重建自我的历程,也因此这类书籍经常被归类为励志类书籍,因为他们的奋斗故事激励了四肢正常但心理

---

① 奥利弗·萨克斯,《火星上的人类学家》,赵永芬译,台北:天下文化出版公司,2008 年,v 页。

不够成熟的一般人。不过虽然能够出版传记的人,多半已经在心理上调适过,可以重新接纳自己的命运,但是身体上的永久创伤,如截肢或脊髓损伤,不会因为心态改变而复原。即使心理上调适好了,生理上还是永远不会变好。这方面的不便,以及社会上的歧视,仍然如影随形地跟着每一个人。另外天生身障的传记则始终有跨越边界藩篱的梦想,他们从小面对他人的异样眼光,所以很希望早日摆脱这样的身体,以进入一般人的行列。如果有整形的机会,常会是书中的转折点,似乎人生从此光明了起来。但是实际上,社会的既定观点并没有这么容易被打破,而且手术通常也都达不到梦想中的要求,传主还是得带着他人及自己的异样眼光走完人生。这种种反常的状态,却正是身障传记作者们所极力要予以去除的。他们希望能够跨越这个边界,达到与正常人一样的状态。就算身体上不能达成,至少心理上一定要做到。人必须先克服内心的障碍,才能有勇气跨越生理的限制。这点在所有身障传记中,都是明确的主旨。

结　语

在美国所有的身障者中,仅有不到百分之十五是天生的,其余均是因各种后天因素如车祸、高处坠落、癌症等所造成①。在意外发生的那一瞬间,人生就已经走上一条不同的道路,再也无法回头了。先前意气风发的俊男美女,醒来后忽然成了连自己都不认识的怪物。由身障者传记中可以看到,传主致残的原因实在太多,而且许多在事前是毫无征兆,无可预防的。一旦遇上了,又令人束手无策,只能坐看生命的无奈与渺小。

其次,"在某些情境下,每个人都可能是某方面的'失能'(disabled)"②。人生原本就有"病"和"老"的过程,每一个人迟早都会有行动不便或是为某些疾病所苦的一天。例如无法自己洗澡,无法自行上下车,三餐需要有人喂食,等

---

① G. Thomas Couser, *Recovering Bodies: Illness, Disability, and Life Writing*, Madison: The University of Wisconsin Press, 1997, p.178.

② Georgina Kleege, Reflections on Writing and Teaching Disability Autobiography, *PMLA*, (2) 2005, p.610.

等。因此身障者所遭遇的痛苦及不便,很可能会发生在任何人身上。但是这些常见的生命无奈及病重时的身体障碍际遇,在一般传记的处理上,经常是一笔带过,不会详细说明。借由传记书写,身障人士将自己每天生活的方式,自我调适的过程,社会的眼光等说出来,却正好触及了这个少见的主题。也就是说,身障者传记其实开启了一扇难得一见的窗,让我们了解到生命的另外一面,那个痛苦且宁愿不去想的一面。但更重要的是,此类传记并不停留于此,而是由此开出新的方向,叙述传主如何由哀莫大于心死的退缩状态,因为某个契机,反而重新认识生命的价值。那些曾经因为身障而沮丧失意,多次自杀未遂的传主,经历了艰难的自我重建过程后,反而成为了鼓励他人的榜样。

参考文献

(一) 中文部分

江伟君,《轮椅上的公主》,台北:二鱼文化事业有限公司,2007 年。

杏林子,《侠风长流》,台北:九歌出版社,2004 年。

余秀芷,《还有 20% :坚强的理由》,台北:福地出版社,2002 年。

林宏炽,"新近西方障碍社会模式理论对身心障碍教育发展的省思",《特殊教育季刊》,85:1—11。

林淑玟,"整合残障概念模式之初探",《特殊教育与复健学报》,17:21—46。

胡绍嘉,《叙事、自我与认同》,台北:秀威资讯科技股份有限公司,2008 年。

胡绍嘉,《书写、行动与自我:以九〇年代后期,女性私我叙事作品为例》,政治大学新闻研究所博士论文,2008 年。

翁开诚,"生命、书写与心理健康",《应用心理学研究》,25:27。

陈明里,《阿里疤疤:台湾最丑的男人》,台北:健行文化出版事业股份有限公司,2006 年。

曹燕婷,《我,从八楼坠下之后》,台北:大块文化出版股份有限公司,2005 年。

赵山奎,《精神分析与西方现代传记》,北京:中国社会科学出版社,2010 年。

杨正润,《传记文学史纲》,南京:江苏教育出版社,1994 年。

杨正润,《现代传记学》,南京:南京大学出版社,2009 年。

杨正润主编,《众生自画像:中国现代自传与国民性研究(1840—2000)》,上海:上海人民出版社,2009 年。

郑丰喜,《汪洋中的一条船》,台北:地球出版社,1976 年。

约瑟夫·坎贝尔著,《千面英雄》,朱侃如译,台北:立绪文化事业有限公司,1997 年。

弗兰克·伦特里基亚、托马斯·麦克劳克林编,《文学批评术语》,张京媛等译,香港:牛津大学出版社,1994 年。

米凯莱·L·克罗斯利著,《叙事心理与研究:自我、创伤与意义的建构》,朱仪羚等译,嘉义:涛石文化事业有限公司,2004 年。

R. 詹金斯著,《社会认同》,王志弘、许妍飞译,台北:巨流出版社,2006 年。

奥利弗·萨克斯著,《火星上的人类学家》,赵永芬译,台北:天下文化出版公司,2008 年。

亚内·斯皮迪著,《叙事研究与心理治疗》,洪媖琳译,台北:心理出版社,2010 年。

(二) 外文部分

Couser, G. Thomas, *Recovering Bodies：Illness, Disability, and Life Writing*, The University of Wisconsin Press, 1997.

Couser, G, Thomas, Disability, Life Narrative, and Representation, PMLA, Vol. 120, No. 2, pp. 602－606, 2005.

Finger, Anne, Writing Disabled Lives：Beyond the Singular, *PMLA*, Vol. 120, No. 2, pp. 610－615. 2005.

Jolly, Margaretta, ed. , *Encyclopedia of Life Writing：Autobiographical and Biographical Forms*, London：Fitzroy Dearborn Pub, 2001.

Kleege, Georgina, Reflections on Writing and Teaching Disability

Autobiography, *PMLA*, Vol. 120, No. 2, pp. 606 – 610. 2005.

Smith, Sidonie & Watson, Julia, *Reading Autobiography*, 2ed, University of Minnesota Press, 2010.

Winslow, Donald J., *Life-Writing*: *A Glossary in Biography, Autobiography, and Related Forms*, University of Hawaii Press, 1995.

郑尊仁　台湾铭传大学华语文教学系副教授,著有《台湾当代传记文学研究》一书及传记文学、语言教学相关论文多篇。

论口述史中讲述者之人格呈现

王 军

内容提要：口述史是采访者与讲述者经过对话合作完成的，目的是寻求确凿的事实，而非展现讲述者的人格。讲述者在讲述中会根据采访者的要求调整讲述重点，难以讲出凸显自己人格的部分；谈话的特殊场合，也限制了其人格的展示。口述史中讲述者的人格让位于事实，这一点不同于突出传主人格的标准传记作品。

关键词：口述史　采访者　讲述者　人格

口述史（国内又称口述自传）是一种新兴的热门题材，由采访者和讲述者共同完成、共同负责。其中采访者是主导性的因素，他发起、引导口述访谈，并进行文字加工；讲述者是基础性的因素，他"拥有采访者希望得到的信息、洞见、观点和经历"[①]。讲述者又是一个充满变数的因素。不同的讲述者持有不同的立场、态度，他们可能会讲述不完整或者伪造的"事实"，"有时候，讲述者要保守不能告人的秘密，有时他们故意撒谎，有时他们只是搞错了，记错了"[②]。在进入口述史之前，讲述者是千姿百态的，有着各自不同的物质生活和精神生活；而在口述史中，他们成为史料的提供者。

一般情况下，讲述者会被告知采访的目的，按照要求在规定的范围内讲述。

---

① Dave Egan, Evelyn A. Howell, *The Historical Ecology Handbook*, Washington D. C.：Island Press，2001，p.103.

② Sandy Polishuk, "Secrets, Lies, and Misunderstanding：the Perils of Oral History Interviewing," *Frontiers：A Journal of Women Studies*, 1998, Vol. 19, no. 3, p.15.

这在说明采访者权威的同时,也表明讲述者的讲述不完全是"自己"的历史,而是符合他人需要的历史。讲述者有两种:历史人物(显赫人物)和历史见证者(普通民众)。其中,前者"经常能体认自己的社会角色(知道自己为何受访)"①,因而讲述适合自己社会角色的内容。但口述史是功利的,它需要讲述者讲述为采访者和读者所关注的内容。《李宗仁回忆录》告诉读者,李宗仁是"末代帝王"。李宗仁讲述的是国家、民族、政权的"转变",而他的个性则淹没其中。李宗仁在纽约"闲居"期间心态发生过重大变化,最后悄然返回大陆。这是发生在《李宗仁回忆录》操作过程中的事,却没有反映在书中,采访者唐德刚也不知情。《胡适口述自传》同样不涉及胡适的人格问题。即使是唐德刚的注释也主要是从学术角度谈胡适,对胡适的感情生活点到为止或者避而不谈。

显赫人物只能讲述为他人关注的公共部分,因此无法获得标准自传(自传一般而言是主体性很好的例证②)作者那样充分展示丰满生命(特别是私人生活部分)、个性形成及发展的机会,其主体性遭到了严重削弱。普通民众更只是他们所要讲述的历史事件的载体,是口述史"课题"使用的材料。普通民众鲜有机会表现自己的人格。

口述史中的确首次大规模地出现了普通人物,而且他们成为被倚重的信息源头。从广度上讲,普通人在历史中所占的比例明显加大。少数族裔研究、妇女研究、社区史、部门史、建筑史等,都是以普通人的讲述为主体。英美早期的口述代表作分别是《爱德华时代的人》《艰难时世》,其讲述者都是普普通通的人。他们被选中是因为经历了爱德华时代或者生活在大萧条时期。他们没有"伟人"传记中伟人与时代、环境之间发生的体现伟人人格的冲突,相反,看起来他们对时代、环境强加的一切均默默接受。这种接受并不说明其人格懦弱,而是因为在口述史中,他是否与时代、环境有过足以展示其人格的冲突并不重要——重要的是,他是那个时代的人,这是采访者关注的重点。同时部分口述史不以人为主角。哥伦比亚大学口述史学

———————

① 王明珂,"谁的历史:自传、传记与口述历史的社会记忆本质",《与历史对话——口述历史的理论与实践》,杨祥银编著,北京:中国社会科学出版社,2004 年,172 页。

② Robert Smith, *Derrida and Autobiography*, Cambridge, New York: Cambridge University Press, 1995, p. 56.

部编辑的《口述史集》中的《空军》①共 5264 页,由 114 人的口述组成。讲述者包括与飞机发明者怀特兄弟有关的人、设计师、工程师、飞行员、行政人员、特技飞行员等,讲述的内容则包括了两次世界大战中的空军作战、民用航空、飞机技术的进步等。所有讲述者的讲述都服从于"航空"这一主题,其人格则无从展示。"口述史提供了机会邀请人民来讲述他们的故事(他们的过去、过去的一段时间、一个事件等),但他们的个人故事总是与历史环境密切关联,因此也超出了个人经历的范围。"②普通人不再是历史中被忽略、被遮蔽的,他们挤上了前台,每人身上贴一标签"某某事件的参与者/见证人"。口述史允许这些沉默的声音和更多的文本被揭示出来③。但是,口述访谈的题目、思路、文字都由采访者掌控。

如此一来,讲述者必然遭到采访者的压制,其形象在口述史内外必然无法获得传记作品意义上的统一。首先,讲述者必须在口述访谈前后保持一定的连贯性,否则其访谈就失去了应有的价值。但这种一致并不同于标准传记作品。口述史中的南京大屠杀幸存者们一定不同于现实生活中的他们。大屠杀只是他们生活中的一段,甚至不是最重要的一段,更不是全部。对幸存者而言,获得来自过去的理解固然可以解除心理的负担,但解决他们现实的困难、满足他们现实的需求,却更加急迫。而口述史往往只关注他们过去曾经历大屠杀的事情,忽视了他们现实生活中的需求,也就忽视了他们现实的身份。"南京大屠杀幸存者"不是这些幸存者唯一的标记,他们有着更丰富的生活。口述史关注的却只是那一段被做了标记的生活,因此讲述者在口述史中必然是不完整的,至少不会获得完整展示其人格的机会。

可见,口述史关注的是讲述者的一个侧面,一个未必最重要的侧面。如胡适是中国现代史上的学术大师,其口述便以其求学和学术为主;李宗仁是中国现代史上的重要政治人物,其口述则以军事、政治为主。再如,傅光明所做"老

① Elizabeth B. Mason & Louis M. Starr, *The Oral History Collection of Columbia University*, New York: Oral History Research Office, 1973, p.21.

② Sharlene Hesse-Biber, Patricia Leavy, *The Practice of Qualitative Research*, New York: SAGE, 2005, p.156.

③ Joanna Bornat, *Oral History, Health and Welfare*, London: Routledge, 2000, p.250.

舍之死"口述访谈的三个讲述者都自称是老舍自杀后的第一见证人,这也成为了他们此时的标志。采访者过于强调他们的这一特征,源自于对他们某一价值的尊重,结果却可能对讲述者造成了一定的伤害。按照唐德刚对胡适的批评,胡适以其开创性的学术被人奉为"胡文公",胡适的口述所讲述的也正是其学术,这本是对他的极大敬重,但盛名之下,胡适不仅存在学术上的缺陷,甚至为此盛名所累,终身故步自封,未能越自己的雷池半步;李宗仁同样在口述史不得不收敛起自己喜好说谈的特点,板起面孔回答唐德刚的提问。可见,口述史所重视的讲述者身上的那根"标签",并不一定最能代表讲述者的身份,更不会代表讲述者的全部,即使偶有人格特色的流露,也可能是经过了掩饰、改变。讲述者是显赫人物时如此,其人格当讲述者是普通人物时,同样如此。

同时,讲述者可能不是其所讲述事件中的主要人物,而只是一个见证。尤其当讲述者是普通人物时,这种情况更加普遍。此讲述者与彼讲述者之间孰轻孰重也不重要了,因为他们(在采访者眼中)并无明显差异:采访者"可以不停地更换讲述者,也可以替他们发出声音,甚至可以假扮他们的声音或者思想。"①在这种情况下,其人格独特性的问题不复存在了。

讲述者所背的这根标签可能是他自己努力的结果,也可能是外部世界加给他的。一般来说,第一种情况适合显赫人物,第二种适合普通人物。从这个意义上说,溥仪的妻子的口述主要是关于溥仪的,称为"溥仪妻子"并不是她努力的结果,因此虽然李淑贤仍属于普通人物,但她依然被贴上了"溥仪妻子"的标签。可见,口述史中的事件(event)对人物的影响之大。显赫人物的显赫经历与其个人的奋斗关系密切,这本是标准传记展示传主人格的绝佳机会。但是口述史不会着重展示这种奋斗过程,尤其不会展示其中的苦与痛、精神斗争;口述史只是告诉人们,他是胜利者/失败者/参与者/见证者,他是哪些方面的胜利者/失败者/参与者/见证者。

口述史是一种陈述。尽管不再是单纯的个人陈述,而是二人合作的产物,

---

① Alistair Thomson, "Anzac Memories", *The Oral History Reader*, ed. Robert Perks & Alistair Thomson, London & New York: Routledge, 1998, p.285.

它却依然无法保证自己的准确性,并且因为不是单个人观念的产物,以致失去了读者借以考察其参与者人格的大好机会。标准传记的作者也受到社会因素的影响,但其作者与这些因素做了抗争,读者也可以通过这种抗争来认识传记作者的人格。在口述史中,一方面是对事件的过度重视,另一方面由于它是采述双方合作的产物,这就使得借它考察参与者的人格变得非常困难。对标准传记来说,事实是基础。没有真相就没有传记;同时,事实远不是一切,参与事实的人才是最关键的。而对口述史来说,事实恰恰最重要。对过往事件的这一陈述,又渗入了采访者的动机以及讲述者的个人因素,很可能与真相差距很大。而且,即便其讲述的就是他亲眼所见,也终归只是各种讲述之一。如果讲述者刻意编造谎言,口述史就很难获得真相。

"亲身经历"或者"亲口讲述"并不能确保做到还原真相①,这是口述史的缺陷和特点,也可以成为考察它的新出发点:它是采访者与讲述者角力的场所。口述的真实性依赖于人们相信讲述者的讲述是真实的这样一个(假设的)前提。文强在其口述中讲到他曾经与毛泽东同船前往黄埔军校,这被其他的专家学者认定是不可能的,但在被揭露出来之前,一般的读者应相信这件事情。口述史的这种说服力来自于采访者的各种保证真实的措施,更来自于人们对讲述者的信心:讲述者是历史的知情人,因此他的讲述是真实。读者不应该对其讲述有任何先入为主的关于真实与否的判断②。但是,这里的逻辑链条是有问题的,因为不仅讲述者未必是历史的知情人,即便他是知情人,其讲述也未必真实。讲述者对所讲述的事件没有全局的把握。作为一个见证,他只能从自己的所见所闻出发来谈事件。这种视角决定了他往往是有局限性的,不论是显赫人物还是普通民众都是如此。《胡适口述自传》中,唐德刚的注释有相当多的篇幅就是指出胡适的记忆不确、观点不对;《李宗仁回忆录》中李宗仁的讲述更是有很多的事实错误。可见,讲述者虽然在细节上见胜,却未必准确,更未必正确。

---

① Alun Munslow, *The Routledge Companion to Historical Studies*, London & New York: Routledge, 2006, p. 198.

② Klaus Neumann, *Not the Way It Really Was: Constructing the Tolai Past*, Honolulu: University of Hawaii Press, 1988, p. 121.

"口述史给了讲述者一个很好的机会,使他可以串起碎片化的往事。他有一个严肃、急切的倾听者……采访者认定他的讲述是值得倾听的。"①采访者的看法是很重要的,尤其是考虑到很多讲述者通常是不受敬重的(妇女、老年人、政治斗争的失败者、少数民族等)时,更是如此。

讲述者的优势、缺陷必然受到采访者的引导或者压制,因为放任讲述者偏离主题或者撒谎的话,口述史的价值就会大打折扣;同时,讲述者的讲述有可能不符合既定的道德或者常识,需要采访者加以控制②。而一味顺从采访者的约束,其结果就是讲述者的形象难以保全,其人格也就无法获得全面展示。有时候,讲述者会根据外部世界的一般见解调整自己的讲述,面对采访者施加的压力以及外部世界的压力,讲述者"一般选择顺从,特别是采访者的压力"③,在这个意义上,其人格很难得到真实体现。

标准自传的作者也会感知到外部世界对他的认知,并受到这种认知的正面或负面影响,如卢梭在《忏悔录》中的自辩即是对外界污蔑之词的还击。吴宓曾经在日记中记下这样一件事情:"昨今两日,宓始注意到桃花一开,桃花瓣飞落路上。阳景春浓,宓极欲步行至李园湖畔,观赏两年前所识之春景,而唐、曾及其他友人皆戒宓'勿外出走动,免为人注意,而招来祸患',故终迟惑不敢径行。"④此时的吴宓成为众人批斗的对象,他也就真的(在日记中)放弃了一些自己的立场。可以说,来自外部世界的巨大压力在很大程度上改变了吴宓及其自传创作。但更一般的情况是,标准自传的作者依据自己的看法写作,他为自己贴上的标签,基本都来自其自我身份认同。外界的刺激是他改变"标签"的动因,却不是决定因素。由于这种自我认证来自内心世界,因此,标准自传的作者在自传内外的形象一般是一致的,其人格是可信的。即便卢梭、吴宓,也与他们现实生活中的形象相一致:卢梭是好斗之人,吴宓则细腻多感。口述史中的讲

---

① Valerie Raleigh Yow, *Recording Oral History: A Practical Guide for Social Scientists*, Thousand Oaks, California: SAGE, 1994, p. 117.
② Robert Layton, *Who Needs the Past?*, London: Routledge, 1994, p. 192.
③ Valerie Raleigh Yow, *Recording Oral History: A Practical Guide for Social Scientists*, p. 78.
④ 吴宓,《吴宓日记续编(1969—1971)》,北京:生活·读书·新知三联书店,2006 年,222 页。

述者原本也可以保持这种一致,但由于其形象在访谈中已经被削弱、被引导,因此,与现实生活中的形象有了巨大的差异。"老舍之死"口述访谈的三位讲述者至少有两位给读者留下了撒谎者的印象,这与他们在现实生活中的形象应该是不一致的;《艰难时世》中讲述者宣称自己在"大萧条"期间心态积极,也不完全符合实情。究其由,则是采访者所代表的外部势力施加了强大的影响,以致改变了讲述者的自我认知,也改变了讲述者在口述访谈内外的人格展示。

讲述者在口述访谈内外的形象不同,也可能是因为他在口述史中根本没有个人形象可言。不是每一个讲述者都有机会在口述访谈中展示自我的形象,更不是所有讲述者都能从口述访谈来到口述史的文本中。这种现象在普通人作讲述者的生活更加明显:满族妇女、社区普通百姓、《空军》中的讲述者,都很难在口述史中留下自己的个人形象,其人格则无从谈起。

回溯往事的时候,口述史缺少批判性,这也体现在讲述者身上。口述史可能会呈现口述发生时讲述者的风采,却不去探寻讲述者是通过何种努力成就风采以及在这一过程中其个人见识、品格是如何发展的。受限于讲述的特殊情境,讲述者也少有从容思考的机会,讲述很难比平时的见解有突破,这与标准自传的反思性不同。口述史中较少有讲述者的思考,即使有也是早在口述访谈之前就已经产生的。口述是一个即时性场所,难以产生深思熟虑。如果以人民化后的口述史来看,这就更加明显。事实上,普通讲述者在来到口述史中时,经常是受宠若惊的。在采访者的提示下,"他们发现自己的生活值得记载。对很多讲述者来说,这本身就是最大的礼物"[1]。在这种情况下,要讲述者深思熟虑或者提出有深度、违背采访者意图的看法,是不容易的。而离开了思考,人格也就难以存在。

采访者的目的是从讲述者口中获知一些"事实"或者"回忆",深度思考是采访者事先、事后要做的事。普通民众由于原本没有标准自传作者的思考深度,相对于显赫人物又缺少在某领域内较权威、全面的知识,故而更容易成为某一事实的简单讲述者。

---

① Willa K. Baum, *Transcribing and Editing Oral History*, Walnut Creek, California: Rowman Altamira, 1991, p. 120.

　　同时也要看到,讲述者实是口述史中在对抗着真实诉求的角色。李宗仁在口述访谈中的能动性,体现得较为明显。在访谈的开始,他极力想按照自己的思路和见解讲述,结果受到了唐德刚的纠正和引导。李宗仁的能动性还体现在他成功地欺骗了采访者唐德刚,使对方没有发现他在悄悄准备回到中国大陆。这一案例证明,讲述者不仅有着超出口述访谈中讲述者的生活,更有着独立的不受采访者干扰的思考。而讲述者的主要反抗方式就是,把与口述史无关的生活和见解加到口述访谈中或者对采访者隐藏自己的真实想法。采述双方的冲突,其实是两种价值观的冲突。李宗仁当然不会忘记自己的过去,但对他而言,只有现在最为关键;对采访者唐德刚而言,李宗仁过去的经历最为重要,现在的生活倒在其次。可见,讲述者挣脱采访者限制,在某种意义上也可以被看作是现在对过去的"反叛"。当然,这种反叛不是自传意义上来自深思熟虑、灵魂挣扎后的心理活动,而是执著于现世的价值。如何了解到历史事件的真相,是采访者探寻的意义;而如何从历时事件中获得现时的价值以及自我认可,对讲述者才是最大的课题。

　　讲述者的讲述,以放弃自己的部分立场为出发点。加之口述史本来就缺少深刻的立场,最终,讲述者的形象常常是单薄的,没有完整保留自己的人格。归根到底,采访者积极参与其中①,目的是寻找史料,而不是为了塑造讲述者的形象与人格。

王　军　华侨大学文学院讲师,文学博士,研究方向为西方文学与文化理论。代表论文有《英美口述史实践及研究现状综述》、《基于对话、共享权威——论口述史的性质》、《口述自传文体辨析》。

　　本文为国家社科重大项目"境外中国现代人物传记资料整理与研究"(编号:11&ZD138、教育部人文社会科学研究青年项目"口述自传研究"(12YJC751080)阶段性成果。

---

①　Ronald J. Grele, "Movement without Aim" *The Oral History Reader*, ed. Robert Perks & Alistair Thompson, London and New York: Routledge, 2006, p.44.

传记资源的组织方法研究

李 芳 彭 佳

内容提要：本文从信息组织和知识组织的专业角度，研究传记资源的组织方法。指出传记资源组织方法研究的意义和价值，分析传记资源的特点和组成要素，用信息组织的方法来规范设计元数据框架，通过分类法、主题法和主题图技术来构建传记资源的关联关系。

关键词：传记资源　知识组织　信息组织　主题图

一、研究意义

传记，无论是作品的数量、范围，还是对读者的影响，都是文学和文化范畴中最重要的文类之一。传记研究在当代人文社会科学研究中占据着核心的位置，这已经是国内外学术界的共识。越来越多的学者开始对传记进行深入而全面的研究，关于传记的研究论著也在成倍增长。在信息技术和网络资源飞速发展的今天，开展研究最重要的基础性工作就是对资源的有效组织、揭示和描述。有了这项工作，用户才能够快速有效、准确全面地发现自己所需的信息，从而更科学、更高效地开展研究。

与传记研究的重要性和紧迫性相比，传记资源的组织并没有得到图书馆领域的更多关注。从图书馆领域已有的研究和应用来看①，传记资源的研究主要

---

① 张久珍，《国外参考资源检索与利用》，北京：北京大学出版社，2008 年；郭依群，"网络环境下传记工具书的馆藏建设"，《图书馆建设》，2001 年第 6 期，32—35 页；于翠艳、傅德华、李春博，"关于 20 世纪中国人物传记资料全文数据库的进展与困惑"《中国索引》，2012 年第 1 期。

侧重在传记资源的馆藏建设、传记类数据库介绍等方面,很少有人从传记资源组织的角度来思考和研究。究其原因,从国内外信息资源组织的研究视角和应用现状来看,信息资源组织领域的研究视角是根据文献类型来开展研究的,传记作为一种文学体裁,集合了多种文献类型,并不会纳入专门元数据研究领域。另外,从传记资源的分类角度来看,国内使用最为广泛、最具权威性的《中国图书馆分类法》①,将传记研究、传记有关的索引词典和各国人物传记统统归入K81 类(K 类为历史、地理),可以看出图书馆分类视角下传记资源的定位:一为历史文化范畴,二为参考工具范畴。这从一个侧面反映了传记资源的定位狭窄,作为参考工具的传记资源,如果只是单一的人物索引和词典,不利用知识组织的技术和方法来建立传记资源的联想关系,将资源组织成一个相互联系的体系,大量各种形式和形态的传记资源就无法得到有效组织与揭示,研究者就无法快速有效、准确全面地检索所需的信息。

笔者认为,随着传记文类的发展和重要作用的凸显,在数字图书馆理论发展到渐趋成熟的阶段,针对传记文献的特点、传记形式的不断拓展,专门提出并针对传记资源的组织进行研究,其研究价值无论是对传记研究领域,还是对图书馆知识组织领域,都具有十分重要的意义。

(一)传记文类的特殊性在资源组织领域值得研究

20 世纪以来,现代传记学研究的范畴在不断扩大,除了包括自传和他传等各种传统的形式之外,还有书信、日记、游记、回忆录、人物报道、口述历史、访谈等私人文献形式;此外,传记的各种实验形态和扩展形态,如图像传记、影视传记等也在发展之中。它们同传统的传记相比有共同和相通之处,但也有新的特点,原有的界限被打破,并向相关领域发展,这一方面扩大了传记的研究范围,另一方面对传记的知识组织内容和形式也提出了许多新的挑战,传记这一特殊文类更值得资源组织领域的关注和研究。

---

① 中国图书馆图书分类法编辑委员会,《中国图书馆分类法》,北京:国家图书馆出版社,2010 年,229—230 页。

（二）传记学研究的深入呼唤传记资源组织的新突破

随着传记学研究的深入，传记资料涉及的文献类型更加多样化，不可能用一种元数据标准涵盖多种对象。如传记活动中存在多种主体，包括书写主体和文本主体，与这些主体信息和特征相关的内容；如出生地、职业、职别、种族等，都成为重要的知识组织内容。传记所涉及的文献类型和载体形态更加丰富，资源描述的范围更广，元素的编码体系也更复杂。因此，随着传记学研究领域的拓展和网络技术、数据库的发展，传记资源的组织体系建设需要有所创新和突破。

（三）传记资源组织有助于完整展现资源的历史性和文学价值

传记立足于历史，但同文学有着必然联系，因为传记以人为中心，叙述传主生平，这是传记最基本的要求；对层次更高一些的传记来说，还要写出传主丰富的个性，真切地描述其形象，甚至写出其感情和心理世界，这样传记就同文学有了共同的目标，因此传记具有历史学和文学的双重特性。它或以文字，或以图片，或以多媒体为媒介，却始终以人物为中心，因此传记元数据的设计与组织和一般资源的元数据设计有所不同，将考虑实现两个层面的描述：一层是人物，一层是文献。通过元数据资源和知识组织，既可以反映传主生活的历史背景、传主同外部世界的关系、主要活动及原因和结果，也可以展示各种传记人物之间的关联，将资源的历史性和文学价值完整展现。

（四）传记资源的组织方法体现为跨学科、跨领域的研究

20 世纪以来，现代学术发展的一个重要特点就是打破学科的界限，互相渗透、互相影响。现代传记学研究顺应这一潮流，借鉴其他学科发展的成果，丰富和扩展了传记研究的内容，开辟了比较传记学等新的学术领域。传记资源组织方法的研究更应如此，在信息组织和知识组织理论的基础上，充分融合和吸收新兴技术，结合传记学发展的特点，设计智能化的知识索引方式，传记资源的组织体系和元数据规范，为传记研究提供有序的知识组织方法。

因此,从资源组织的专业角度,研究传记资源的组织方法,建立较完整的传记资源知识组织理论和建设体系,应是传记学和图书馆学跨学科研究领域的重要基础。本文将围绕传记资源的特点和组成要素,提出传记资源的信息组织方法和知识组织方法,一方面从传记资源的描述来规范设计元数据框架,另一方面从分类法、主题法和主题图技术来构建传记资源组织的关联关系。

二、传记资源的特点及组织

(一)文体类型的丰富性

传记资源包含了不同的文体类型。从创作者角度来看,传记资源可分为自传和他传;从篇幅的长短来看,可分为长传和小传;从体裁来看,可分为书信、日记、游记、回忆录、访谈、人物报道、口述、序跋、随笔、速写、档案等;从表现手法来看,可分为历史传记、文学传记;此外还有列于家谱的家传,列于史乘的史传,以及别传、列传、外传、评传等①。对于传记研究者来说,不同文体类型的传记作品能够在一定程度上反映出该作品的作者对其内容所持的态度和立场,甚至是其内容的真实性和可靠程度。比如,自传作品大多是传主对自身经历的主观叙述,他传则是他人根据所收集的材料撰写的关于传主活动的客观记录。所以,传记资源的文体也是传记资源组织、揭示、查找和利用时一个比较常见的信息点。

(二)文献类型的多样性

从文献类型来说,传记资源的主要形式有:图书、报刊杂志文章、图片资源、音频资源、视频资源等。而根据这几种文献类型的特点,可以将传记资源的类型总结为三类:传记图书、传记文、传记多媒体。

由于这三类传记资源在描述、加工和管理时,既存在一定的共性,又具有各

---

① 详见杨正润,《现代传记学》,南京:南京大学出版社,2009 年。

自的显著特点。虽然对于不同文献类型的传记资源来说,传记资源的内容、传主和地区都可以看作是其利用和研究的三大主线,但是,对于不同文献类型的传记资源,用户所关注的重点也不尽相同。以传记照片为例,照片拍摄的时间、地点、照片中的人物、所拍摄的活动或事由等,是传记研究者尤为关心的关键的因素。

因此,传记资源的组织,既需要针对各类传记资源的共性,又需要兼顾到三类传记资源的特性,使各类传记资源之间能保持一定的互操作性、通用性。

(三)特征性要素

与其他文献信息资源类似,用来描述传记资源的主要元素包括名称、创建者、主题、日期、标识符和语种等。不过,传记资源也有一些特有的关键元素,比如:传主(即被传人)、国家或地区等。

1. 核心要素——传主

传主既是传记资源的人物主题,又是传记资源组织的核心元素。对于传记研究来说,为了尽可能详尽、准确地甄别和整理某一传主的传记资源,首先需要厘清传主的基本信息。传主的基本信息主要包括,传主的姓名、性别、国籍、生卒年、身份、职业等。其中,传主的姓名包括常用名、原名、别名、笔名、译名等各种形式,如果传主是中国古代或近现代人物的话,则往往还有字、号,如果是宗教界人物,一般还有法号、道号等。传记资源的组织,不但能够以这些基本信息为主线来揭示,而且能够通过不同传主之间的关联,揭示不同传记资源内在的共同联系和相互参照。

2. 来源要素——国家/地区

在资源组织的各类元素中,国家或地区通常并非作为核心元素之一,但是在传记资源组织中,传主所涉及的国家或地区对于资源收集、整理和组织都具有十分重要的意义和作用。从资源收集和整理的角度看,一个国家或地区的文化机构,往往更注重于收藏曾经出生、求学、工作或居住在本国或本地的人物传记资源,也往往能够收集到更多关于传主的第一手资料。从资源组织和揭示的角度看,通过资源来源地,既有助于了解某一传主的基本经历,也可以反映出某一传主在某一国家或地区的影响力,还可以反映出某一特定历史背景下国际交流与合作的发展动向。比如,某些国家或地区关于晚清末年民国初期中国人物传记资源相对丰富,就与当时在"西学东渐"的影响下,许多中国人前往海外游历和留学的这一历史背景息息相关。

通过传记资源的文体类型、文献类型的分析,梳理传记本身所具有的特征性要素,为实现传记资源的多途径检索和多角度的揭示提供了基础。接下来就是选择合适的信息组织方法,利用知识组织的新技术,表现传记资源和相关资源内在的联系,展示传记资源主题的、人物的关联性。

三、传记资源的组织方法

关于资源的组织方法,早在 2004 年就有学者①提出基于元数据和基于本体论的视角来划分资源组织的观点,元数据主要关注文献资源的形式特征因而较适宜信息组织,而本体论主要关注文献的内容特征,因而适合用于知识组织;基于元数据的信息组织和基于本体论的知识组织也可相互融通,两者结合,构成当今网络信息处理的两类主流方法。在此基础上,有学者②做了进一步总结,无论实体资源和网络资源均可从两个层面来组织,从信息的层面进行组织(Organization of Information,以下简称信息组织)和从知识的层面进行组织(Organization of Knowledge,以下简称知识组织),资源的信息组织和知识组织既有联系,又有区别。从它们所用的工具可以看出两者的根本区别,信息组织是主要依据元数据标准(Metadata Standard)为主对其文献或资源所进行的组织,而知识组织是主要依据各类知识组织系统(Knowledge Organization System,以下简称KOS)为主对其文献或资源所进行的组织。

结合传记资源的特点,本文认为,传记资源的组织应结合信息组织和知识组织两种方法来开展研究。传记资源信息组织的对象是个体资源,是用名称、创建

---

① 叶鹰、金更达,"基于元数据的信息组织与基于本体论的知识组织",《大学图书馆学报》,2004 年第 4 期,43—47 页。
② 王松林,"图书馆组织对象及其层次研究",《中国图书馆学报》,2010 年第 36 卷第 1 期,40—44 页。

者、传主、出版信息、标识符、传主地区或国家、语种等相对恒定的元素描述各种复杂的资源,是基于元数据的信息组织,具有客观性,方便计算机或人能够对其进行识别和处理,是一种微观组织法;而传记资源知识组织的对象是群体资源,通过知识汇聚,将传记资源中的相关知识按一定的分类标准分门别类地进行集合,如按学科、按主题、按人物、按载体的资源集合,其作用是通过传记资源的联想关系构成语义网络,将资源组织成一个相互联系的体系,是一种宏观组织法。

(一)传记资源的信息组织方法

1. 方法概述

"元数据是一种用来描述数字化信息资源,特别是网络信息资源的基本特征及其相互关系,从而确保这些数字化信息资源能够被计算机及其网络系统自动辨析、分解、提取和分析归纳即所谓机器可理解性的一整套编码体系。"[①]从元数据的定义来看,基于元数据的信息组织主要用于实现两个功能:一是较为准确地描述信息资源的原始数据或主题内容;二是能够实现网络信息资源的发现,即实现计算机网络定位、自动辨析、分解、提取等功能,将网络信息资源的无序状态变为有序状态。

基于元数据的信息组织的本意是用尽可能少的元数据反映尽可能多的原始数据信息,因此元数据已经成为各个领域信息资源的组织方式。资源组织的元数据标准是指"对资源书目信息进行描述、结构化并对之进行管理的工具"[②],即将组织对象(通常是资源载体)的相关数据信息分解成属性特征(字段),从而形成记录(对象的完整数据、信息)并组成数据库(多个对象的数据、信息集合)。现有元数据标准众多,以较有代表性的元数据标准集 DC(Dublin Core)为例,DC 包含 15 个元素:Title, Creator, Subject and Keywords, Description, Published, Contributor, Date, Resource Identification, Language, Rights, Resource Type, Relation, Source, Coverage, Format。

---

① 阮明淑,"温达茂. Ontology 应用于知识组织之初探",《佛教图书馆馆讯》(台湾), 2002 年第 32 期,6—17 页。

② 王松林,《信息资源编目》(修订本),北京:北京图书馆出版社, 2005 年,4 页。

组织与揭示传记资源时,应选择在 DC 的统一架构下针对传记资源的特点与应用环境扩展专门的元数据元素与修饰词,使传记资料可以更好地融于更大范围内的资源集合。

2. 描述资源的元数据标准与规范

由于元数据的发展背景是文档,其适用格式主要是文档、文档或其他类型的超文本文档,致使元数据在描述其他领域的信息资源时存在着较大的局限性,以电子资源为例,用元数据进行描述时存在着类目或元素不足、信息真实性混乱等局限性。因此为适应本领域信息组织的要求,许多领域的组织机构纷纷建立各自的元数据标准,这些标准的形成方式主要有两种:一是在元素的基础上,或重新定义各元素的含义,或对元素进行必要的扩展;二是制定自身的元数据标准,如 DACS(Describing Archives:a Content Standard,档案描述:内容标准)、CCO(Cataloging Cultural Objects,文化对象编目指南)、CDWA(Categories for the Description of Works of Art,艺术作品描述类目)、VRA(Visual Resources Association Core Categories,视觉资源协会核心类目)、FGDC(the Federal Geographic Data Committee,美国联邦地理数据委员会)、EAD(Encoded Archival Description,编码档案著录)等。

3. 传记资源元数据框架设计

传记资源的信息组织归根结蒂是为了整合各类传记资源,以供利用。因此,需要通过研制一个或若干描述元数据规范和著录规则,建立具有开放性核心元素的规范化传记资源元数据框架,进行知识描述,把资源本体中的知识元素和知识关联表示出来;并根据传记资源载体的不同,描述资源的特征,揭示资源的属性,以更好地为资源的检索和利用做好铺垫。

传记资源元数据框架设计(见图1),首先要从传记资源使用者的信息需求出发,记录和梳理传记资源在收集、组织与建设过程中产生的各项数据,对传记资源进行多角度的揭示,以提供传记资源的多途径检索,为快捷、全面查找和充分利用传记资源提供坚实的信息基础。比如,通过传主的身份、职业、所游历的国家或地区信息,不但可以了解到该传主的个人主要成就或经历,可以依据这些信息整理出某一专门学科或领域的传记资源索引信息,还有助于收集和整理

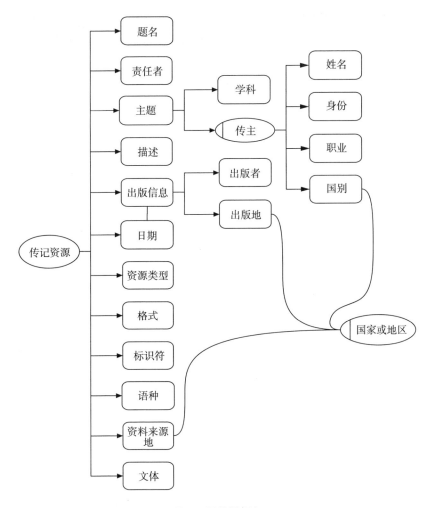

图1 元数据框架

相应国家和地区的图书馆、档案馆等文博机构或个人所收藏的相关传记资源，从而进一步推进传记研究工作。

其次，为了便于与其他信息资源系统的互操作和信息整合，实现各类信息资源的统一检索和利用，传记资源的元数据框架中，还需要兼顾传记资源与其他各种资源之间的相互联系。这种联系除了包括不同版本的同一种资源、不同格式保存的同一内容的资源之间的相互联系以外，还要包括相关图书、文章（比如某一传主的相关学术研究成果或著作）以及其他机构保存的传记资源之间的链接等。

综上所述，在设计传记资源的元数据框架时，不仅要考虑到传记资源本身的内容和物理特征的描述需求,而且要将传记资源所涉及的传主及其相关信息也作为传记资源的元素之一,实现传主信息和传记资源之间、相关传主之间,以及传记资源和相关其他资源之间的相互参照。

(二) 传记资源的知识组织方法

由国外学界率先提出并能涵盖我国情报检索语言概念的知识组织系统,简单地说就是各类知识组织体系的统称,含分类表(classification schemes)、类目表(categories)、规范档(authority files)、标题表(subject headings)、叙词表(thesauri)以及本体(ontologies)等①。知识组织将知识的物理单元(如资源)分解成知识元,并用知识元属性特征(字段)、记录和知识库来描述和表达知识。

分类法和主题法是常用的知识组织方法,传记资源组织中除了引入这两种方法之外,为构建以传主为核心的关系模型,还将引入基于关系列表的主题图法,主题图法作为一种知识组织技术,相关的应用研究还处于初级阶段,本文将其引入传记资源组织,构建以传主为核心从的传记资源关联关系的基本模型。

1. 分类组织法

在图书情报领域,分类法是从资源内容的角度揭示与组织文献资源最有效的方法之一。分类法是以知识门类的划分来揭示和组织信息的,它客观地反映了知识的全貌及其内在的逻辑关系。这种组织信息的方法符合人类认识事物的逻辑思维方式,因此在网络环境下,分类法仍然是组织与揭示信息资源的重要方法。与此同时,网络环境下对原有传统分类法进行改造也是大势所趋。如,传统分类法采用顺序、单纯、固定的一维组织方式,不利于充分、客观地揭示和反映多维性的知识空间,这与多元的、交互式的、动态的网络信息环境不相适应,需要利用现代信息技术对传统分类法进行改造,使之能够采用多重列类、对横向关系重复反映等手段揭示资源,使用户能从不同角度检索网络信息资源。

(1) 交叉分类

传记资源的分类知识组织应用传统的中国图书馆分类法对其内容进行分

---

① Hodge G, "Systems of Knowledge Organization for Digital Libraries: Beyond Traditional Authority Files", http://www. clir. org/pubs/abstract//reports/pub91.

类,能实现同一内容、同一类型的传记资源得以聚类,实现用户从分类角度集中浏览和检索。比如,《中国图书馆分类法》就从研究内容的角度,将传记资源分为传记学理论研究和人物传记两大类。对于人物传记,再根据其所涉及的地理区域范围进行分类。而对于同一国别或地区的传记资源,既可以根据其文献类型和学科内容,进一步加以分类。

（2）职业及身份分类

除此之外,为从不同角度展示传记资源的关联性,可以将传主的职业、身份等列入传记资源的分类维度,从而实现对传记资源的多重列类、横向关联的效果。如表1传主职业及身份分类表。

表1　传主职业及身份分类

职　业	身　份
工商业	实业家/企业家、商人、银行家/金融家……
军事政治	政治家、军事家、外交家、官员/公务员、军官……
教育	教师/教授、学生、教育家……
文艺体育	作家、诗人、戏剧家、文学家、美术家、摄影师、音乐家、舞蹈家、画家、书法家、运动员、教练、导演、制片人、歌手、演员、艺人……
科技	建筑家、设计师、工程师、技师、数学家、物理学家、化学家、生物学家、农学家、天文学家、地理学家……
人文社科	哲学家、历史学家、翻译家、经济学家、法学家、社会学家、学者、思想家、心理学家……
卫生医疗	医生、护士……
新闻出版	出版家、报业家、记者、编辑、主持人……
宗教	和尚、道士、阿訇、神父、牧师……
社会	社会活动家、律师、慈善家……
其他	工人、农民、个体劳动者/自由职业者……

由于传主身份的多重性,在传记研究中对传主的身份的界定十分复杂,常常会涉及多重身份分类的问题。比如,张学良时任陆军一级上将,可以归入军事人物一类,但是由于他与杨虎城共同发动了历史上著名的西安事变,也可以归入社会政治人物一类。又如,查良铮(笔名穆旦),20世纪三四十年代,他创作了不少诗歌,而从20世纪50年代开始,他停止了诗歌创作,专门从事俄、英

诗歌翻译。因此,关注现代文学的研究者可能会认为他是诗人,应归入文学类,而翻译界则可能认为他是著名的翻译家,应归入语言文字类。活跃在19—20世纪的传主中,这种多重学科特征身份的传主尤为多见。因此,在对传主身份进行分类时,可以采取粗略分类的方法,也不必限定同一个传主只能有一个身份,可以根据传主本身的实际情况和传记资源组织的具体需求,给予同一个传主多个身份。

（3）国别分类

通常情况下,按国家或地区对传主进行分类时,可以依据其国籍。这可能会涉及多重国籍或国籍有过变动的传主,其国籍如何确定的问题。一般有两种做法,一是将传主的最新的或最后的国籍作为其国籍,二是将传主最初的国籍,作为其国籍。

另一种按国家或地区对传主进行分类的方法是依据其种群而分。比较常见的、按种群进行传主分类的传记研究资料有华裔人物传记资料、非洲裔美国人传记资料等等。

在几部使用范围相对广泛的图书分类法中,采取了不同的传主分类标准。比如,在《中国图书馆分类法》中,首先是根据传主的国别或地区,进行分类,对于同一国别或地区的传主,则依据其身份进一步按学科加以分类。而在《杜威十进分类法》（Dewey Decimal Classification, DDC）中,则主要是依据传主身份,将不同学科领域的传主的传记资料分别归类到各个学科分类中。

2. 主题组织法

主题法是按信息内容的主题名称来标引与组织信息的方法。由于主题标引具有直观性、特定性强等特点,且采用字顺来组织信息,符合用户在获取信息时方便性和易用性的要求,因此在信息资源组织中得到了广泛应用。主题法一般可分为标题法、叙词法和关键词法。标题法一般是将标题列举出来,直接供标引和检索选用;叙词法是采用受控语言作为标识,来表达资源主题概念的主题法。标题法和叙词法都需要专业人员事先编制词表,标引人员需依靠词表对语词进行选择、规范,增加了标引的成本,而且词表的制定、维护、修改也需要一个过程,这样就不可避免地带来滞后性,难以适应网络信息资源动态性强的特点。关键词法是一种直接以文献资源中能够表达主题概念的关键词作标识的准主题法,在标引时不必查表选词,不必依赖专业标引人员,可由作者或机器自动标引,因此标引速度快,成本低,能及时应用最新的词汇及最新的提法,不存在滞后性,因此,关键词法在网络信息资源组织中得到了广泛应用。

传记资源的主题法,可从学科主题词和传主姓名作为重点标引内容。我们知道,传记是以传主为研究和论述的主要对象,一般分为以多人为论述对象和以个人为研究对象两种类型。"多人列传主题标引侧重群体属性对应的学科主题词和多家、地区以及时代概念对应的主题词,而个人传记是以被传人姓名作为主题标引的重点。"①在多人列传主题标引时,应制定著录规则对标引的人物数量做明确界定,如:所涉传主数量少于或等于 10 人,应全部著录;多于 10 人的群传式传记资料,除著录前 10 名传主姓名,需在"描述"等字段中予以说明。

3. 主题图技术

主题图是一种新兴的数字化知识组织方式,"是一种用于描述信息资源的知识结构的数据格式,它可以定位某一知识概念所在的资源位置,也可以表示知识概念间的相互联系"②。主题图实际上在信息资源的上层构建了一个结构化的语义网,它独立于技术平台,描述主题之间的关系及主题与具体资源的联系,通过揭示概念之间的关系,将用户指引到相关的资源。

"主题图是由一系列主题(topic)、资源实体(occurrences)和关联(association)组成的节点,每个节点代表不同的知识,节点之间的连线表示知识与知识之间的逻辑关系。"③通过主题图,用户从某一节点出发,可以找到其他节点的位置,并了解节点与节点之间的关联关系。

T(主题)是要表达的任何对象,主题的属性包括主题名称和主题类型,在

---

① 赵萍萍,"从传记文献的主题标引谈文献主题标引规则",《现代情报》,2004 年第 6 期,137—139 页。

② 艾丹祥、张玉峰,"利用主题图建立概念知识库",《图书情报知识》,2003 年第 2 期,48—53 页。

③ 韩永青,《基于主题图的学科信息资源知识组织研究——以情报检索领域知识为例》(硕士论文),武汉:华中师范大学信息管理系,2009 年,14 页。

传记资源中,主题类型包括 person 和 work。

O(资源实体)即和主题相关的一个或多个信息资源。如"鲁迅"可以作为一个主题,鲁迅的自传、他传,以及鲁迅的所有论著等都是该主题的资源实体。可以将这些资源实体链接"鲁迅",当表示资源实体时,一般用 URI 表示。

A(关联)用来描述主题和主题之间的逻辑关联关系。

图 2 的主题图中,分别有两个主题。主题 1 是"曹聚仁","湖上杂忆"、"亲友回忆曹聚仁"和"鲁迅评传"等信息资源分别是曹聚仁的自传、他传及其著作。这些信息资源在主题图中表现为与"曹聚仁"这一主题相关的多个资源实体。主题 2 是"鲁迅",在"鲁迅"这一主题之下,也包括了"鲁迅评传"在内的多种相关的自传、他传、著作等多个资源实体。通过主题图,可以看出"鲁迅评传"这一信息资源既是曹聚仁的著作之一,也是鲁迅的他传之一,这样一来,就将"曹聚仁"和"鲁迅"这两个主题之间的内在联系显示出来。

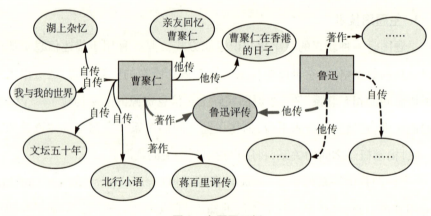

图 2　主题图示例

四、结　语

数字网络环境下,信息资源的组织既要统一、规范地描述传记资源的内容和外观特征,以实现资源本身的规范描述和多角度揭示,又要构建多元化又具有兼容性、互操作性的传记资源元数据体系,以便与其他各种信息资源的统一检索、利用和关联。本文提出信息组织和知识组织相结合的方法进行传记资源的组织,并引入主题图的技术,用知识表现语言来表现知识结构。作为多种文献类型的资源集合,传记资源的组织,比单一文献类型资源的组织更加复杂,故有必要对传记资源的组织方法不断深入研究,使传记资源能够更快捷、准确地满足传记研究的需要。

李　芳　1970 年生,硕士,上海交通大学图书馆副研究馆员,主要从事图书馆学领域研究,发表文章 30 余篇,出版学术专著 3 部,最近出版的专著有《学科信息资源建设方法》。

彭　佳　1979 年生,硕士,上海交通大学图书馆馆员,主要从事图书馆学领域研究, 发表文章 8 篇,参编著作 2 部。

本文为国家社科重大项目"境外中国现代人物传记资料整理与研究"(编号:11&ZD138)阶段性成果。

概论欧洲第一部关于蒋介石的传记

唐玉清

内容提要：谢寿康的《蒋委员长的幼年和青年时代》用法文写成，抗日战争时期在欧洲出版，被认为是欧洲第一部关于蒋介石的传记。特定的历史环境、预设的受众群体和作者本人的文学经历都影响到了这本传记最终生成的面貌。

关键词：谢寿康　蒋介石传记

《蒋委员长的幼年和青年时代》(*Le maréchal Chiang Kai Shek, son enfance, sa jeunesse*)，1941 年用法文在比利时出版，随后分别于 1942 年和 1947 年再版，是欧洲流传的第一步关于蒋介石的传记。作者 Dr. C. K. Sié，中文名为谢寿康(1897—1974)，谱名亦銮，字次彭。江西赣州人，出身书香门第，1912 年考取江西省官费留学生，遂赴欧洲深造。起初进入比利时自由大学攻读政治经济学，后转到法国巴黎获得学士学位，1918 年入瑞士洛桑大学攻读政治学硕士学位，1923 年又入比利时布鲁塞尔大学，之后获得经济学博士学位。其间和吴稚晖等人在巴黎组织中法教育会，接待赴欧的中国留学生[1]。1921 年参与组织里昂中法大学留法勤工俭学学生运动之后[2]，辗转到德国活动。他较早接触

---

[1]　谢寿康一直关爱那些有才又贫穷的中国留学生，在他后来比利时公使任上，得知比利时皇家美术学院还有一个庚款助学金名额，立即告知当时在巴黎深陷困顿的吴作人，并引荐了皇家美术学院院长巴天斯教授做他的导师，由此才奠定了以后吴作人的辉煌。吴作人后来深情地追忆了这段往事，参考吴宁，《吴作人》，湖北美术出版社，2003 年。

[2]　Nora Wang, *Emigration et Politique, Les étudiants-ouvrierschinois en France* 1919–1945, Paris：Les Indessavants, 2002, pp. 161–240.

共产主义思想,成为当时欧洲留学生中主要的活动家。1929 年学成归国,成为国立中央大学文学院院长。1930 年任中国驻比利时公使馆代办。1933 年奉调回国,任国民政府立法委员等职。1941 年出任中国驻瑞士公使馆代办。1942 年,中国与梵蒂冈建交,谢寿康被任命为中国驻罗马教廷第一任公使。1949 年后举家迁往美国纽约,之后又回台湾供职。纵观谢寿康一生,不仅有着丰富的外交经历,还是一个卓有成就的文人,当时他的法文作品经常在法国和比利时的报刊上发表,颇受欢迎。

这本传记的成书是有其特殊的历史背景和文化原因的。1937 年抗日战争爆发初期,国民政府急切需要国际援助,但是西方民主国家并没有切实行动。克罗泽在其《蒋介石传》中写道:"第二次中日战争的头五个月出现的不仅是包括中国首都陷落在内的灾难性军事失利,而且还有外交上的大失所望。"①为了争取外援,蒋介石派出众多高层人士出访欧美。年前被派往欧洲的国防参议会成员蒋百里,力荐长期在欧洲活动并在当地享有一定盛名的谢寿康。10 月,谢寿康出任赴比利时文化考察团团长,秘密赶赴欧洲进行抗日宣传。正是在这样的条件下,为了扩大国际上对中国国民政府和蒋介石本人的了解,谢寿康用法文完成了《蒋委员长的童年和青年时代》一书,而这些历史背景也形成了这本传记独有的一些特点。

为西方人写一本蒋介石的传记,在受众很明确的情况下,作者在具体论述的时候也是从这点出发的。比如,开篇即以孟子"天将降大任于斯人"的圣人论出发,选取的《孟子》拉丁文和法文对照译本是汉学家顾赛芬神父②的。从明末来华传教士那代人开始,很多人将中国的经学著作翻译成外文,到 20 世纪 30 年代,法文和拉丁文就存有多个版本,但是公认的优秀者是顾赛芬的翻译。谢寿康选此版本,一方面凸显了作者对当时欧洲汉学研究的了解,另一方面也让本书有了一个高起点。

---

① 布赖恩·克罗泽,《蒋介石传》,封长虹译,北京:国际文化出版公司,2001 年,200 页。
② 顾赛芬神父(Seraphin Couvreur,1835—1919)是 19 世纪末法国著名经学翻译家。他曾经翻译了《四书》《诗经》《书经》《礼记》《左传》和《仪礼》等。英国的理雅各,法国的顾赛芬和德国的魏礼贤并列为汉籍欧译三大师。

时代背景和写作目的决定了本书的倾向和内容。在针对西方受众的情况下,作者又急于说明蒋介石的成就是中国传统文化的力量,所以书中存在很多对常见的中国传统因素所作的额外添加和注释,比如讲到蒋家为了方便过往的行人设立了"凉亭"提供茶水,后面就详细的解释了何谓"凉亭"。

对于百日维新、辛亥革命、军阀割据等中国近现代史的细致交代,也是服务于这个特定的受众的。比如书中用不少篇幅,通过蒋介石和陈其美的问答详细解释了孙中山的革命理念和三民主义①。显然作者不仅希望他们了解当前领导中国抗日战争的领袖,更想展示这个大人物借以养成的中国深邃的文化和近代革命的历史,甚至附上了与传记本身不大相关的天坛、长城、孔庙等照片。

另外,作者对蒋介石的记录突出了在家庭关系中作为一个儿子和之后作为一个父亲的形象,从家庭的角度来写蒋介石传也是为了迎合欧洲的人伦理念,比如教育幼年经国不可多吃糖的慈父形象。而本书也以在蒋介石处理完母亲的丧事,即将离开溪口时给两个儿子的一封信作结尾,蒋在信中写道:"我为人子的任务随着我母亲的葬礼基本完成了,接下来我要全身心地投身到为国家的服务。……我要走了,这次真的不知道什么时候才能回来。……你们兄弟俩好好保管这封信,就当是一份家的记忆。"②

作者列举了蒋介石所做的一些为中外所知的大事,比如继承孙中山的理想革新了中国,娶了"完美的贤内助"宋美龄,发起了"新生活运动"等,进而认为人们在很大程度上忽略了蒋介石的能力源于何处,也就是要寻找这些能力的源头,"简而言之,就是他的教育"。关于这个问题谢寿康在欧洲做过几次演讲,也写过一些文章。在他看来朋友师长的引导和母亲的教育是蒋介石成为大人物重要的两个方面,把陈其美对蒋介石的影响与孙中山对蒋介石的影响相提并论③,尤其是特别强调了兼容传统理学和西方新学的顾清廉(KuoTsin Lien)对蒋介石的影响。

蒋介石坚持认为在人生的初期,他的母亲为他做了很多,也承受了很多。

---

① Dr. C. K. Sié, *Le maréchal Chiang Kai Shek, son enfance, sa jeunesse*, Berne:Collection "Chekiai", 1942,pp.104-122.

② Ibid., pp.187-188.

③ 我们注意到本书扉页题词是"向陈立夫(陈其美的侄子)致敬"。

作者有感于此,认为"在这本小书里面,(作者不仅试图描述)蒋老夫人是如何带着无可比拟的尊严度过那段艰难时期的,还要展示她利用这些苦难,根据那些古老的圣训来教育自己儿子的"①。

本书中的蒋母出身文人家庭,她时常会引导儿子听取圣人的圣训,如考察蒋介石的《论语》学习的时候,问:"你知道孔子为什么最喜欢一个叫颜回的学生吗?"②而在过年祭祖的时候,她又会提醒儿子圣训中对祖先和神的敬畏:"祭如在,祭神如神在。子曰:'吾不与祭,如不祭。'"(《论语·八佾》)这样的一个母亲还直接影响到儿子接近佛学。作者在引用大段佛经经典片段,并逐一翻译的基础上,多次描述了母子两个共同研读佛经的场景。

谢寿康在写作的时候隐去了蒋母二婚的事实,提升了她母家的家传文化教育。这部对外的传记决定了它必然会美化蒋介石的个人历史。这点在开篇对蒋姓的历史考据阐释中即已表露无疑。作者将浙江溪口蒋姓的历史一直追溯到周天子,就像帝王传一样展现了这个家族的高贵血统。除此以外,作者选取的资料来源对叙述的这种倾向也有影响。书中提到在1937年9月作者启程赴欧洲宣传抗日的时候,蒋介石办公室的主任陈布雷给他看了毛思诚编写的20卷的《蒋介石传记》③,他从中汲取了自己所需要的资料信息。毛思诚从一个秘书和老师的角度来记录的蒋介石本身不会有很多负面的因素,谢寿康在将它们整理成自己的传记作品的时候自然有了类似的记录并进一步美化。比如与毛氏的婚姻不经意间一句带过。而在蒋介石的少年求学历史中也重点采用了正面的因素,比如早慧、勤奋,等等,又不时插入了他的诗词使其形象得到全面提升。

最后,这本传记深受作者戏剧家、文学家的身份影响,很多地方将叙述戏剧化了。蒋氏家庭长辈中除了母亲,书中提到最多的是经常和幼年蒋介石一起散步的祖父蒋斯千,他经常把饥饿的陌生人带回家给一碗米饭。某日,蒋介石问:

---

① Dr. C. K. Sié, *Le maréchal Chiang Kai Shek, son enfance, sa jeunesse*, p. 14.

② Ibid., p. 63.

③ 20世纪20年代至30年代,蒋介石陆续将自己的日记、来往函电、文稿等许多资料交给他的老师和秘书毛思诚保管。毛即利用这批资料编辑成《民国十五年以前之蒋介石先生》于1937年3月出版。

"祖父,您认识这个人吗?""不要说这个人,元元,小孩子应该懂礼貌。""您认识这位先生吗?""不认识。""那您为什么要带他到这里来吃饭?""因为他饿了,而饥饿让人很痛苦。""那么,我们应该给那些饥饿的人饭吃,就像妈妈在我饿的时候让我吃饭一样。"①而在其祖父去世,蒋母艰苦独撑蒋家的时候,蒋介石问呆坐在椅子上的母亲:"母亲,是我让你哭了吗?"

> "不是因为你,再说了,我也没哭。"
>
> "但是您坐在那里什么都不做。"
>
> "我在想……"
>
> "大概是在想那些伤心的事情。"
>
> "别管我好吗? 我要去干活了。"
>
> "想父亲……想祖父……"
>
> 听到这,蒋老夫人再也抑制不住,抽噎着哭起来。
>
> "妈妈,妈妈,不要哭,不要哭,我在这儿。"
>
> "宝贝,小宝贝。"
>
> 她把儿子拥在怀里,拥了很久,紧紧地拥抱着。②

类似这样戏剧性的大段对话在这本不足 200 页的小书中还有不少。作者熟知中国传统文化,又深受西学的影响,留学期间就和徐悲鸿等人组织了著名的"天狗会"③。在写作本书之前,其文才已经为中外文人所肯定。除了将比利时

---

① Dr. C. K. Sié, *Le maréchal Chiang Kai Shek, son enfance, sa jeunesse*, pp. 43 – 44.

② Ibid., pp. 61 – 62.

③ 苏立文(Michael Sullivan)在其相关著作中提到,"天狗会"原先是为了嘲弄国内刘海粟为首的"天马会"的严肃教条而出现的,但是徐悲鸿的加入让其有了保守的色彩,并妨碍了早年留法艺术家向往的艺术自由和艺术现代性,不久即瓦解(参见迈克尔·苏立文著,陈卫和、钱岗南译:《20 世纪中国艺术于艺术家》,上海:上海人民出版社,2013 年)。蒋碧薇也在她的回忆录里面提到了"天狗会"成立的细节(参见《蒋碧薇回忆录》,上海:学林出版社,2002 年)。谢寿康与徐悲鸿等人过从甚密,不仅成立了"天狗会",在日常生活中多有互助。有记载,1932 年"一·二八抗战"徐悲鸿将 41 幅画作交谢寿康,请他在比利时办画展,表达国人抗日救国的决心(参见王震:《徐悲鸿年谱长编》,上海:上海画报出版社,2006 年)。

剧作家代表作翻译成中文①之外,1924 年他的博士论文《法国战时公债》(*Les Emprunts de Guerre Française*)在比利时刊印;五幕悲剧《李碎玉》(*Le Jade Brisé*)于 1927 年 3 月 27 日在布鲁塞尔公演引起轰动。当时中国驻日内瓦名记者戈公振专门赴布鲁塞尔采访他,并在 4 月 20 日的《申报》发表《中国文艺家谢寿康在欧洲之荣誉》。本剧于次年出版。之后他又出版了《东方西方,交互映像》(*Est-ouest, Refletscroisés*, 1932);《中国精神之于种族问题》(*L'espritchinois en face du problème des races*, 1939)等。

正是这些文学成就让谢寿康于 1926 年当选为比利时皇家语言文学院院士,他是历史上第一个获此殊荣的华人。而该院对于《蒋委员长的幼年和青年时代》一书的评价亦可作为以上分析的参考结论:"本书是部赞美词,但更为重要的是对一个人物资料翔实的研究,而这个人在谢寿康看来是本民族自由和独立的象征。"

唐玉清 南京大学文学院副教授,巴黎第三大学文学博士。主要研究方向是法国现当代文学和中法比较文学,已发表专业论文和译文多篇,译著数部。

本文为国家社科重大项目"境外中国现代人物传记资料整理与研究"(编号:11&ZD138)阶段性成果。

---

① 1931 年,商务印书馆分别出版了谢寿康翻译的比利时剧作家范聚普的《阶段》(*Les Etapes*)和《播种》(*Les Semailles*)。

论王鼎钧的回忆录写作

史建国

内容提要：王鼎钧的回忆录四部曲出版后引发学界广泛关注。从文本看，王鼎钧的回忆录有着清醒的文体意识，他曾专门著文指出回忆录同自传的区别。他对素材的剪裁、对语言的追求、对表现手段的合理调用使得他的回忆录既真实又精彩耐读。同时，作为一名基督徒，他不仅在回忆录中直接叙及宗教对其人生的影响，更处处流露出一种润物无声的宗教情怀。

关键词：王鼎钧　回忆录　写作艺术　宗教情怀

王鼎钧是当代著名的华文文学作家，在散文领域跟余光中齐名，享有盛誉，人称"鼎公"。1999 年《王鼎钧散文》由江苏文艺出版社出版时，楼肇明先生曾有一番话："人们熟悉作为散文革新家的余光中的名字，而另一位也许艺术成就更大、意境更为深沉博大的旅美华人散文家王鼎钧，则是为大陆读者所知不多和相当陌生的了……"①这一方面高度肯定了王鼎钧的散文成就，另一方面也为王氏在大陆的"不知名"颇感遗憾。而随着王鼎钧作品不断在大陆出版，学界对他的关注也日渐增多。迄今为止，不仅已经召开过两届"王鼎钧文学创作国际学术研讨会"、成立了"王鼎钧文学研究中心"，而且越来越多的研究生也开始将王鼎钧作为自己学位论文的研究对象。2013 年，三联书店推出"王鼎钧作品系列"共两辑 16 册，更是掀起了一股王鼎钧热。从 1992 年至 2009 年，王鼎钧陆续推出其回忆录四部曲《昨天的云》、《怒目少年》、《关山夺路》与《文

---

① 楼肇明，"谈王鼎钧的散文"，《王鼎钧散文》，杭州：浙江文艺出版社，1999 年，1—2 页。

学江湖》,此四部曲在台湾出繁体字版时已经颇受追捧,而今三联出版此四部曲的简体字版更是引起读者广泛关注,许多读者和批评家都将之同齐邦媛的《巨流河》相提并论,认为仅一部《文学江湖》就不逊于《巨流河》。本文试从文体意识、写作艺术与宗教情怀三个方面对王氏回忆录四部曲作一论析。

一、文体意识

王鼎钧是一位"跨界"写作的作家,在他创作的"风雨阴晴"半个多世纪里,小说、诗歌、散文、剧本等各种文体均有所涉猎,而回忆录则是王鼎钧倾情为之的"最后一本书"。对这"最后一本书",王鼎钧是有着明确的文体意识的。在《昨天的云·小序》里他写道:"我听说作家的第一本书是写他自己,最后一本书也是写他自己。'第一本书'指自传式小说,'最后一本书'指作家的回忆录。"①而在《写在〈关山夺路〉出版以后》这篇文章中,他更是谈到了之所以要写"回忆录"而不写"自传"的原因:"多少人都写自传,因为人最关心他自己;可是大部分读者并不爱看别人的自传,因为读者最关心的是他自己,所以这年代,人了解别人很困难。我写回忆录在这个矛盾中奋斗,我不是写自己,我没有那么重要,我是借自己的受想行识反映一代众生的存在。希望读者能了解、能关心那个时代,那是中国人最重要的集体经验。所以我这四本书,不叫自传,叫回忆录。"②

自传和回忆录,作为传记领域中的两种重要文本,常常被混淆。关于两者之间的关系,也有不同说法。从广义上来讲,自传包括回忆录、日记、书信、随笔等文本,而从狭义细加区分的话,自传和回忆录又有区别。前文所引王鼎钧的话,就表明王鼎钧是清醒地意识到了回忆录跟自传的差异性的。而一些研究王鼎钧回忆录的文章则又偏偏消弭了这种差异性。比如一篇题为《王鼎钧回忆录研究》的硕士论文中就说:"他的这四部作品虽然以回忆录命名,但与严格意义上的自传作品一样,用'话语'语言而非历史语言叙述了作者个人自童年至移民美国之前的

---

① 王鼎钧,"昨天的云·小序",《昨天的云》,北京:生活·读书·新知三联书店,2013 年,1 页。

② 王鼎钧,"写在《关山夺路》出版以后",《关山夺路》,北京:生活·读书·新知三联书店,2013 年,272 页。

个体的生命历程,表现了作家的个性特质并完成了对自我人生镜像的不断重新塑形与叙述,在此意义上看,他的创作和自传作家菲利普·勒热讷对自传下的'某个现实中人以自己的实际经历写就的散文体追溯性叙事,写作重点须放在某个人生活,尤其是个性的发展史上'这一定义是符合的……"并且因此,"本论文研究王鼎钧的回忆录,将其回忆录纳入自传研究范围……"①且不说在新历史主义的理论观照之下文学话语同历史话语之间的界限早已被打通,历史原本就没有自己独立的话语体系,而用"'话语'语言"(文学话语?)叙述个体生命历程似乎也很难算得上是"严格意义上的自传作品"的关键要素。恰恰相反,用"'话语'语言"写出来的自传作品,假如对文学话语的虚构与想象没有设置一个合理界限的话,那就成了小说。尽管也有"自传体小说"的说法,但若真实性遭到了虚构的过度侵蚀,那么也就构成了对传记的消解,从某种意义上说,自传体小说只是传记领域的边缘文本,里面所叙的人与事并不能够与作者本人经历对号入座。当然,广义上说"一切作品都是自传",比如法国作家法郎士就说"所有的小说,细想起来都是自传"②,中国现代作家郁达夫也说过"文学作品都是作家在自叙传",那是另外一个层面的问题了,在此姑且不论。我想说的是,既然王鼎钧在写作回忆录之初就刻意强调自传同回忆录的区别,那么我们在对待其回忆录时也有必要对这种文体特征给予充分的关注。

菲利普·勒热讷在其《自传契约》一书中曾专门论及自传同回忆录的区别,他引用《19世纪通用大词典》中的"自传"条目写道:"长久以来,不论在英国还是在法国,政治、文学和艺术界名人所留下来的关于他们自己生活的叙事和回忆被冠之为回忆录。但是久而久之,在海峡的另一端,人们把这其中某些更多的关于人而不是关于事件的回忆录取名为自传。在许多人看来,自传理所当然地属于回忆录;但在这类作品中,作者给予当代事件、给予历史本身的比重经常要比作者个性的比重大得多,因此称之为回忆录比称之为自传更为恰当。"对此他进一步明确说:"在回忆录中,作者表现得像是一个证人:他所持有

————————————

① 时立香,《王鼎钧回忆录研究》,福建师范大学硕士学位论文,2012。
② 杨国政,"自传契约·译者序",《自传契约》,北京:生活·读书·新知三联书店,2001年,1页。

的,是他的个人的视角,而话语的对象则大大超出了个人的范围,它是个人所隶属的社会和历史团体的历史。除了一些斗胆把个人的历史等同于世界的历史的天才人物的情况外,回忆录中不存在作者和被论述主题的同一。相反,在自传中,话语的对象就是个人本身。"①而反观王鼎钧的回忆录写作,他的这种文体意识是非常强的。除了上面所引他直接谈论自己写回忆录而不写自传的话之外,他还以一种文学的语言对回忆录这种文体进行界说:

> 有人说,他的一生是一部史诗。
>
> 有人说,他的一生是一部长篇小说。
>
> 有人说,他的一生是一部连续剧。
>
> 我以为都不是。人的一生只能是一部回忆录,是长长的散文。
>
> 诗、剧、小说,都有形式问题,都要求你把人生照着他们的样子削足适履。
>
> 而回忆录不预设规格,不预谋效果。
>
> 回忆录是一种平淡的文章,"由绚烂归于平淡"。诗、剧、小说都岂容你平淡?②

从中可见,王鼎钧不但意识到回忆录和自传在写作内容侧重上的不同之外,也指出了回忆录的一些本质性的要素。简单来说,那就是自传是以"自我"为中心的,"自我"始终是主角,而回忆录中"自我"就可以相对淡出,写作的内容有时可以不属于自传,反而成为建构他人传记的重要材料,或者成为建构民间历史记忆的重要组成部分。"我写回忆录不是写我自己,我是借着自己写出当年的能见度,我的写法是以自己为圆心,延伸半径,画一圆周,人在江湖,时移势易,一个'圆'画完,接着再画一个,全部回忆录是用许多'圆'串成的。"③"我"

---

① 菲利普·勒热讷,《自传契约》,杨国政译,北京:生活·读书·新知三联书店,2001 年,4—5 页。
② 王鼎钧,"昨天的云·小序",3 页。
③ 王鼎钧,"代自序 有关《文学江湖》的问答",《文学江湖》,北京:生活·读书·新知三联书店,2013 年,3 页。

只是圆心，只是跟所写人和事发生勾连的那一点。而这种勾连或隐或显，或直接或间接，跟"我"的关系或密切或疏离。这一点在他的《文学江湖》中体现得尤为明显，这本回忆录中王鼎钧对自己避居台岛后的家庭、职业、郊游、宗教信仰等问题都统统舍弃，只写文学生活。内中对胡适、张道藩、魏景蒙的回忆都可成为胡适等人传记资料的重要组成部分，而对台湾反共文学浪潮、现代文学潮流、乡土文学漩涡的回忆则可以成为建构文学史的第一手资料和重要参照。同时，他强调回忆录是散文，而非诗、剧、小说，也就强调了回忆录的真实、保留历史原生态的特征，不需要刻意营造跌宕起伏，也不需要刻意粉饰雕琢。理解王鼎钧对"回忆录"所持有的这种清醒的文体意识，是进入王鼎钧回忆录内部世界的一个前提，否则就不容易理解他在"写什么"与"怎么写"当中所发生的一系列问题。

二、写作艺术

王鼎钧说"回忆录是一种平淡的文章"，是"长长的散文"。的确，这种文体不需要刻意虚饰，客观、真实、保存有价值的史料是其最高的价值追求。可是这并不意味着回忆录就只能平铺直叙，写成流水账。况且回忆录也是需要读者的，一部作品假如没有了读者，退出了传播的链条，那从传播学的意义上说它就"死"掉了。曾经在广播、电视领域浸润多年的王鼎钧对听众、观众或者读者的反应是非常看重的。他说："亲爱的读者，请听我一句话：表演事业需要鼓励，作家写作也是一种表演，他和演员、音乐家一样需要掌声，大家热烈鼓掌的时候，作家、演员、歌手都是小孩子。"①从这样一种观念出发，王鼎钧尽管认为"回忆录是一种平淡的文章"，真实是其旨归，但在写作过程中还是尽量将其写得"不平淡"，因为太过平淡的话，没滋没味，读者就未必读得进去。所以，他一方面非常注重选材，另一方面也注重对语言的追求和艺术表现手段的合理调用。

有学者认为回忆录有"公撰"和"私撰"两类，"'公撰'是有组织的集体写

---

① 王鼎钧，"写在《关山夺路》出版以后"，275 页。

作方式。撰者一人的叙述,有一班人马帮助记录整理,查找核对资料,分头撰写成章……但这类回忆录,忌讳最多。一旦牵扯到事主的历史作为,则都是相当敏感的,往往不免隐恶扬善,文过饰非,挟加私笔"。而"'私撰'完全是个人化的写作。因是撰者亲力亲为,文责自负,忌惮较少,思想放的较开……但由于当事人缺乏原始资料的参考,记忆的错讹之处在所难免……"①照此看来,王鼎钧的回忆录当然属于"私撰"。而他对"私撰"的优缺点也了然于胸。他的回忆录写作开始于退休多年以后,因为他很清楚"回忆录的无上要件是真实"。而"退休的人退出名利的竞技场,退出是非漩涡,他说话不必再存心和人家交换什么或是间接为自己争取什么……"这样才能够写出"真实",因为"这时他已没有资格参加说谎俱乐部"②。当然,没有功利目的还只是写真实的基本条件。作为一种个人化写作,要做到真实,仅凭记忆是不够的。王鼎钧的回忆录跨度长达半个多世纪,中间夹杂着多少战争硝烟、政治运动、人事浮沉,即便王鼎钧在50 年代初期的台湾经常被要求写自传,因而将自己的自传背得滚瓜烂熟,可是那些淹没在历史尘埃里的细节要想真实还原,仅仅依靠记忆也是无论如何没法实现的。而这些就需要通过阅读来补足。为此,王鼎钧大量阅读战史、地方志以及名人回忆录,尤其是大陆各地政协、文史办公室编辑的《文史资料》为他的回忆录写作提供了巨大助力。王鼎钧的这种"写真实"的努力获得了广泛的肯定。他超然于党派之争以外,以一种阅尽沧桑的姿态娓娓忆旧,"没有政治立场、没有阶级立场、没有得失恩怨的个人立场,入乎其中,出乎其外,居乎其上,一览众山小"③。能不能做到或者究竟能在何种程度上做到姑且不论,但写作之前先有了这样一种超越的意识,就已经成功了一半。而从出版的回忆录来看,他的这种努力所取得的成绩是有目共睹的。

当然,"真实"只是优秀回忆录作品的必备条件。那些原生态的经历和素材是散乱的,尽管真实,但却只有经过合理的剪裁和组织才能够变成回忆录。王鼎钧显然深谙此道,他曾有言:"我们常说文学表现人生,我想,应该说文学

---

① 王海光,"回忆录的写作与当代史的存史",《理论学刊》,2007 年第 4 期,98 页。
② 王鼎钧,"昨天的云·小序",3 页。
③ 王鼎钧,"写在《关山夺路》出版以后",271 页。

表现精彩的人生,人生充满了枯燥、沉闷、单调、令人厌倦,不能做文学作品的素材。"那么什么是"精彩的人生"? 王鼎钧也从"对照"、"危机"、"冲突"三个方面进行了分析。他举例说国共拉锯战时,拉锯区的乡公所办公室会挂一个画框,一边毛泽东,一边蒋介石,随时可以翻过来。这就是"对照",也很"精彩"。还说解放军进攻天津时自己和一帮人躲在地下室里,一颗土制手榴弹扔下来,滚到大腿边却没有爆炸——这也是"精彩"——古远清先生说王鼎钧的"散文中充满了'令人爱'的小故事"①,这是王氏散文的特色之一。其实这也是许多散文家常用的技巧,比如余秋雨在"文化散文"中,也常常在发表过一番文化的感叹之后穿插几个相关的小故事。这种"令人爱"的小故事的穿插,可以有力地凝聚读者的阅读兴趣,增强散文的知识性与趣味性。而在回忆录写作中,漫长的回忆如果没有一些"精彩"的生活细节或是小故事穿插,那么读来就会索然无味,令人昏昏欲睡。

作为一位散文家,王鼎钧也非常重视语言的运用。回忆录当中的故事、材料这些属于"史"的部分当然是读者最关注的,可是这些史料如何讲述出来,则需要作家精心设计,而这才是"文学话语"的最重要看点。在"如何讲"方面,语言的表现力显得尤为重要。王鼎钧曾说:"我应该有自己的语言,我不必第一千个用花比美女。办不到,我不写。"②足见他对语言的重视。在《昨天的云》当中他曾述及自己跟随"大老师"荆石先生学习作文的经历。荆石先生反对当时流行的"新文艺腔调",主张"文笔一定要简洁","提倡质朴,反对矫饰,重视内容"对王鼎钧产生了深远的影响。半个多世纪以后王鼎钧还记得,当年有次他的作文中写道"金风玉露的金秋已过,天高气爽的重阳未至"。结果被荆石先生毫不留情地画上了红杠子,在旁边改成"今年八月"③。从小所受的这种严格的语言训练,深深影响到了王鼎钧的语言风格。他文言文功底深厚,白话文也相当纯熟,诉诸笔端便形成朴实无华、淡雅自然的语言风格。既不俗白,又不佶屈,字里行间流露出一股淡淡的书卷气,别有一种风味在。例如他写自己在

---

① 古远清,"王鼎钧:台湾一流散文家",《散文鼎公》,北京:中国华侨出版社,2012 年,206 页。
② 王鼎钧,"写在《关山夺路》出版以后",271 页。
③ 王鼎钧,《昨天的云》,北京:生活·读书·新知三联书店,2013 年,56—58 页。

上海解放前夕的混乱中仓皇登舟离开大陆时的情景写道:"船上的滋味真好,
'苦厌尘沙随马足,却思风浪拍船头'。我并不知道船往哪里开,只要开走就
好。行走比停留好,道路比房屋好,海水比陆地好,漂浮比沉默好。三年半我奔
波了六千七百公里,累了! 而今而后,但愿能找到一尺土地可以站着不动,我再
也不打算向外迈出一步。"①短短一段话中蕴蓄着百般人生况味,战乱奔袭的那
种疲惫,仓皇脱困的那种侥幸,向往平静生活的那种迫切……都一一流露出来。
内蕴丰富的同时语言也平实雅致而富有节奏感,短句的运用尽显语言的简洁,
排比的使用也使得语言层次清晰,情感细密生动、耐人寻味。

在王鼎钧的回忆录中,除了语言常常为其所忆之事增色添彩之外,合理使
用艺术表现手段也是其特色之一。电影叙事中常用蒙太奇就常被王鼎钧借用
来表达时间的流逝。王家是传统的耕读世家,而牲口是家中必备的生产资料,
不仅可以当作交通工具,而且可以用来犁田。王鼎钧就用家中牲口的变换来表
达家道的中落和时间的流逝:

> 我记得,我家后院,梧桐树附近,曾经有一个敞棚,棚下有长方形的石
> 槽,槽上拴着两头骡子。……
> 然后,我仿佛记得,骡子不见了,石槽旁拴着两头黄牛。……
> 后来,不知怎么,牛已不见了,只剩下一头驴子。……
> 最后,我离开家乡的时候,我家已没有驴子。②

再如他记得幼时家里曾经有一位使女,而自己跟这位使女的关系并不太融洽,
时间就这么一页页翻过:

> 由我穿开裆裤,到穿合裆裤。……
> 由我可以随地小便,到我必须在后院的粪堆上撒尿。

---

① 王鼎钧,《关山夺路》,北京:生活·读书·新知三联书店,2013年,267页。
② 王鼎钧,《昨天的云》,19—21页。

由我可以跟女孩子一同游戏,到我跟她们划清界限。

由我必须请她帮我摘石榴,到我自己可以摘到石榴……①

这种蒙太奇手法的借用,极大地丰富了回忆录的表现力。语言简洁而富有画面感,往事如电影镜头一幕幕翻过,时间也在镜头的转换间流逝。这样的艺术手法省去了繁冗的絮絮介绍,让读者感到清新怡人。既不损伤真实,又使回忆录变得"好看"。类似艺术手段的运用,也是王鼎钧回忆录获得成功的原因之一。可以说朴素精致的语言、"令人爱"的小故事和丰富的艺术表现手段,三者共同支撑起了王鼎钧回忆录写作的艺术世界。

三、宗教情怀

王鼎钧出生在一个基督教家庭中,他的母亲是一位虔诚的基督徒,参与创办兰陵教会,并曾把家里的一排房子借给兰陵教会使用。王鼎钧本人也于14岁时受洗皈主。他曾写过《天心人意六十年》一文,内中具体回忆了自己的信仰旅途。虽然他的一生辗转流徙,人生观不断修正,但他却始终是一个基督徒。当然,作为一个受过科学教育的人,科学的训练会时时冲击他的信仰,而流转途中教会不同派别之间的歧异也常常会对信仰造成冲击,但有三句话却使他的信仰坚持了下来。第一句话是:"没有神迹,仍然有上帝。"第二句是:"没有教会,仍然有上帝。"第三句话是:"没有《圣经》,仍然有上帝。"前两句是当年他从家乡一位侯姓长老那里得来的启示,而第三句话则是王鼎钧本人的思考。对宗教的信仰贯穿了王鼎钧的一生,当他步入晚年,提笔忆往的时候,我们也发现,在他回忆录的字里行间,也贯穿着绵延不断的宗教情怀。

王鼎钧的回忆录当中有许多篇幅直接写到了家人和自己的宗教信仰。比如在《昨天的云》中,就专门写了《母亲的信仰》一节,具体回顾山东省尤其是兰陵镇的基督教发展概况。而当抗战烽烟升起,开始流亡逃难的时候,他们一家

① 王鼎钧,《昨天的云》,21页。

也曾多次得到过教会的庇护。当然内中也写到了他的信仰在辩难中坚持的许多细节。作为一个受过中国传统文化熏染又曾接受过近代科学启蒙的知识分子，要去相信上帝的存在，并坚持自己的信仰，有些关节是必须要过的。一味回避，无济于事。当年在家乡时，兰陵镇上一位"明白人"潘子高先生曾经将新旧约看过一遍，然后告诉王鼎钧："基督教谈人道不如儒，谈神道不如佛。"王鼎钧急忙转告母亲，"母亲沉吟片刻，认为潘先生的话有道理，'可是，他的话也证明基督教谈人道胜过了佛，谈神道胜过了儒'"①。这是王鼎钧第一次面对对基督教的质疑性评价，而母亲聪明的回答则理顺了他的疑惑。当然，真正对他的宗教信仰产生更深层震动的是在阜阳二十二中所学的各种科学知识。基督教神学认为人和万物都是上帝创造的，而化学课上老师却讲化学元素互相化合成种种物质，并且还可以用实验证明。这使得王鼎钧的宗教信仰面临了有生以来最严重的危机。不过教化学的滕清芳老师一句话"哲学研究神的意思，科学研究神的方法"则如电光火石般照亮了他的内心世界，因为"这句话调和了科学与神学的冲突"，让他意识到"神造论和进化论也未必一定要你死我活"。后来王鼎钧说："那时，这两句话既维系了我对基督的信仰，也强化了我对科学的尊敬……"②

除了对于自己宗教经历的这种直接叙写之外，更重要的是在他的回忆录中时时贯穿着一种宗教情怀。王鼎钧甚至将写作回忆录这一活动本身就当作是一种"告解"："用天主教的'告解'作比喻吧，说出来就解脱了。天主教徒向神父告解，我向读者大众告解。写回忆录是为了忘记，一面写一面好像有个自焚的过程。"③当然写作作为一种精神活动有时也可能跟宗教信仰发生"冲突"。写作强调独创，讲究言前人之未能言，即便前人已有言，那也希望能够另辟蹊径写出新意，而宗教信仰则不强调甚至会压抑"创新"："我再表白一次，我不能说跟别人完全一样的话，我是基督徒，我曾经报告我的牧师，请他包容我，一个作家，他说话如果跟别人完全相同，这个作家就死了！做好作家和做好基督徒有

---

① 王鼎钧，《昨天的云》，215 页。
② 王鼎钧，《怒目少年》，北京：生活·读书·新知三联书店，2013 年，41—42 页。
③ 王鼎钧，"代自序 有关《文学江湖》的问答"，4 页。

矛盾,好基督徒要说跟牧师一样的话。说跟教友一样的话,作家不然……"①如果从语言和创新方面来说,那么的确可以如王鼎钧所言"做好作家和做好基督徒有矛盾"。但基督徒身份和作家身份也可以在作家的宗教情怀这一层面实现完美融合。

这种宗教情怀首先体现在"爱"上。基督教讲究以爱来化解仇恨,提倡"爱仇敌"。反观王鼎钧的回忆录,其中最大的仇敌莫过于抗日战争中的日本侵略者。可是面对这些造成家国沦丧,无数中国人背井离乡妻离子散的日本侵略者——仇敌,王鼎钧开始回忆的时候也并没有表现得义愤填膺而一味宣泄仇恨。《昨天的云》中写到1941年12月,太平洋战争爆发后,美国教会也不再是安全的港湾。有次一个年轻的日本兵突然闯入教堂,教堂里只有王鼎钧和宗姓师母。"这日本兵响着靴声里里外外看了一遍,站在教堂中央点着了一根烟。他那傲慢的样子引起我们极端的厌恶。"可是等好容易应付过去,日本兵走后,宗师母说:"我看他最多十八岁,看他走路的样子!拖不动那一双皮靴。这么小就出来了,教他爹娘怎么放心!"②"爱仇敌"!一种基于宗教精神的悲悯情怀自然流露出来,即便刚刚还从直觉上感觉他令人"厌恶"……《关山夺路》中曾写到日本投降后日俘的生活,对于这些曾经给中国人民造成深重苦难的"仇敌"王鼎钧也没有"仇者快"的心态,放下武器的日俘被苏联押往西伯利亚做苦工,他们的妻女流落街头被践踏被凌辱……早先日本兵犯下的一切罪恶仿佛又在自己身上得到了"报应",这在备受日军蹂躏践踏的一般中国人看来,日军这是"自作孽",罪有应得。可王鼎钧却说:"……然而一般军人也的确可怜,无论精神上、物质上他们都贫无立锥,真正耗尽了日本的一切资源,'人活着不是单靠食物'他们回去连食物也没有。如果他们中间有人强奸过中国妇女,此人的妻女正在卖淫;如果此人放火烧掉中国人的房子,此人的祖居已被烧夷弹或原子弹化为灰烬;如果此人从未抢过中国人的东西,他的家已遭中国游民侵入,喜欢什么拿什么……"③他没有过多地谴责战争中犯下罪行的个体,或者站在正义

———————

① 王鼎钧,"写在《关山夺路》出版以后",273—274页。
② 王鼎钧,《昨天的云》,215页。
③ 王鼎钧,《关山夺路》,79页。

与非正义的立场上去作道德评判,而是基于宗教大爱以一种悲天悯人的情怀去观照芸芸众生包括仇敌:在战争阴云的笼罩下,从来就没有单纯的胜利者。

同时,王鼎钧回忆录中的这种宗教情怀也体现在作者回忆时的叙事态度上。王鼎钧的生平经历不可不谓波澜壮阔,而在那样一个大时代中,他又只是一个平凡的小人物。个人命运被时代所裹挟,流亡奔袭、忧患苦难成为他生命中的重要组成部分。可是当提笔面对过往苦难的时候,他没有悲怆、没有愤怒,没有控诉也没有抱怨:既然对仇敌都可以原谅而施以悲悯同情,又有什么执著难解的呢? 因此,在回忆录中,他以一种平静感恩的心态去看待过往的一切人事,以一种反省忏悔的心态去看待自我,以一种超然物外的心态去看待政局与党争。他常念念不忘别人对他的帮助,并且采取行动去回馈报恩,也对自己在动荡年代未能对家庭、亲人以至家乡尽到力量感到愧疚。在这背后都体现出一种达观超然、洗尽铅华、平淡澄明的宗教情怀。

或许正是有了这种宗教情怀影响,所以我们看到,《怒目少年》中其实没有多少"怒",《关山夺路》中其实也没有多少激烈的碰撞争"夺"。王鼎钧只是娓娓讲述自己的经历,自己所见的世态、"江湖","幻想退位,激动消失",通过回忆使"昨天的云"片云再现。唯此而已。而清晰的文体意识、对艺术的精心追求也使得他的回忆录定位明确,精彩好读。综合以上种种因素,恐怕才是业内对王鼎钧的回忆录广泛欢迎的原因。

史建国 1981 年生,文学博士,讲师,主要从事中国现当代文学研究,现任职于山东大学文学与新闻传播学院。已出版专著《陈衡哲传——"造命"人生的歌者》(上海远东出版社 2010),发表论文 30 余篇。

本文为国家社科重大项目"境外中国现代人物传记资料整理与研究"(编号:11&ZD138)阶段性成果。

《明史》人物传记书写过程浅探

——以王世贞《王守仁传》为例

魏宏远

内容提要：个人史传进入《明史》的过程非常复杂，撰写者在参阅传主年谱、墓志铭、神道碑、行状及其本人著述外，还要实地考察，走访与传主交游者，同时在初稿完成后，还需不断修改。如此写成的史传若能被《明史》定为蓝本，又需经多位史官分头改写，统稿后才能成为定稿。《明史·王守仁传》具有世代积累、成于众人之手的特点，同时也有经得起时间检验的特点，其蓝本为王世贞《王守仁史传》。王世贞撰写《王守仁史传》时颇为用心，且历经多年修改，在定稿刊刻后，明代尹守衡《王守仁列传》、沈朝阳《先儒王守仁传》，清人毛奇龄、尤侗、万斯同、王鸿绪等传都在王世贞史传基础上进行了不同程度改写，清"史官傅维鳞"所撰《王守仁传》几乎完全抄录王世贞，而最后修成的《王守仁传》则是在毛奇龄、尤侗、万斯同、王鸿绪、傅维鳞等史传基础上的进一步加工。从王世贞《王守仁史传》到《明史·王守仁传》，经历了十余个文本，通过对这一书写过程的历史勘察可以看出《明史》人物传记写作的严谨。

关键词：《明史·王守仁传》　王世贞　王守仁　道学传

20 世纪初，新文化运动兴起后，疑古、反古之风盛行，人们对正史充满怀疑和不屑。梁启超说："二十四史非史也，二十四姓之家谱而已。"①鲁迅也说：所谓的"正史"就是"为帝王将相做家谱"，甚至说："我翻开历史一查，这历史没有年代，

---

① 梁启超，《梁启超文集》，北京：线装书局，2009 年，106 页。

歪歪斜斜的每叶上都写着'仁义道德'四个字。我横竖睡不着,仔细看了半夜,才从字缝里看出字来,满本都写着两个字是'吃人'。"还有人提出:"一部二十四史,就是一部贪污腐败史。"这些体悟式、感发式的言论影响着几代中国人。人们对国史及其所载人物传记失去了已有的敬意和同情之理解。当然这种疑古、反古的主要目的在于当时新社会思潮通过反传统,进而接受西方文化。然而这种风潮也容易造成历史文化的断裂,精神家园的虚空,其危害在当下已表现得十分明显。其实,当我们了解了古人是以何等的苦心去撰写历史,当我们知道了一个人物传记需经多少代人、多少次细致打磨、在反复比较论证后才进入国史,我们或许才能够真正面对国史中的人物传记,并对那些用心撰写历史的人怀有敬意。鉴于此,本文通过对王世贞所撰《王守仁传》是如何进入《明史》这一过程的关注,通过考察王世贞本人如何对《王守仁传》的书写进行长期的经营,而后又经后人不断修改打磨,最后才由个人史传进入国史的过程的关注,意在说明《明史》人物传记的书写是一个非常认真、精细的过程,后人不宜肆意诋毁前贤。

王守仁为明代杰出的政治家、思想家、军事家,明清以来有关其生平、事迹等资料多不胜举,仅就年谱而言,就有多种①。此外,还有明人湛若水《王公墓志铭》、黄绾《阳明先生行状》、耿定向《新建伯王文成公传》、王世贞《王守仁史传》(两篇)、尹守衡《王守仁列传》、邓元锡《王守仁传》等;清人有毛奇龄《王文成传本》、尤侗《王守仁传》、万斯同《明史·王守仁传》、王鸿绪《明史稿·王守仁传》、傅维鳞《王守仁传》、邵念鲁《明儒王子阳明先生传》、张廷玉等《明史·王守仁传》及朱珪《王文成墓碑》等。这些文本之间有着复杂而密切的关联,梳理《明史·王守仁传》的生成过程,从历史纵向探讨《明史》人物传记的书写脉络,将历史人物传记视作一种动态的文本呈现,这一视角及方法对传记研究、史学研究都有极其重要的价值和意义。

《明史·王守仁传》作为正史,撰写者在撰写时要处理诸多史料,是否如有的研究者所言:"后来的殿本《明史·王守仁传》则是在毛奇龄《王文成传本》、尤侗

① 《北京图书馆藏珍本年谱丛刊》(第43册)收录有:明邹守益编《王阳明先生图谱》、明李贽编《阳明先生年谱》、明施邦曜编《阳明先生年谱》、清张问达辑《王阳明先生年谱》、明钱德洪原本、清杨希闵节抄《明王文成公年谱节抄》、清刘原道编《阳明先生年谱》。

《王守仁传》、万斯同《明史稿·王守仁传》和王鸿绪《明史稿·王守仁传》的基础上修订而成。四库本《明史·王守仁传》则主要按殿本改订，只在卷末加上赞语和附有方炜的考证。"①本文认为此说不妥，作为正史的《明史·王守仁传》，虽参用了毛、尤、万、王诸传，但其真正的蓝本却是王世贞《王守仁史传》，明代尹守衡《王守仁列传》、沈朝阳《先儒王守仁传》，且清代毛、尤、万、王诸传都不同程度参考、抄录了王世贞史传，而清"史官傅维鳞"的《王守仁传》则几乎完全抄录了王世贞史传。因此，《明史·王守仁传》的书写首先是《明史》修纂官选定王世贞《王守仁史传》为蓝本，然后是毛、尤、万、王、傅等人在王世贞史传基础上进行改写，当然诸史官也参照了湛若水《王公墓志铭》、黄绾《阳明先生行状》及王守仁诸年谱、《明实录》等，最后经由对各位史官所撰文稿统稿才最后形成《明史·王守仁传》的定稿。这一过程足以说明：《明史》人物传记的书写并非成于一人之手，其间要经过多次讨论论证，而最后的定稿也足以能经得起后世的检验。

一

王世贞得名于文学，其在嘉、万间主盟文坛二十余年，"才最高，地望最显，声华意气笼盖海内。一时士大夫及山人词客、衲子羽流，莫不奔走门下，片言褒赏，声价骤起"②。王世贞不仅在文学上有很高成就，在史学方面也有突出成果，其史学著作主要有《嘉靖以来内阁首辅传》八卷（一作《嘉靖以来首辅传》）、《弇山堂别集》一百卷、《弇州史料》前集三十卷后集七十卷，另辑录《皇明名臣琬琰录》三十二卷，此外，其诗文集《弇州四部稿》、《弇州山人续稿》、《凤洲笔记》等中也收有一些史传类作品，这些史传作品对明代历史人物传记研究具有极高的价值。

王世贞集"史才""诗笔"于一身。其史学思想主要强调"真"，认为"国史，人恣而善蔽真"，"野史，人臆而善失真"，"家史，人谀而善溢真"③。因求真，考证细，故王世贞对明清史学家产生较大影响，因王世贞所撰主要是明代当代史，故对

---

① 段润秀，"《明史·王守仁传》编纂考论"，《史学集刊》，2007年第3期，82页。
② 张廷玉等，《明史》卷287《文苑传》，北京：中华书局，1995年，7381页。
③ 王世贞，"史乘考误·引言"，《弇山堂别集》卷20，北京：中华书局，1985年，362页。

《明史》的修撰有着重要的意义。今有学者指出："《明史》中的有关人物传记是以王世贞所撰史传为蓝本,加以改编节略而成。"①事实上,《明史·王守仁传》就是在王世贞《王守仁史传》基础上加工而成,清人在撰写王守仁传时,从史学观、史料到语言文字叙述等方面都参照了王世贞《王守仁史传》。

清人所撰王守仁传,在正史撰成之前主要有毛奇龄《王文成传本》、尤侗《王守仁传》、万斯同《明史·王守仁传》、王鸿绪《明史稿·王守仁传》、傅维鳞《王守仁传》等,而这些史传都是以王世贞史传为蓝本,傅维鳞《王守仁传》几乎完全抄录了王世贞史传。就王世贞史传而言,主要记叙了王守仁忤刘瑾、谪龙场丞、擢右佥都御史、巡抚南赣、平大帽山贼、定宸濠之乱、总督两广、破断藤峡贼等内容及阳明心学产生、发展、影响等过程。因王守仁在事功及心学方面都有较高成就,因此,撰写者写史传时首先要明确两者主次问题,这其中包含对阳明心学的价值认定等问题。王世贞史传所采用的是以事功为主、以心学为辅的办法。王世贞对心学评价并不高,尤反感王守仁聚徒讲学及"晚立门户",但对王守仁事功却激赏有加。这样在处理事功与心学方面,王世贞重前轻后,其史传初稿甚至略去阳明心学,仅述事功,后来的定稿才在事功主线的基础上附述阳明心学产生、发展、影响、特质等内容,与事功相比,仍是作为一条副线存在。这种处理方法与《左传·襄公二十四年》所云"太上有立德,其次有立功,其次有立言"的思想较为契合,这种将"立功"置于首位、"立言"置于次位的价值取向也为《明史·王守仁传》所接受。

晚于王世贞的明人尹守衡、邓元锡把王守仁列于"道学传"和"心学传"。尹守衡虽将王守仁列于"道学传",却也参照了王世贞史传,如在评价王守仁时尹传云:"阳明先生,我昭代大儒也。其御乌合,笼豪俊,待宵人,蹈险出危,俶傥权谲,种种变幻。孔子有云:'作《易》者,其有忧患乎?'抑中古以后不能不尔。"②这一内容就是从王世贞史传而来,王世贞史传云:"守仁天资颖敏绝世,……其御乌合,笼豪俊,待宵人,蹈险出危,俶傥权谲,种种变幻。孔子有云:'作《易》者,其有忧患乎?'抑中古以后不能不尔。"当然,在史学观上,王世贞侧重事功,尹守

---

① 孙卫国,《王世贞史学研究》,北京:人民文学出版社,2007 年,258 页。顾诚《王世贞的史学》也指出王世贞史传是清修《明史》之蓝本(《明史研究论丛》,南京:江苏人民出版社,1983 年)。

② 尹守衡,《明史窃》卷75,《四库禁毁丛书》史部64 册,478 页。

衡侧重阐发阳明心学。与尹守衡将王守仁置于"道学传"不同,明人邓元锡所撰《皇明书》中立有"心学"、"理学"等传,将王守仁置于"心学纪"①。该传叙述王守仁事功较略,而用几乎三分之二的篇幅来阐发阳明心学。与王世贞史传相比,邓元锡传显然未受其影响。当然,尹守衡、邓元锡将王守仁列于"道学传"、"心学传"引起了清人在撰写王守仁传时的一些骚动,引发了《明史》是否该立"道学传"等问题的争论。对这一问题有肯定者,有否定者,有持中立者,如清汤斌《〈明史·凡例〉议》即持中立态度,云:"汉史以后,止有'儒林传',独《宋史·儒林传》外,特立'道学传'","今日修史,如依《宋史·道学传》……王文成、邹东郭、钱绪山、罗念庵等为一卷","如不立'道学传',止称'儒林传',则薛以相臣,王以勋封,俱入大传"②。明人沈朝阳将王守仁列于"儒林",其撰有《先儒王守仁传》③,该传有近一半内容录用王世贞的《王守仁史传》。清邵念鲁《思复堂文集碑传》卷1有《明儒王子阳明先生传》④,也是将王守仁列入儒林传。尽管清人在王守仁是否列于"道学传"、"儒林传"存在分歧,但王世贞所撰《王守仁史传》无疑起到了"定海神针"作用,为平息清人的论争指明了方向。《明史》修纂官最终将王守仁列于《明史》大传,这与王世贞史传基调基本一致。当然也有人不从事功、心学方面为王守仁立传,而是从军事才能方面着手,如明人赵光裕、顾其言、黄道周等人分别撰有《王守仁传》⑤,这些传记都是从军事才能方面为王守仁立传,视王守仁为武将,突出其军事才能。这些史传虽也能展现出王守仁的功业,却略显偏狭,因其对清人撰写《明史·王守仁传》影响不大,故这里不作探讨。

---

① 邓元锡,《皇明书》卷42,《四库存目丛书》史部29册,573—589页。
② 汤斌,《潜庵先生拟明史稿》,《四库未收书辑刊》陆辑05册,北京:北京出版社,1997年,353页。
③ 沈朝阳、陈之伸,《阙里书》卷7,《四库存目丛书补编》93册,133页。
④ 周骏富,《明代传记丛刊》,158册,明文书局印行,11页。
⑤ 赵光裕,《新镌批选皇明百将传合法兵戎事类》卷下,《四库禁毁丛书》子部33册,699—702页;顾其言,《新刻皇明百将列传评林》卷4,《四库禁毁丛书》子部17册,530—534页;黄道周注断、周亮辅,《新镌绣像旁批详注总断广百将传》卷20,131—133页。

二

王世贞撰写《王守仁史传》,并非一蹴而就,而是经历一个比较漫长的过程,其间要参阅王守仁年谱、行状、碑传等及《王文成公集》,同时还进行了实地调查,走访了当年与王守仁交游者。

王世贞至迟在隆庆三年(1569 年)前已完成《王守仁传》,因该传收录在《凤洲笔记》卷一四及《弇州史料前集》卷 30 中,而《凤洲笔记》最早有隆庆三年(1569 年)黄美中序刊本,今上图、国图有藏。《凤洲笔记》国图另一藏本除黄美中序外,还有殷都序,殷序称"笔记如干卷,盖王元美先生削稿也"①,"削稿",即未定草稿,说明《凤洲笔记》中所收《王守仁史传》为王世贞未定稿,从文中所述王守仁去世后被武宗皇帝"削其爵",且未"有爵土迨子孙也",可知,作此文时王守仁尚未获赐"新建侯"、谥"文成"。

王世贞之所以要撰写王守仁传,主要源于其年少时对王守仁的崇拜。王世贞对王守仁有较深入了解,对阳明心学也有深刻理解,自称:"余十四岁从大人所得《王文成公集》,读之,而昼夜不释卷,至忘寝食。"②王守仁辞世与王世贞出生,时间相距不足四年。少年王世贞崇拜王守仁的丰功伟绩,对其文集爱不释手,在阅读王阳明文集过程中,王世贞一方面了解王阳明生平事迹,另一方面在思想上理解王守仁,在情感上靠近王守仁。作为王守仁晚辈,王世贞撰写王守仁传时参阅了王守仁的年谱、墓志铭、神道碑、行状及《王文成公集》,此外,还进行了实地勘察,走访了当年与王守仁交游者,获得了大量一手资料。在《王守仁史传》(定稿)全文最后,王世贞有这样一段话:"吾时时见守仁乡人及其兵行地者,道守仁智不可测、如神云",说明王世贞撰写《王守仁传》时,并不满足已有的资料,而是探访了王守仁乡人故交,并到王守仁当年行兵用武之地实地勘察,获得一手资料,由此可见其作为史学家在史传书写中认真负责的态度。

---

① 殷都,"刻王先生笔记叙",《凤洲笔记》明刻本,国图藏。
② 王世贞,"书王文成集后一",《读书后》卷 4,明刻本。

王世贞撰成《王守仁史传》初稿后,并不满意,八年后,即万历五年(1577年),王世贞在刊印《弇州四部稿》时,并未将此文收录其中。万历十八年(1590年)王世贞辞世后,此文才于万历二十七年(1599年)前后被其长子王士骐被收录在《弇州山人续稿》卷86中,后来又被收于《弇州史料前集》卷25中①。此时作为定稿的《王守仁史传》已由初稿时的2545字改为4995字(无标点),然而这一修改过程竟如此漫长,今若将两文对读,真有如出两手之感。

王世贞所撰《王守仁史传》,定稿对初稿进行了大幅度修改,初稿在叙述完王守仁兵事劳顿、赣州病卒后,有这样的记载:"大学士杨一清、桂萼素忌守仁功,为上言守仁每上捷,自张大,不肯归功主上。以是怒削其爵。"王世贞对武宗听谗言而削王守仁爵颇为不满,为此在史传中感叹:"高鸟尽,良弓藏。虽得保守(首)领,乃弗克终有爵土迨子孙也。"其实,王守仁与杨一清、桂萼的关系颇为微妙,在定稿中,王世贞对他们的关系进行了重新梳理,在叙述完王守仁获"断藤"大捷后,王世贞改变了以往的叙述,云:"(帝)以手诏问阁臣杨一清等。谓守仁自夸大。且及其生平学术,一清等不知所对。守仁之起由张璁、桂萼荐。萼故不善守仁,以璁强之。后萼长吏部,璁入内阁,积不相下。萼暴贵,喜功名,风守仁取安南,守仁辞不应。一清雅知守仁,而会黄绾尝上疏称守仁贤,谓当入辅,而又有他疏阴指一清,辞甚厉,一清亦不能无移憾。"三人关系竟如此复杂微妙,王世贞还是用比较简练的语言将之交代清楚。王守仁辞世后,因谗言,武宗"仅不夺其爵而已,停世袭,且尽停其他恤典",后来"上怒解,使得袭锦衣卫副千户。隆庆初,用谏官言,赠守仁新建侯,谥文成,赐葬予祭,及赠告词,推明为元勋圣学"。这些内容都发生在《王守仁史传》初稿完成之后,在后来的定稿中王世贞补入这些内容。

三

王世贞《王守仁史传》定稿刊印后,被《明史》编纂官选中,史官毛奇龄、尤侗、

---

① 王世贞,《弇州山人续稿》,明刻本;《四库禁毁丛书》史部49册,105页。

万斯同、王鸿绪、傅维鳞、张廷玉等人除在史料或史学观点方面吸收了王世贞史传外,在语言叙述、情感、语气等方面对王世贞史传都有不同程度的抄录。

王世贞史传中有王守仁颇具传奇色彩的出生记述:"母曰郑夫人,当娠,而王母岑媪梦神人衮冕乘五色云下,抱一儿授之,惊寤,闻啼声,则已生守仁。岑媪以语王父天叙,名之曰云。五岁尚不能言。一日出,从群儿戏,有僧见而抚之,曰:'是非凡儿,奈何名泄之耶!'王父悟,因为更今名,即能言。"这一段文字,除尤侗传外,《明史·王守仁传》及万、王、毛等传对王世贞史传都有不同程度因袭,其中毛奇龄《王文成传本》最明显,云:"母郑夫人,当娠,王母岑太君梦神人衮冕乘五色云下,抱一儿授之,惊寤,闻啼声,而守仁已生,因名云。五岁不能言,有游僧过门抚之曰:'是非凡儿,奈何名泄之耶!'遂更名守仁,即能言。"①毛传本对王世贞史传仅更易数字。王守仁行状及年谱也有这一段文字的记述,其中黄绾《阳明先生行状》云:"郑氏孕十四月而生公,诞夕,岑太淑人梦天神抱一赤子乘云而来,导以鼓乐,与岑,岑寤而公生,名曰云,六岁不言。一日有僧过之,摩其顶曰:'有此宁馨儿,却叫坏了。'龙山公悟,改今名,遂言。"(王世贞初稿与此接近)明邹守益所编《王阳明先生图谱》云:"先生五岁尚未能言。一日,与群儿戏,见一异人过,熟目之而去。先生追蹑里许,异人愕然还,见竹轩翁,曰:'好个小孩儿,可惜叫破了。'竹轩公悟更今名,先生即能言。"②明施邦曜谱同此,但多出"祖母岑梦神人衣绯玉,自云中鼓吹送儿来,惊寤,已闻啼声,竹轩翁因名云"。钱德洪、李贽等谱同施邦曜谱。由此,可以看出,《明史·王守仁传》及万、王、毛、尤等传对王守仁行状、年谱也有参考,但沿用王世贞史传痕迹最为明显,下面主要考察《明史·王守仁传》及万、王、毛、尤等传对王世贞史传抄录情况,为节省篇幅这里不再与王守仁行状、年谱一一比对。

王世贞史传中有王守仁年十五访关及治王越葬的记载,云:"十五访客于居庸、山海关,时阑出塞,与诸属国相角射,因纵观山川形胜,慨然有勒碑燕然志。逾冠举乡试,其经术艺文益大进,而益好为兵。……使治前威宁伯王越葬,

---

① 毛奇龄,《王文成传本》,《四库存目丛书》史部87册,1页。
② 为嘉靖丁巳(1557年)王宗沐序刊本,似较王世贞史传早出。

守仁少则梦威宁伯贻之宝剑,既葬,而其子出以威宁伯所佩剑为谢,则宛然若觌矣,益沾沾自喜。还,而朝议方急西北边。守仁为策,得八事,上之,其言皆警剀,报闻,寻授刑部云南司主事。"这段文字,万、尤传皆略,而《明史·王守仁传》及王、毛等传都有抄录,其中王鸿绪传抄录最甚,云:"年十五访客于居庸、山海关,时阑出塞,与诸属国夷角射,因纵观山川形胜。弱冠举乡试,学大进,顾益好言兵。登弘治十二年进士,使治前威宁伯王越葬,守仁少时梦越赠之剑,既葬,其子出越所佩剑为谢,守仁益自喜。还,而朝议方急西北边。守仁条八事,上之,报闻,寻授刑部云南司主事。"①与王世贞史传如出一辙。

有关王守仁破九连山山贼情况,王世贞史传有这样记述,云:"破浰头石门,覆其巢三十余,擒大贼五十八卤,斩从贼二千余。余奔九连山。守仁以九连深险不易攻,乃使精卒七百,衣贼衣,佯若奔溃者。贼从崖上招呼,与相应,久而贼觉之,则师已度险。贼狼狈失据,大军麾之,皆就缚。守仁既已尽得贼地,相险要,增设和平县,治如初。捷上,进右副都御史,予世官锦衣卫,百户,再进副千户。"《明史·王守仁传》及万、王、毛、尤等传对这一段文字有不同程度抄袭,其中尤传因袭最甚,云:"破上、中、下浰,擒大酋五十八,斩从贼二千余。余奔九连山。选精锐七百人,衣贼衣,佯若奔溃者。贼从崖上招呼,与相应,久而贼觉之,则师已度险。贼狼狈失据,大军麾之,皆就缚。降者悉安插之。守仁既尽得贼地,相险要,增设崇义、和平两县,治三省,皆安。捷闻,升副都御史,叙子锦衣卫、百户。"②词句之袭用十分明显。

王守仁平宸濠之乱,王世贞史传有这样一段记载,云:"宸濠徼得书檄,仿徨未决。而与士实、养正谋,则皆劝之疾趋南京即大位,宸濠益内疑。十余日而探知中外兵不至,乃悟守仁绐之。留少兵守城,而劫其众六万人,号十万,袭九江、南康,皆下之,进围安庆,不下。"除万传外,《明史·王守仁传》及王、毛、尤等传都不同程度因袭,其中,《明史·王守仁传》与王鸿绪传袭用最甚,《明史·王守仁传》云:"宸濠果疑。与士实、养正谋,则皆劝之疾趋南京即大位,宸濠益

① 王鸿绪,《明史稿·列传》卷80,《元明史料丛编》第二辑(四),台北:文海出版社有限公司,1985年,257页。
② 尤侗,《明史拟稿》卷1,《四库未收书辑刊》伍辑6册,北京:北京出版社,1997年,330—331页。

大疑。十余日诇知中外兵不至,乃悟守仁给之。七月壬辰朔,留宜春王拱樤居守,而劫其众六万人,袭下九江、南康、出大江、薄安庆。"①由此,可见《明史·王守仁传》以王世贞史传为蓝本之痕迹。

王世贞史传有王守仁平宸濠之乱后的记载,云:"抵钱塘,而遇太监张永。永时称提督赞画机密军务,在忠泰辈上,而故与杨一清善,除刘瑾,天下称之。守仁夜见永,颂其贤。永悦守仁。乃极言江西遭祸乱,民困已极,不堪六师之扰。永深然之,乃曰:'吾出,为群小在君侧,欲左右调护圣躬耳,非为功来也。第事不可直致耳。先生功,吾自知之。'守仁乃悉以宸濠等付永,而身至京口,欲谒驾,不果。会有巡抚江西命,乃还南昌。而忠、泰等前已驻师南昌,衔守仁不待,故纵其卒傲守仁,欲以为争端。守仁厚加恩礼抚慰。"《明史·王守仁传》及万、王、毛、尤等传多因袭。其中王鸿绪传与《明史·王守仁传》近同。《明史·王守仁传》云:"至钱塘遇太监张永。永提督赞画机密军务,在忠、泰辈上,而故与杨一清善,除刘瑾,天下称之。守仁夜见永,颂其贤,因极言江西困敝,不堪六师扰。永深然之,曰:'永此来,为调护圣躬,非为功来也。公大勋,永知之,但事不可直致耳。'守仁乃以宸濠付永,而身至京口,欲朝行在。闻巡抚江西命,乃还南昌。忠、泰已先至,恨失宸濠。故纵京师犯守仁,或呼名嫚骂。守仁不为动,抚之愈厚。"②因袭王世贞史传着实明显。

王世贞史传有王守仁与张聪、桂萼、杨一清关系的记述,云:"始,报平卢、苏等,诏赐金币,遣行人奉玺书奖谕。而及是平断藤捷上,则上以手诏问内阁臣杨一清等,谓守仁自夸大,且及其平生学术。一清等不知何所对。守仁之起由张聪、桂萼荐。萼故不能善守仁,以聪强之。而后萼长吏部,聪入内阁,积不相下。萼暴贵喜功名,风守仁以取安南,守仁辞不应。杨一清者,雅知守仁,而会黄绾尝上疏称守仁贤,谓当入辅,而又有他疏阴指一清,辞甚厉,一清亦不能无移憾也。"《明史·王守仁传》及万、王、毛、尤等传多沿用,其中,《明史·王守仁传》与王、万传近同,《明史·王守仁传》云:"始,帝以苏、受之抚,遣行人奉玺书

---

① 张廷玉等,《明史》卷195,北京:中华书局,1995 年,5163 页。
② 同上书,5165 页。

奖谕。及奏断藤捷,则上以手诏问阁臣杨一清等,谓守仁自夸大,且及其平生学术。一清等不知所对。守仁之起由聪、萼荐,萼故不善守仁,以聪强之。而后萼长吏部,聪入内阁,积不相下。萼暴贵喜功名,风守仁取交阯,守仁辞不应。一清者,雅知守仁,而会黄绾尝上疏欲令守仁入辅,毁一清,一清亦不能无移憾。"①措词与王世贞史传同,仅有字句之笔削而已。

《明史·王守仁传》及万、王、毛、尤等传对王世贞史传沿袭最甚者为王鸿绪传,沿袭最少者为万斯同传。万传较之他传简略,若将其与王世贞史传单独对比,仍可见其以王世贞史传为蓝本之痕迹。除以上所列万传袭用王世贞史传外,下面另举两则:如王世贞史传引阳明心学"四句教"以阐发阳明心学旨趣,云:"守仁之语门人云:无善无恶者,心之体;有善有恶者,心之用。知善知恶者,良知;为善去恶者,格物。以此为一切宗旨云。"《王文成全书》卷3原文云:"无善无恶是心之体,有善有恶是意之动,知善知恶是良知,为善去恶是格物。"王、万、尤、毛等传都转引"四句教",其中尤侗传云:"尝语门人曰:无善无恶者,心之体;有善有恶者,心之用。知善知恶者,良知;为善去恶者,格物。以此为一切宗旨云。"②王守仁曾告诫王畿和钱德洪"不可更此四句",王世贞却以"心之用"易"意之动",虽一字之差,却词气迥异,其实是以"体用"观暗易王守仁"意动"观,引阳明心学入禅③,尤侗不辨直接袭用。此外,又如王世贞史传云:"廷杖四十,死而复苏,谪贵州龙场驿丞。守仁至钱塘,欲缓行,而瑾使人尾之急,守仁惧不免,乃托投江",万传袭用也很明显,云:"廷杖四十,谪贵州龙场驿丞。至钱塘,瑾使人追之急。守仁惧不免,赋诗,寘衣冠岸侧,若沉江者。"王守仁忤权臣刘瑾,遭廷杖,明钱德洪等年谱皆为"廷杖四十",黄绾行状为"廷杖五十",王世贞史传初稿为"廷杖数十",定稿从年谱。《明史·王守仁传》及万、王、毛、尤等传皆从"杖四十"。由此也可以看出王世贞《王守仁史传》初稿完成后,又参考了黄绾年谱,对初稿加以修改,史料更翔实,文笔更流畅,观点更客观。

① 张廷玉等,《明史》卷195,北京:中华书局,1995年,5167页。
② 尤侗,《明史拟稿》卷1,《四库未收书辑刊》伍辑6册。
③ 参见拙文"王世贞的'即心即佛'思想与'阳明禅'",《江汉论坛》,2010年第5期。

四

王世贞史传被《明史》修纂官所认可,多位史官在王世贞史传基础上结合其他史料进行了改写。《明史·王守仁传》及万、王、毛、尤等传书写者对王世贞史传的改写可能存在以下两种可能:其一,将王世贞史传置于案头,直接袭用。万斯同、王鸿绪等人都表现出对王世贞史料之热情和认可,如万斯同《书陆给事凤仪王御使汝止劾胡宗宪二疏后》云:"凡宗宪之罪状,其载于二疏,散见于国史及王元美所纪者,吾不具论,论其害于吾浙者。"①万斯同对王世贞所载史事较为认同。王鸿绪《史例议》云:"明代野史、杂记、小录、郡书、家史,不下数百种,然以编年纪事者多。求其帝纪、列传、纂辑集成者绝少,惟郑晓之《吾学编》、王世贞之《史料》、何乔远之《名山藏》间备其体,三者之中郑、王为胜。"②其二,始作俑者可能是"史官傅维鳞",其《王守仁传》几乎完全抄袭王世贞史传,而《明史·王守仁传》及万、王、毛、尤等传又转抄傅传。傅维鳞对纂修《明书》有这样介绍,云:"鳞得分修《明史》,所纂不过二十余年,止类编《实录》,不旁采。工无庸多。鳞以清署余暇,素餐抱愧。乃掺求明兴以来行藏印抄诸本,与家乘、文集、碑志,得三百余部,九千余卷,参互明朝《实录》,考订同异,不揣固陋,纂成《明书》。"③《四库全书总目》卷50《明书》提要称:"诏修《明史》,征其书入史馆",即征傅维鳞修所撰《明书》入史馆,该书卷100《王守仁传》④几乎完全抄录王世贞史传,该传只是在最后王守仁评价问题上对王世贞史传略有改动。王世贞史传原文云:"弇州外史曰:见长者言,'与守仁辨,不能不心折也;即不心折,亦不能有胜,退而读其书,则平平耳。'今天下之好称守仁十七八也。间有疑之者,以其学故。若乃起义旅,擒叛王,不使九重之尊轻与匹夫角,而大事定,其功孰能难之。"傅维鳞传云:"史官曰:守仁学术凡三变,渐

---

① 万斯同,《石园文集》卷5,《续修四库全书》集部1415册。
② 刘承干,《明史例案》卷2《王横云史例议》,《四库未收书辑刊》伍辑04册。
③ 傅维鳞,《明书》卷171《叙传》(二),《四库存目丛书》史部40册。
④ 傅维鳞,《明书》卷100,《四库存目丛书》史部39册。

入玄虚,是以多訾之。古云:兵不厌诈,而守仁用兵则专诈,然而非堂堂之阵,正正之旗矣。独其起义旅,擒叛王,不使九重之尊轻与匹夫角,使安乐之。蠢动有如守仁者,宣宗无羁靮之劳矣,厥功懋哉。昔人谓:'学士大夫与守仁辩,未尝不心折,及退而读其书,平平耳。'世宗语李时曰:'守仁凡事虚浮,好名士耳',可谓人伦朗鉴。然其御乌合,笼豪俊,待宵人,蹈险出危,㑻㑻权谲,种种变幻。孔子有云:'作《易》者,其有忧患乎?'抑中古以后不能不尔(画线内容亦见王世贞史传)。傅维鳞对王守仁之评价并未跳出王世贞史传之外,另立炉灶。

要之,通过对王世贞所撰《王守仁史传》进入《明史》的考察可以看出:个人史传进入国史是一个漫长而曲折的过程:首先,王世贞撰成《王守仁史传》初稿,后经多次修改打磨,至定稿刊刻时,前后历时三十余年;其次,王世贞《王守仁史传》经史官辨析、比较、论证成为《明史·王守仁传》的蓝本;再次,史官毛奇龄、尤侗、万斯同、王鸿绪、傅维鳞等在王世贞《王守仁史传》基础上各自撰写《王守仁传》;最后,在毛、尤、万、王、傅等传基础上经由《明史》总裁官统稿才形成《明史·王守仁传》。《明史》的修撰历时近百年,从王世贞撰成《王守仁史传》初稿,至《明史·王守仁传》定稿,前后历时近二百年,其间经历了十余个文本。从历史维度纵向考察《明史·王守仁传》的书写过程,从动态的、流变的层面考察历史人物传记的生成过程,这对传记书写研究、历史人物接受研究都不失为一种重要的研究方法和思路。

魏宏远 博士,兰州大学文学院副教授,主要从事古代文学、文献学教研工作,近期发表《论明代中后期"吴风""楚调"之嬗替》、《王世贞的"即心即佛"思想与"阳明禅"》、《论王世贞晚年诗歌写作的转变》等论文。

本文为"国家社科基金项目:王世贞晚年文献与文学思想研究"(10 CZW 030)、"兰州大学2012年中央高校基本科研业务项目(人文社科类)"(12 LZU-JBWYB006)、国家社科基金重大招标项目"《王世贞全集》整理与研究"(12&ZD159)阶段成果之一。

通过人类学写自传

——米歇尔·莱里斯和《非洲幽灵》

王彦慧

内容提要：无论人类学还是自传文学，在深层次上都是一种对自我的重新发现和认知。这在人类学领域通常表现为对陌生族群的考察，在自传文学中则是深入地挖掘自我。这两者在身为文学家和人类学家的米歇尔·莱里斯身上有着完美的重合，而文章中所涉及的《非洲幽灵》更是两种实践交杂混合的产物。在穿越非洲的考察中，莱里斯将人类学笔记与自传写作融合构建在同一个文本中，他所追求的，用他自己的定义，就是一种"整体日志"。

关键词：人类学　自传　日志　自我认知　真实

米歇尔·莱里斯（Michel Leiris, 1901—1990）,20 世纪法国最重要的自传作家。作为第一次世界大战后巴黎艺术大爆炸黄金时代的一员，他见证了几乎 20 世纪法国所有的运动与思潮——从超现实主义、精神分析，到共产主义、存在主义，从反纳粹的抵抗运动到反殖民、反种族主义运动；作为一名民族学家，他参与了 30 年代初那次著名的穿越非洲的人类学考察，写就了那本（从某种程度上说）"反人类学"的人类学名作《非洲幽灵》（ *L'Afrique fantôme* ）；作为一位以探究、剥晰、袒露自我而试图触摸到一种绝对真实的作家，他重新定义了现代文学中的自传写作，并凭借着他的《成人时代》（ *L'Âge d'homme* ）和四卷本的《游戏规则》（ *Le règle du jeu* ）而被赞誉为 20 世纪的蒙田、卢梭，然而比起他们的作品，莱里斯显得"更古怪,更严厉"①;作为大画商康维莱尔(Daniel-Henry Kahnweiler)的女婿,他与现代画家中最重要的几位(马松、毕加索、米罗、贾科梅蒂、培根)交往颇深,是20世纪先锋艺术最早的鉴赏者、批评者与收藏者之一。

穿越非洲

提起米歇尔·莱里斯的《非洲幽灵》就不得不提及20世纪初的那次"达喀尔—吉布提民族学、语言学考察"(1931—1933)。面对第一次世界大战前就已经在英国、德国、荷兰兴起的民族学、人类学远征,法国人类学界的成果少得可怜。于是30年代初,由巴黎大学民族学院和自然博物馆牵头,法国政府殖民部决定出资组织一次像样的民族学考察。考察从非洲的西海岸的塞内加尔出发,穿越整个非洲大陆(大部分为当时的法属殖民地),直到东非红海口岸吉布提。刚刚脱离超现实主义运动的米歇尔·莱里斯正是作为考察的"档案秘书"加入到这次旅行中来的。

这次规模庞大,耗资颇巨的旅程由民族学家、语言学家、音乐学家、画家、摄影家组成,目的是对沿途的非洲部落做一次全方位的考察。当然,考察还有另一个重要的任务,就是为巴黎的民族博物馆搜集可供民族学研究的各种非洲民俗器物,从日常生活用品到祭祀集会的圣物,从衣着穿戴饰物到武器玩具装饰,包罗万象,不一而足。莱里斯在书中写道:"记录手册全填满了,虽然我们还未到买尽男人或女人身上的一切,将他们光着撂在路上的程度,但我看离这也不远了。"②到旅程结束为止,考察共收集了3000件物品,拍摄了6000张照片、1600米胶片,撰写了1500张目录卡片。因此可以说这是一次空前绝后的"远征","它正式开启了法国人类学田野调查的先河,也从某种程度上结束了这种第一次世界大

---

① 苏珊·桑塔格,"米歇尔·莱里斯的'男子气概'",《反对阐释》,程巍译,上海:上海译文出版社,2003年,第72页。另,1993年,Richard Sieburth 发表在 *Times Literary* 增刊(3月3日)关于莱里斯日记的评论,也题为《米歇尔·莱里斯——现代蒙田》。

② Michel Leiris, *L'Afrique fantôme*, *Miroir d'Afrique*, Paris:Gallimard, 1996, p.185.

战前在欧洲各国兴起的庞大的人类学远征的风潮"①。之后随着欧洲局势的动荡，大战的临近以及战后非洲独立运动的兴起，这样的考察不再有可能发生。

暂且不算《非洲幽灵》（这本著作的复杂性我还将在之后谈到），这次考察的人类学学术成果也是丰富而多面的。莱里斯从非洲回到巴黎不久便开始撰写自己的论文《桑加多贡人的秘密语言》（*La Langue secrète des Dogons de Sanga*，1948）；考察的主持者和负责人，民族学家马塞尔·格里奥列（Marcel Griaule）写就了他的《多贡面具》（*Masques dogons*，1938）；同样参与旅行的音乐学家安德烈·夏付耐（André Schaeffner）也出版了他从民族学角度研究乐器起源的著作《乐器之源》（*Origine des instruments de musique*，1936）。然而再多的人类学成果也不能改变人类学自诞生伊始便充满矛盾的事实。从某种程度上说，现代人类学根植于西方的殖民历史。正是西方国家对新大陆的殖民，促成了人类学家走出去，与他者相遇，认识别样的人。他们的意识形态、思维方式都或多或少地受到殖民主义的影响。而这种国家行为的大规模人类学远征更是与殖民主义有着直接的联系。因此，当时的法国政府通过国会立法决定实施的这次"达喀尔—吉布提民族学、语言学考察"，也正是想通过这次考察来加深非洲法属殖民地间的联络，深化法国在非洲大陆的影响力，以对抗英国东非殖民势力向周边扩散。

对于米歇尔·莱里斯来讲，这种矛盾心情贯穿着他旅行的始终。一方面他庆幸，"旅行之于我——除了是一种最好的方式获取真知，也就是鲜活的知识之外——我童年的一些（对非洲的）梦想因此成真，同时它也是一种对抗衰老和死亡的方法，为了幻想着的逃离将身体投射到广阔的空间里（通过与许多完全不同的人们相遇来忘记自己短暂的身份）"②。另一方面，他也在旅行中写给他妻子的信里表露出他的疑惑："我一直对我的工作兴趣十足，但相对那些我们所应用的调查手段（并不是有目的的有好的交谈，更像是法官的质询）、那些搜集民俗器物的方式（十有八九是强买，甚至抢夺），这种长久以来的兴趣显得微不足道。所有这一切都在我生命中投下了阴影，让我无法平静。"③这种难以

---

① Jean Jamin, *Introduction*, *Miroir d'Afrique*, Paris：Gallimard, 1996, p. 10.

② Michel Leiris, *L'oeil de l'ethnographe*, *Zébrage*, Paris：Gallimard, 1992, p. 33.

③ Michel Leiris, *Lettre du 19 septembre*, *Miroir d'Afrique*, Paris：Gallimard, 1996, p. 204.

调和的矛盾将直接影响到莱里斯旅行的写作中来。

幽灵的写作

1931 年,30 岁出头的莱里斯还没有任何学术背景。除了在高等研究实践学校和民族学院旁听过几节马塞尔·莫斯的课,为乔治·巴塔耶主持的《档案》杂志撰写几篇类似民族学的文章外,他完全是个门外汉。他能够参与到这次民族学远征中来,首先使得益于朋友的人情推荐,但更重要的是他自身强烈的意愿。

第一次世界大战后的法国是艺术爆炸的黄金年代,而随着美国参战士兵来到,爵士乐在欧洲大陆(尤其是法国)的传播更是成为 20 世纪最重大的艺术事件。爵士乐不仅仅是娱乐和消遣(当然,它这方面的功用不可小视),它更是成为一种黑人美学和艺术的象征,它仿佛从远方、从原始状态走来,但却又如此的切合和贴近欧洲的观众,它颠覆了传统的音乐美学,也打破了固有的审美模式,对 20 世纪几乎所有的艺术都产生了影响。"达达主义和超现实主义的文人、艺术家们无不醉心于这种俄式芭蕾和黑人艺术,他们想着也许可以从中找到某种出路来挽救他们危机的文明。"[1]米歇尔·莱里斯也同样对这种黑人音乐痴醉入迷,他在自传《成人时代》中写道:"在大战后纵情放荡的年代,爵士乐成为了某种召集的象征物,某种狂欢的标志,整个时代的颜色……正是这种黑人自身的初次展示,这个有色的伊甸园的神话将我引领到非洲,并穿越整个非洲,直到民族学上来。"[2]

《档案》杂志的另一位创始人,音乐学家乔治·列维埃尔(Georges Henri Rivière)同时也是巴黎民族博物馆的缔造者之一,正是他将莱里斯介绍给了这次穿越非洲的人类学考察的负责人马塞尔·格里奥列。而后者决定雇佣莱里斯作为考察的秘书和档案收集整理人,同时还建议莱里斯做一份贯穿整个旅行的日志。莱里斯在 1968 年一次电台访谈(*L'entretien entre Paule Chavasse et Michel Leiris* , *France Culture* ,1968)中讲述了这次旅行,他说当格里奥列建议他做这份

---

[1] Denis-Constant Martin, Olivier Roueff, *La France du jazz*, Marseille:Paranthèse, 2002, p.9.

[2] Michel Leiris, *L'Âge d'homme* (1939), Paris : Gallimard, 1973, p.162.

旅行日志时,他希望这将是一份"整体日志"(Un journal total),也就是说一份无所不包的日志,既要记录他参与考察的外在的一切细节,同时也将记录他内心的所感所想,甚至可以说是一种机械的无意识记录。虽然莱里斯此时已经脱离了超现实主义运动,但毫无疑问这仍是一种超现实主义的创作理念。某种程度上讲,正是写作这份日志的"诱惑"将莱里斯真正带入到这次人类学考察中来。

1931 年 5 月 19 日,米歇尔·莱里斯在日志的开篇写道:"17 点 50 分从波尔多港启程。码头工人将一个挡板横在圣费尔曼号上提示活已干完。几个妓女向昨夜和她们亲昵过的水手告别。无疑之前船一靠岸,她们便凑上来邀水手们和她们过夜。几个黑人船工目送他们的伙伴离开。其中一个穿一件纯海蓝色的三节外套,戴顶方格鸭舌帽,一双黑白相间的漆光皮鞋,十分优雅。"①这其中我们已经可以感受到作者所追求,或者说无意识写作所达到的某种气氛。作者自始至终没有明确的写作计划,未来,甚至往往连第二天会发生什么都完全无法预测,他做的只是信笔去记录,记录他所遭遇的一切(心情的波动,梦境,个人的焦虑,性的饥渴,与非洲人的交往……)。而当这本日志(几乎一字未改地)最终被送到伽利马出版社编审安德烈·马尔罗案头时,他马上为这本日志找到了一个适合它的名字——《非洲幽灵》。这不仅仅意味着这本持续了 639 天,将近千页的笔记不动声色地将我们印象中的那些非洲幽灵——黑人的真实面孔展现出来,同时也将作者自己,这难以形象化的幽灵披露给读者,一部人类学名著由此诞生。

难以归类的作品

该怎样面对这样一部作品?怎样将它归类?归属到书店的哪一个书架?显然 30 年代的大部分读者并没有做好准备,往往一脸茫然,无所适从。

在人类学界,《非洲幽灵》饱受诟病。无论是老师马塞尔·莫斯,还是同事马塞尔·格里奥列都直言不讳地说,这本书的发表对人类学的研究无甚可取之处,甚至还会带来许多负面的影响。因为考察中他们应用的许多方法,面对非

---

① Michel Leiris, *L'Afrique fantôme*, *Miroir d'Afrique*, Paris: Gallimard, 1996, p.101.

洲人的方式,"搜刮"民俗器物的野蛮行径都会大损人类学的名誉。这其中最著名的一个例子就要属偷窃圣物 kono 的事件了。所谓的 kono,是西非马里土著人赋予无限权力的拜物教圣物,外形如一头乳猪,通体淋满祭祀的血。考察成员在购买不成的情况下明目张胆地抢夺,这一渎神的行径让当地的居民惊恐万分、四散奔逃。正是这件圣物后来成为了巴黎民族博物馆的镇馆之宝。《非洲幽灵》的作者在书中记述道:"从昨天到现在我的心还狂跳不止,我意识到我们犯下了一个天大的错误。"①他在几天后写给妻子的信中又再次提到这件事,"我越来越意识到我们在一个邪恶的圈子里面打转:我们以叫更多人认知和热爱非洲为借口去抢夺黑人的东西,也就是说,最终的目的是培训下一代民族学家同样去'爱'和抢夺"②。

这本书可谓命运多舛,出版后由于它受众模糊和身份的繁杂,销量和影响都极为有限。伽利马出版社的编辑让·保兰向当时教育部主管图书采购的部门推荐此书,而最终得到的答复是:"作品表面上看来是本知识性很强的读物,但事实上太过滥情。"这一回绝似乎可以代表当时对这本书的主流评价。接着,1941 年德军占领巴黎,维希政府以此书有违纳粹人种观念(显然是指涉书中对黑人的描述),由内政部发出指令查禁《非洲幽灵》。直到十年后的 1951 年,这部旅行日志才被再版,重新发行。

说到再版,我们同样还可以从这本著作的出版再版的过程中,看出它曲折的遭遇。《非洲幽灵》作为单行本一共被伽利马出版社出版过五次。1934 年它被当作旅行笔记、记录档案规划在"蓝色档案"(*Les Documents bleus*)系列(我们依照它最外在的样子进行归类,但无疑略显草率);到 1951 年再版时它又被归到没法分类的"系外"(*Hors-Série*)系列(显然是因为它身份繁复难以归类的特性,"系外"系列是否也意味着某种边缘化?);1968 年它甚至一度与"白色"(*Blanche*)系列的文学图书摆放在一起(第一次,作品的文学价值得到权威的承认,因为"白色"系列是法国最经典的文学系列);直到 1981 年《非洲幽灵》才进

---

① Michel Leiris, *L'Afrique fantôme*, *Miroir d'Afrique*, p. 194.

② Michel Leiris, *Lettre du 19 septembre*, *Miroir d'Afrique*, p. 204.

入到"人类科学图书馆"（*Bibliothèque des sciences humains*），著作的人类学、科学价值也最终得到了某种认可，当被问及到此时，莱里斯自嘲道："这无疑让我很荣幸，就像一个乞丐得到了荣誉勋章。"①而1988年这本书又被从这套丛书中抽出，编入了伽利马一套更为宽泛的社科书"*Tel*"系列里（我们最终还是没办法肯定和确认作品的身份）。还没有哪一本著作像《非洲幽灵》一样，半个世纪里不停地游走于伽利马出版社各种书系当中。

的确，我们很难将《非洲幽灵》明确地归类，因为它的属性十分复杂。但这也恰好说明，这本日志完全实现了米歇尔·莱里斯的初衷。这正是一部"整体作品"，它将作者所经历的整个时空囊括进来，它既是一份人类学的田野考察报告，又是一本漫长旅行日记；既有对土著人精确细微的民族学观察，也有对自然风光、风土人情的散文化描绘；既有起承转合的故事，也有不厌其烦的罗列；从某种程度上说，《非洲幽灵》甚至可以被看作是莱里斯的自传。

自传作家

《非洲幽灵》出版后，追求一种绝对真实的创作冲动萦绕着米歇尔·莱里斯，挥之不去。而追求这种真实就要求他去书写和讲述相对他来说最熟悉和最亲近的东西，似乎唯有这样他才能坦然地向读者宣布："说出一切真实，除了真实别无其他。"②这种最熟悉、最亲近的东西只可能是作者"自己"，莱里斯所寻求的真实就是如何去认清自己，真实的自我是什么样子的也许我们永远也没办法辨识清楚，但莱里斯所要确保的是这个说的过程的完全真实，没有任何的虚伪和掩饰。强烈的探究自我的冲动，使得他的写作转向一种独特的自传式文体。他在1939年出版的自传作品《成人时代》的前言里说："去寻找一种绝对的真实，而这真实只能通过文学的宣泄与倾诉获得——特别是我们称之为'忏悔'的形式——这也许是许多方式中最为便捷的一种。"③这种创作理念伴随

---

① Michel Leiris, *C'est-à-dire*, Paris：Jean-Michel Place, 1992, p.42.
② Michel Leiris, *L'Âge d'homme* (1939), Paris：Gallimard, 1973, p.17.
③ 同上书,10页。

着他一生漫长的(将近半个世纪)文学创作,并不断地深化,他写就了除《成人时代》外四卷本的自传(《删除》*Biffures*,1948;《杂七杂八》*Fourbis*,1955;《小纤维》*Fibrilles*,1966;《脆弱的杂音》*Frêle bruit*,1976),统称为《游戏规则》(法语中游戏"jeu"的发音与主语我"je"的发音极为相似,因此,米歇尔·莱里斯所毕生寻求的"游戏[自传]规则"亦是自我的规则,同时被标示为作者自己独一无二的法则)。从蒙田、卢梭到夏多布里昂,法国自传文学有着深厚的传统,莱里斯在这一传统之上开辟出一条充满个性与创造力的新路。

如果说《非洲幽灵》还是一本无意识的创作,莱里斯所要做的就是记录下一切,做"一个客观和可信的记录,填满手中的笔记本,然后将它出版"①。他一方面无疑遵从着老师马塞尔·莫斯的教诲——莫斯曾说过,对于年轻的刚刚入行的人类学者,最好的实践就是去做旅行笔记。在《非洲幽灵》中,我们无疑可以看到作者对非洲大陆和他沿途所接触到的非洲人细致入微的观察。然而,莱里斯并未止步于此,除了履行他作为人类学家的职责外,他也将自己投射到这个陌生的世界中去,把自己同他的研究对象(非洲人)等同起来,将自己的语言、行为、幻想,甚至梦境一一明晰地记录下来。在漫长的旅行中他自己俨然成为了一个人类学的标本、课题。因此,可以说莱里斯在《非洲幽灵》之后所开展和从事的自传文学写作,不过是剔除了《非洲幽灵》中的人类学实践的那一部分,而将其中对自身的观察和探究不断地拓展和深入下去。从《成人时代》到《游戏规则》的写作,不过是"用人种学研究的方法,用文字游戏般的语言,对自我进行探寻"②。

《非洲幽灵》中对早期人类学田野调查的那些殖民、种族主义的方法和态度的坦白和揭露,使莱里斯饱受前辈师长(马塞尔·莫斯,保罗·列维[Paul Rivet])的不满与指责,同时也面临着与同伴同事(马塞尔·格里奥列)的反目和绝交。而犯下这种种"不可饶恕的过错"的莱里斯似乎并不太介意这些,他在日记中写道:"尽管有许多烦恼,但内心中,对这个替罪羊的角色我甚至有些沾沾自喜。"③米歇尔·莱里斯将在他一手创建的这条旨在"坦白和揭露"的自传的道路上走得更绝

---

① Michel Leiris, *L'Afrique fantôme*, *Brisées*, Paris, Gallimard, 1992, p.65.
② 杨国政,"米歇尔·莱里斯和他的自画像",《国外文学》,1998 年第 3 期,68 页。
③ Michel Leiris, *Journal*, Paris:Gallimard, 1992, p.302.

对、更深远。用他在 1946 年《成人时代》再版时所撰写的那篇著名的序言《论文学之被视为一种斗牛术》里的话说:"我并不甘心就做一个文士。斗牛士,被危险吸引,追寻着达到极致境界,展现他所有的技艺与风格,就在那一瞬间,承受那最可怖的威胁——这就是那种让我惊叹不已的人,这就是我梦想成为的人。"① 但作为一个和文字打交道的作家,他如何将公牛犄角恐怖的阴影引入到文学中来呢?"莱里斯的答案是:通过自我暴露,通过不为自己辩解;通过亲自置身于火线,而不是通过制造文学作品,把自己客观化。然而,我们这些读者,这场血腥表演的旁观者,知道当它表演得不错时它就成了文学——无论它怎样否认自己是文学。"②

作为自传的《非洲幽灵》

法国学者勒热讷在为当下的自传文学下定义时说:"现代自传好像产生于这样一种背景之下:人们意识到自传作者所处的情形使他不仅能够完全满足一系列先决条件,而且,如果他愿意的话,还可以创造一种追问其人生、改变叙事结构和内容的新的方式。只是到了这时自传才不再是传记的一种'变体',而是在某种程度上与之对立。因此可以这样认为:自传之为自传,这不仅取决于其内容,同样取决于其形式:自传作者的高明之处体现于知识和叙述的结合、叙事风格、阐述其世界观的能力。"③ 如果我们说《非洲幽灵》在某种程度上可以看作是米歇尔·莱里斯的自传的话,那恰恰是因为《非洲幽灵》正契合了勒热讷为现代自传文学的定义,莱里斯正是通过对他者和自身反复细致地观察来寻求人生的某种真实和真谛,而他所构建这种既内在又外观的双重叙事结构和他所展现与追寻的崭新的叙事内容是此前的自传文学中所没有的。

当然相对于经典的自传文学,《非洲幽灵》显得过于复杂,它的多重身份(旅行手册、人类学笔记、日记、散文、自传)很难让我们在经典的自传文学中找到类似的例子。但这并不是说它的存在是完全孤立的。或许我们可以从另外两部人

---

① Michel Leiris, *L'Âge d'homme* (1939), p. 12.
② 苏珊·桑塔格,"米歇尔·莱里斯的'男子气概'", 73—74页。
③ 勒热讷,《自传契约》,杨国政译,北京:生活·读书·新知三联书店,2001年,37页。

类学著作中找到与之相似的因素。马林诺夫斯基的《严格词义上的日记》(*A Diary in the Strict Sense Of the Term*),这部在特罗布里恩岛写就的秘密日记无疑是马氏人类学田野调查的副产品,他本无意公之于众,因为里面充斥疯狂混乱的谵言呓语,一个人类学家科学、冷静、知性的面具下充溢着欲望、野心、烦躁、郁闷。1955 年,该书在马氏死后一经出版就在人类学界引起了巨大的混乱。另一个例子是出生于突尼斯的法国民族学家法雷-萨达(Jeanne Favret-Saada)的《为身而身——博卡日地区的巫术调查》(*Corps pour corps: enquête sur la sorcellerie dans le bocage*)。法雷-萨达 1969 年来到法国西部的博卡日地区开展她关于当地巫术的调查,而她不久便发现这是一项不可能完成的任务,因为村子里所有的受访者都对巫术闭口不谈。她唯一的办法就是用日记的方式描绘她每天在这里的经历——当地人如何拒绝谈论巫术的。直到有一天她感觉自己中魔了,而不得不求助精神分析医师。这本日记就是在精神分析医师孔特拉斯的协助下完成的,某种意义上成为她化解巫术的方式;这同样是个极端的例子,人类学家将自己无保留地投入到自己的研究中去。

这三部日记虽然发生的时代不同,作者的经历各异,但他们无疑有一个共通之处——在一个特殊的空间里对生命的一个片段的截取,在这一个片段的时间里,他们将生命难以释义的繁复展现出来。对莱里斯来讲这是一部包罗万象的"整体日志";马林诺夫斯基因无意将日记发表,所以并无顾忌和斟酌自己可怕的言论;法雷-萨达的日记让我们看到一个潜心研究巫术的人,在中魔与驱魔间挣扎。就像另一个人类学家詹姆斯·克里福德评价马氏的日记时所说的(同样可以用来评价另外两个文本):"日记是一本创造性的,含有多种声音的书,它是人类学历史上一个极为重要的文献,不是因为揭示了人类学的经历的真实,而是它迫使我们紧紧抓住这类经历的复杂性并把所有根据这一类实地研究的文字叙述当作片面的解释。"①正是由于这些逃离了传统学术领域的、往往被排斥在学术研究边缘的、带着极强的个人主观色彩的著作,扩展了人类学研究范围,避免了为了

---

① 詹姆斯·克里福德:"论人类学的自我形成:康拉德和马林诺夫斯基",《后殖民理论与文化批评》,张京媛主编,北京:北京大学出版社,1999 年,260 页。

客观而客观的片面化,而且更富有人性。同时,这些文本之于自传文学(如果将它们归纳进自传性作品的范畴),它们的出现也同样为这种文学体裁的创作带来许多崭新的东西。尤其当其作者,像米歇尔·莱里斯原本就是一个超现实主义诗人,一个文学创作者,他所给出的文本就有着天然的文学性,也就更具探究的价值。

自传人类学的可能性

1981 年,当《非洲幽灵》最终被安排进伽利马出版社"人类科学图书馆"书系时,米歇尔·莱里斯在为其撰写的新序言结尾写道:"像我人生道路转折的标志,这本日记有两个入口,在主观的事实和外在的事物(经历的、看到的、学到的)之间存在着一种持续不断地相关联的闪回,这种闪回被置于半记录半诗意的夹角下。"①作者自己为我们提供了一把解读他著作的钥匙,《非洲幽灵》的双重性格也被表达得十分清晰——主观的、文学性、自传性的一面和客观的、科学的、研究性的一面。同时,《非洲幽灵》也开启了莱里斯职业生涯的两个方向,一个作为人类学家的莱里斯,将在巴黎右岸民族博物馆地下一层的非洲部办公室撰写他关于"多贡秘密语言"、"埃塞俄比亚灵魂附体仪式"等人类学的研究;另一个作为文学家的莱里斯,将在他巴黎左岸公寓的卧室里组织他漫长的自传。在《非洲幽灵》之后,他虽然再没有将这两种身份如此明显地混淆在一部著作里,但他两种写作无疑有着相互的影响和渗透,科学文章里面的个人色彩和自传文学背后职业特性始终没有改变。

如果说,《非洲幽灵》是一个自传与人类学相融合的极端文本,不停地引发读者去思考,是否野蛮人的状态正揭示了文明人被压抑的部分并通过潜意识得以表达? 是否他者就蕴涵于自我之中? 野蛮与文明、疯狂与理性的界限究竟存在于何处? 那么他之后的文学创作(自传写作:《成人时代》,《游戏规则》)是否仍然与他所从事的人类学职业有关联呢? 答案是肯定的。"塞纳河流淌,穿

① Michel Leiris, *Préambule à L'Afrique fantôme*, *Miroir d'Afrique*, Paris:Gallimard, 1996, p.89.

过左岸与右岸,仿佛一种双面向的写作,早在 1932 年从白尼罗河向上游行进时,莱里斯就试图展开一种'关于自我的人种志'(L'ethnographie de soi-même)研究。这种模式——我们观察到——不只被应用于《非洲幽灵》,而是他所有的作品。"①就像莱里斯在谈论"介入文学"(La littérature engagée)时讲到,介入对他来说并不是强调文学的社会介入性,而是要作者自己真正地介入到文学中去,如同一个人类学家做田野调查要将自己全身心地投入到他者当中。

　　无论人类学还是自传,在深层次上都是一种对自我的重新发现和认知,在人类学领域这通常是通过对一个陌生的族群的考察,而自传则是通过深入地挖掘自我。莱里斯在晚年的一次访谈中说:"根本上讲,我只是通过两条不同的路径到达一个相同的目标,也就是说通过观察自我与他者来获得一种普遍意义上的人类学。"②由此可以说,不仅仅是《非洲幽灵》,米歇尔·莱里斯在以后创作的自传性文本几乎都可以被放置在人类学层面考量。比如《成人时代》中,莱里斯将自己与神话历史中的人物做相互的镜像和投射;比如《删除》中,懵懂的童年被某个词语所激发的觉醒③;再比如整部《游戏规则》的写作方式(上千页的自传,他完全应用人类学做田野调查卡片的方式组织撰写)等等。

　　对莱里斯来讲,他心目中为自己设定的自传创作就如同:"精心绘制一幅最接近曾经自己的画像(就像一些人只在画作中描绘平淡的风景和日常的事物一样),除非它触及风格和结构,不让一点艺术的疑虑掺杂进来:这就是我对自己的要求,就如我所期待的,用我所将要去实践的那种清醒的自知去弥补我绘画技艺的拙劣,特别是,就仿佛以一种对自己道德上的苛求来解决我所要实践的这个计划的困难——如果这并不能消除我的种种软弱与缺陷——但我至少可以展示出我不加掩饰地观看自己的能力。"④这俨然是一个人类学家,面对研究的对象(自

———————————

① Jean Jamin, *Présentation*, *Miroir d'Afrique*, Paris:Gallimard, 1996, p.67.

② Michel Leiris, *C'est-à-dire*, p.49.

③ Michel Leiris, *Biffures*, *La Règle du jeu*, Paris:Gallimard, 2003, p.3. 注:自传《删除》第一个故事,童年莱里斯眼看着一个玩具兵从桌上掉落在地,但并未摔坏,他惊叹着脱口而出"...reusement!"(就好像在汉语里我们说"幸好"但只说出了"幸"),家人马上纠正他要说"heureusement"(幸好)而不是"...reusement"(幸),莱里斯无比失落,因为他发现自己的语言并不专属于自己,它要受制于一个公共约定的体系。

④ Michel Leiris, *L'Âge d'homme* (1939), Paris, Gallimard, 1973, pp. 12–13.

己)所展现出来的对事实与精确的追求。列维－斯特劳斯在莱里斯去世后不久接受《新观察家》记者访问时说:"谈到米歇尔·莱里斯,把他创作《游戏规则》的方法和他做田野调查的方法做一个细致的比较将非常的有意义,因为事实上这两者几乎是同一回事,因为它们有着相同的严苛的准则,相同勤勉不懈,正是这种意志得以还原真实,一种毫不妥协的完全的真实。"①

参考书目

苏珊·桑塔格,《反对阐释》,程巍译,上海:上海译文出版社,2003 年。

勒热讷,《自传契约》,杨国政译,北京:生活·读书·新知三联书店,2001 年。

Michel Leiris, *L'Afrique fantôme*, *Miroir d'Afrique*, Paris, Gallimard, 1996.

Michel Leiris, *L'oeil de l'ethnolographe*, *Zébrage*, Paris, Gallimard, 1992.

Michel Leiris, *L'Âge d'homme*（1939）, Paris, Gallimard, 1973.

Michel Leiris, *La Règle du jeu*, Paris, Gallimard, 2003.

Michel Leiris, *C'est-à-dire*, Paris, Jean-Michel Place, 1992.

Michel Leiris, *Journal*, Paris, Gallimard, 1992.

Michel Leiris, *Zébrage*, Paris, Gallimard, 1992.

Denis-Constant Martin, Olivier Roueff, *La France du jazz*, Marseille, Paranthèse, 2002.

王彦慧 巴黎第七大学,图文符号学博士研究生,研究方向:文学与艺术(音乐、电影、美术),自传与人类学。

---

① Claude Lévi-Strauss, *Une Grâce miraculeuse*, *Nouvelle Observateur*, 1990, N°10-11, p.148.

真实与虚构之间:三个文本中 19 世纪 90 年代的亨利·詹姆斯

沈 忱

内容提要：利昂·艾德尔的《亨利·詹姆斯》三、四卷,戴维·洛奇的《作者,作者》以及科尔姆·托宾的《大师》都是以 19 世纪 90 年代的亨利·詹姆斯为对象创作的传记或传记小说,三个文本都以同一段史实为基础,以追寻真实的詹姆斯形象为目标,而最终呈现的结果却不尽相同。无论在材料的编排采用,还是对同一事件的解读,三个文本都有自己的侧重,其原因在于三位作家对自己和传主之间关系的理解不同。这种文本中不可避免的虚构性的存在一方面阻挠我们接近所谓的"本真真实",另一方面也让我们看到真实的不同层次和不同面向。

关键词：传记 真实性 詹姆斯

2004 年科尔姆·托宾和戴维·洛奇先后出版了《大师》和《作者,作者》,都是以亨利·詹姆斯为主角创作的传记小说。两位作者在写作时互不知情,但不约而同截取了詹姆斯在 1890 年到 1899 年间的生活。这样的选择不无道理,因为这十年间是詹姆斯事业遇到重大挫折的阶段,而一个人的性格在其人生转折期最易凸显。艾德尔同样用了两卷的篇幅事无巨细地描述这段时间詹姆斯的生活。托宾和洛奇两位作家在写作前都做了大量的史料阅读,且都在致谢辞中特别感谢了艾德尔,而且一再强调自己的小说是以史实为基础创作,故事中的每一个事件都有事实依据。然而,不像伍尔夫在《奥兰多》中把一个虚构的故意写成一本传记,这两位作家特别强调这是一本小说。不仅是题材上有差异,三位作家笔下的亨利·詹姆斯也呈现着完全不同的性格。那么究竟哪一个文本中的詹姆斯才更真实呢？哪一种方式才能真实地呈现作家詹姆斯的心灵真实？如果说因为传记体裁的限制,传记家很多时候不能写出材料之外的更丰富的人格,那么小说中虚构的人物形象又更足以相信吗？两位作家认为小说比传记在虚构性上有更少的限制,然而传记的真实性原则并不排斥虚构。"文学性要求较高的那些传记,在必要的时候,传记家就可以史实为依据,通过想象来推测、填补传材中的遗漏,这就是传记中的虚构(invention),也是传记家作为书写主题的一种权力。"①其实,我们可以说这三部作品都是作家们通过想象的方式将同样的材料进行重组,以期表现心目中真实的詹姆斯。所以在这里我想讨论的问题,不是真实与否,而是如何呈现真实的问题,这三部作品中传记家和小说家都做了不同的尝试。

一

虽然都写同一段时期内的詹姆斯,而在三个文本中,作家各有自己的文类选择:艾德尔采用传统传记式的写作,洛奇和托宾的作品则属传记小说。不过这并不意味着,传记文本所记录的作家形象更加真实,而传记小说所呈现的形象则不可信。作为以语言为媒介的叙事文本,历史事实的呈现必然不会全然客观,我们只能说不同的文类选择下,作品中的真实与虚构的成分也各不相同,这导致三个文本虽写同一段史实,然而风格迥异、各有侧重。

艾德尔的传记以时间为线索,追踪了这段时间内詹姆斯的生活状态和心灵轨迹。正如第四卷传记的题目:背弃的岁月,艾德尔更关注他如何在社会中立足这一奋斗历程,其中一以贯之的是从第一卷就特别指出的兄弟竞争、对女性的恐惧等精神情结。以兄弟竞争来说,三部作品都提到了这一部分,但并没有艾德尔这样突出。艾德尔在第一卷中就用《圣经》中雅各和以撒的关系来比喻亨利和威廉的关系。艾德尔从詹姆斯的自传《小男孩及其他人:一个儿子和兄

---

① 杨正润,《现代传记学》,南京:南京大学出版社,2009 年,532 页。

弟的笔记》中分析亨利对威廉的看法,认为威廉始终是亨利追赶的对象,作家自传的题目将自己放在整个家庭画面的最前面,显出尽管他将这本书描述为一本威廉·詹姆斯早期生活的记录,而实际上就是一本自传。这种竞争一直持续着,到了晚年,即使亨利在成就和名气上已经超越了他的兄长,这种兄弟竞争的心理似乎一直都没消失过。在这段传记中,艾德尔特别写了亨利父亲去世,威廉远在国外,亨利代替威廉行使长子权力的欣喜。既然没有了天生的长子权力,亨利则一直追求事业上超越兄长。可是当亨利的写作事业在戏剧上蒙受重创之时,而威廉的名声开始遍及海内外,这让亨利特别沮丧。艾德尔的这种推断,正是在精神分析方法影响下,注重传主的童年、精神情结等问题,对传主的心灵世界进行的虚构。

《作者,作者》和《大师》并没有展现詹姆斯生活的方方面面,而是各有主题。洛奇在前言部分就声明"几乎所有在作品中发生的故事都建立在事实基础上。……但在再现他们所思、所感、所说时,我行使了小说家的特权;……它从故事结尾,或故事行将结束时开篇,接着从情节开端处倒叙,进而发展到中间部分,然而与开篇处的终局再次结合"①。正如作者声明,和艾德尔的传记相比,虽然所涉及的历史事实都相同,而《作者,作者》通过作家的运思编排,更具有故事性。洛奇在《作者,作者》主要集中表现詹姆斯的写作生活。作者采用倒叙的方法,以作家弥留之际作为开头和结尾,主体部分是作家 1893—1894 年间的戏剧创作失败事件,也对 1891 年和费尼莫尔·伍尔森女士的交往、1896 年定居英国的事件有所着墨。将这些事件贯穿始终的是詹姆斯和杜莫里哀的交往,杜莫里哀在这里不仅是詹姆斯生活中的好友,后来在写作上他的意外走红也成了詹姆斯的反衬,使小说中詹姆斯不仅有和王尔德的正面冲突,也有和杜莫里哀的隐性冲突,充满戏剧张力。在艾德尔笔下,和杜莫里哀的关系仅做了简单交待,并未成为情节推动的因素。而对于艾德尔重点描述的兄弟关系话题,洛奇并非没有提及。洛奇并没有写亨利和威廉之间的竞争关系,而是通过嫂子詹姆斯夫人来照顾弥留之际的亨利时,替亨利接受并答谢功绩勋章时在心

---

① 戴维·洛奇,《作者,作者》,张冲、张琼译,上海:上海译文出版社,2007 年,1 页。

里比较两兄弟的成就,旁观者的心理活动没有触及兄弟竞争问题。

托宾从一开始就不认同艾德尔的传记式写作,他曾认为他读艾德尔的传记,觉得厚重而枯燥。他希望能重新建立一个詹姆斯的形象,开始重新想象詹姆斯①。在托宾的自述中,他不断强调自己对詹姆斯的想象,相比同为传记小说的《作者,作者》,《大师》行文上更具抒情性。托宾按照时间线索,集中写了1895年到1899年的詹姆斯的生活。不过不同于艾德尔的平铺直叙,托宾在编年体的叙述中穿插了大量回忆内容,而这些回忆内容主要围绕詹姆斯和三个女性的关系,即母亲、妹妹爱丽丝和费尼莫尔夫人,不仅包含了詹姆斯这五年间的生活,也囊括了詹姆斯早年的生活事件。虽然和洛奇选择了同样的时间段来展现詹姆斯,而不同于洛奇对詹姆斯戏剧失败过程的关注,托宾更关注失败后詹姆斯是如何通过回忆来走出心灵创伤。另外和艾德尔、洛奇对亨利和威廉关系的注重不同,托宾则特别将妹妹爱丽丝作为亨利的另一面而着重描写。虽然艾德尔也提到过爱丽丝和亨利因为家庭地位的相似而一直有同病相怜的认同感,托宾则这一点突出,不仅写了童年生活的相似对这对兄妹生活的影响,还特别描写了爱丽丝的同性倾向,表现了他们成年之后的相同境遇,进而揭露亨利的精神隐疾。

三个文本各自呈现了詹姆斯的不同面相,基本根据同一个历史事实,而其差别只在于作者阐释的角度、叙述的方式和突出的重点,我们并不能就此判断哪一个面相更加真实。

二

不仅在材料的选择上有差别,对同一材料的解读三位作家也各有立场。无论是作为现代传记的《亨利·詹姆斯传》还是传记小说《作者,作者》、《大师》,作者们所要呈现的并不仅停留在外部事实的记录层面上,他们以表现作家詹姆斯心灵的真实为目标,外部的真实尚能通过文献史料来找到证据,而心灵的真实则依

---

① See Colm Toibin, "Henry James for Venice", *The Henry James Review*, (27) 2006, pp. 192–201.

赖的是作者的阐释。正如英国传记家斯特拉奇所说:"没有解释的事实正如埋藏着的黄金一样毫无用处;而艺术就是一位伟大的解释者。"①而承认对于同一事实存在着多种解释并不意味着承认曾发生过、曾存在过的"本真真实"的不可把握,而是意味着同一事实可能有不同的层面和不同的侧面②。作为传记家的艾德尔自然把追求传主心灵的真实为己任,而洛奇和托宾对同一事实的不同解读,想通过叙事文本达到"本真真实"总会受到虚构性解读的阻挠,导致呈现的结果千差万别,而且这些甚至相互矛盾的解读我们无从辨别真伪。我们可以从三个文本都涉及的关于詹姆斯和费尼莫尔·伍尔森女士的关系问题来看这一点。

作家詹姆斯一生未婚,而原因却一直被其本人讳莫如深,这自然引来传记家和读者的纷纷猜测。费尼莫尔·伍尔森女士作为唯一一位和詹姆斯有可能成为伴侣的女性,对他们关系的探索也是一种探索詹姆斯心灵密码的途径。在关于詹姆斯的诸多传记中,甚至有传记单独描写了这段关系,如林达尔·戈登的传记《亨利·詹姆斯的私人生活》(*A Private Life of Henry James*)。而他们的相识也正好在詹姆斯步入中年,写作事业经受重大打击前后,所以也成了三个文本都绕不开的话题。

艾德尔提倡用福尔摩斯加弗洛伊德的方式来写作传记③,他也是如此践行的。在解读这段关系时,他不仅从书信和作品中找到蛛丝马迹的证据,对于没有实际证据的推断也如弗洛伊德从童年情结中找到解释。艾德尔在第三卷《亨利·詹姆斯传——中年:1882—1895》中花了大量笔墨描写这段关系。他把作家詹姆斯和伍尔森女士的书信、两人的日记、笔记,还有作品作为解读这段关系的密码。费尼莫尔·伍尔森女士在艾德尔笔下是才华横溢的女作家并十分渴求詹姆斯的青睐,艾德尔认为费尼莫尔·伍尔森女士评价詹姆斯笔下的女主人公并不是真的懂爱情的女性显然是借评价作品之机抒现实之怀。而费尼莫尔·伍尔森女士最后跳楼自杀,艾德尔认为虽然没有确凿的遗嘱,但和詹姆斯并非没有关系。而对于詹姆斯,艾德尔从信件中分析出复杂的态度:詹姆斯

---

① 杨正润,《现代传记学》,120 页。
② 详见赵山奎"论精神分析对传记真实性的影响",《国外文学》,2006 年第 3 期,5 页。
③ 详见杨正润"传记诗学的开拓者——评里翁·艾德尔",《当代外国文学》,2003 年第 4 期,104 页。

既认为费尼莫尔·伍尔森女士是亲密的朋友,又对这种亲密的关系有逃避的态度。特别是费尼莫尔·伍尔森的自杀对詹姆斯产生了巨大影响,艾德尔认为詹姆斯后来创作的《丛林猛兽》正是对这段关系的回应。最后艾德尔将詹姆斯的矛盾心理和作家童年就形成的婚姻恐惧心理有关,"在他的很多故事中,男性和女性的对抗中一方或另一方必然会死亡"①。第一卷中艾德尔就讨论了詹姆斯的女性恐惧心理,从家庭婚姻关系的不幸中,詹姆斯养成了对婚姻的恐惧,认为一旦结婚就意味着艺术生涯的终结,所以从来没有考虑过结婚。而詹姆斯对伍尔森女士的矛盾心理正是这种情结的体现。

在《作者,作者》中,伍尔森女士和詹姆斯的关系则主要围绕着詹姆斯的文学创作来展开,没有艾德尔笔下那样复杂,伍尔森女士是詹姆斯的文学崇拜者,詹姆斯一方面享受她的崇拜,一方面刻意保持距离。洛奇关于这段关系的描写也紧紧和詹姆斯的戏剧创作联系在一起。伍尔森女士和詹姆斯相识主要出于她文学上独到的见解和不俗的品位。"他们的关系是柏拉图式的友谊,是对共同的兴趣进行有见解地交流。不过亨利很喜欢这些会面所带有的秘密和隐蔽的感觉。他觉得有些兴奋和冒险感,想象着自己真实在幽会,并要将这种体验保存起来,用于将来的文学创作。"②在洛奇看来,这段关系詹姆斯不仅没有惧怕和女性关系的亲密对文学创作带来的负面影响,反而很享受这种体验。当然洛奇也认为詹姆斯对这段关系也有芥蒂,主要是妹妹爱丽丝的妒忌,还有不希望伍尔森女士对他的戏剧创作进行干涉。而在写到处理伍尔森女士的遗物时,看到伍尔森女士说詹姆斯是一个"无心的人",洛奇将这种无心和福楼拜评价他"因为迷恋词句而使心干涸"相联系,似乎这并没有给詹姆斯带来感情的困扰,反而是对他为文学献身的赞誉。

托宾在《大师》中对伍尔森女士的描写通过她死后詹姆斯重游威尼斯的时候的回忆来呈现。在托宾的笔下,伍尔森不想取悦詹姆斯,内向而谨小慎微,反而詹姆斯显得热情而主动。托宾特别强调伍尔森耳朵失聪,使得性格孤独而阴郁,且

---

① Leon Edel, *Henry James the Middle Years*:1882 – 1895, New York:The Hearst Corporation, 1962, p.384.

② 戴维·洛奇,《作者,作者》,85 页。

认为詹姆斯不像伍尔森提出结婚是因为伍尔森想要有独处的距离。托宾和艾德尔一样,也提到了两人的通信,不同于艾德尔认为詹姆斯在信中对伍尔森女士的善意是有距离的友谊,托宾则认为是故意的关怀。有意思的是,三位作家都写到詹姆斯处理伍尔森女士死后衣物的场景。托宾将詹姆斯丢弃她衣服的行为视作保护她隐私的神圣行为,是缅怀逝者的方式。洛奇则将扔衣服的秘密行动写得滑稽而有戏剧性,詹姆斯似乎急于逃避这段关系而显得格外狼狈。艾德尔则将这个行为视为辅助伍尔森的妹妹处理后事的过程中,并没有多提及。

同样的事件在三位作家的笔下差异巨大,艾德尔笔下的詹姆斯彬彬有礼却又游移不定,洛奇笔下的詹姆斯完全献身文学创作,托宾笔下的詹姆斯则热情而擅于交往,我们并不能说哪一个更准确,只能说三个作家尝试性的解释,使"本真真实"在文本中表现出丰富的层次和面向。

<h2 style="text-align:center">三</h2>

三位作家对詹姆斯的阐释如此不同,其原因还在于作者理解自己和作家詹姆斯之间的关系的不同。作者与被创作者的关系是写作者要最先解决的问题,以何种姿态理解对象,深刻影响到最终对象呈现的形态。传记家在写作前必先进行充分的材料收集,为了把握传主的心理,传记家不能只是根据材料进行推导和猜测,还要进行适当的心理体验,即让自己置身于传主的生活环境中,理解传主的思想和感情[1]。艾德尔、洛奇和托宾在写作前都做了大量的材料收集,他们的写作也都以这些材料为基础,而最终呈现结果的不同,显然和作者对詹姆斯不同的体验关系有关。

艾德尔认为传记家和传主始终保持若即若离的关系,传记家用俯视的视角来看待传主。在艾德尔的理论中,传记家和传主的关系问题是关键问题。艾德尔认为:历史上有很多传记家和传主关系的案例,有的关系太紧密导致无法抽离自己去完成任务,或者当他们这样做的时候,使自己陷入困境。所以他认为

---

[1] 详见杨正润,《现代传记学》,516 页。

传记家应该先培养自己的意识,认识到太过融入自己的感情对传记写作是一种威胁①。所以他提倡传记家和传主应该保持适当距离。但是传记家又不能完全脱离传主,他认为要写好的传记必须把自己设身处地在传主的环境下,重新体验传主的感情、问题和挣扎。必须用传主的眼睛去衡量世界,透视那些眼睛所看到的一切。但为了传记写作而成为另一个人,传记家也承担了风险。他必须克服焦虑,他必须做一个"参与的观察者"(participant-observer)来试图理解矛盾的传主所感受的世界。他必须同情又冷漠,融入又抽离②。正因为有这样的意识,艾德尔在呈现传主的过程中,能始终和詹姆斯保持着适当的距离,又加以同情的理解,并不妄自推测,都是在信件和作品、笔记等实证材料中找证据,来证明自己的推断。

托宾和洛奇,由于写作对象也同是作家,他们在呈现过程中都不可避免地倾注了个人感情。在传统的传记写作中,传记家往往躲在幕后,在评论家和传记家的角色之间艾德尔就有明确的区分。正因为传记家对史实理解的重要,艾德尔主张传记家应该像批评家那样审视传主。艾德尔反对将传记作为小说的分支,如果一定要说,传记更像是文学批评的分支,因为传记家和批评家关注的是价值观、思想、生活方式,而这些都不是传记家和批评家虚构的③。正是这种批评家的姿态,使得传记家在写作传主时,不敢妄自推测,每一段叙述都是摆事实讲道理,而根本不敢作无根据的猜测。而洛奇身为作家,也同为一名学者,在写作中将詹姆斯的写作困境和自己的写作困境相联系,尽管他一再表明自己所写都是有事实依据,不惜摒弃他写作常用的讽刺戏仿等技巧。但他对作家的写作经验太感同身受了,所以在结尾的时候,他忍不住跳出来说话,用自己的文章和詹姆斯本人的文章进行对话,表达对作家的敬慕之情。他告诉詹姆斯在他死后他的作品得到了大家的肯定,还就詹姆斯本人写的《死亡之后还有生命吗》进行对话,探讨艺术家死亡后如何不朽的问题。

---

① See Leon Edel, *Writing Lives*: *Principia Biographica*, New York/ London: W. W. Norton & Company, 1985, p. 61.

② 同上书,64 页。

③ 同上书,44 – 55 页。

　　在写作过程中,传记家要尽量控制自己的感情,会用自身经验帮助理解传主,但不会在写作中倾注大量的个人感情。而小说家则有意无意地在解释传主时融入了个人经验。托宾就曾说他的个人经验是他构建詹姆斯生活的非常重要的灵感。他也反对弗洛伊德式对传主的解读,认为这样的解读方式将人物简单化,剥夺了事物本身的情感、品质和美①。所以在理解詹姆斯的时候,他将自己的个人记忆融合到詹姆斯的记忆中。身为爱尔兰人,他特别写了詹姆斯戏剧创作失败后去爱尔兰的那段经历,这在其他两位作家的书中都只是略提。而托宾和其他两位作家最大的不同在于,他身为公开自己同性倾向的作家,也在詹姆斯是否同性问题上持肯定态度。托宾在书中写了詹姆斯和三位男性之间的同性之爱,特别是和保罗·茹科夫斯基之间的暧昧关系,詹姆斯书信中对年轻雕塑家安德森的亲切称呼也被视为同性的证据。而洛奇和艾德尔是明确反对这种观点的。在第一卷中,艾德尔明确否定了后人的这种推断,认为仅凭詹姆斯信中语焉不详的词语根本无法证明这一点,甚至还和持肯定观点的修传者打了笔墨官司。洛奇在书中也对此不置可否,他在提到有些同性恋理论的艺术批评派盯上詹姆斯时说:"在这里提此事显得不合时宜,最好也不提这样的事实。"②因为缺乏足够的材料来证实,各个传记家只能根据已有的材料进行阐释和猜测。

　　根据上述分析,我们可以看到,在追求真实性的问题上,我们很难通过叙事文本达到实在的"本真真实"。艾德尔通过大量的日记、书信等材料,加上科学的分析方法,尽量客观地向我们呈现詹姆斯的心灵世界,而洛奇和托宾却通过不同的阐释,让我们看到通往"本真真实"的不同可能。其实就如亨利詹姆斯自己的作品《地毯中的图案》一样,真实就是那个图案,我们不知道它是什么,只能看到编织它的纹路。

沈　忱　女,1990 年生,上海交通大学人文学院硕士研究生。

---

① See Colm Toibin, *Henry James for Venice* , pp. 192 – 201.
② 戴维·洛奇,《作者,作者》,447 页。

中国（大陆）人物传记"衰象"之分析

——以林徽因的传记为例

韩石山

内容提要：本文通过对近 30 多年来多种林徽因的传记的考察与分析，指出当下中国（大陆）现代文化人物的传记写作中，存在四个主要问题。归纳起来，可分为两个方面，一是对现有材料的研究不认真、不仔细，一是不能有效地借鉴台湾所存的现代文字资料。最为重要的，是没有建立起严谨的学风。这与当下社会上虚浮风气有关，也与从业者的训练不足有关。作者没有具体提出解救之法，但通过对各种"衰象"的分析，实际上已有明确的回答。

关键词： 人物传记 衰象 林徽因 金岳霖 傅斯年

释　　题

题中"中国（大陆）"这样的表述，是一种地域上的限制，更是一种时间上的限制。具体地说，是指 1949 年中华人民共和国成立，以迄现今。

"人物传记"一词中所指的人物，系指主要活动在 1840 年鸦片战争爆发到 1949 年中华人民共和国建立这期间的文化人物的传记。简约点说，就是现代文化人物的传记。此类传记，20 世纪三四十年代，有少量出版。共和国建立后到改革开放前，几乎没有出版的。近 30 多年来，由少到多，渐成规模，近年来则蔚为壮观。凡有名气的现代文化人物，几乎都有传记出版，声名卓著者且不止一部。极端的例子，如鲁迅当在 20 部以上，胡适当在 10 部以上。

"衰象"一词的采用,稍为复杂些。

以词义而论,应是衰败的景象。这样说,好像是原先兴盛,现在才衰败下来。这显然与我写作本文的意思不符。我的意思是,不管原先怎样,跟理论上应当达到的境界,跟世界发达国家相比,现在中国(大陆)的人物传记,从一开始就是一种衰象,几十年来,几乎没有什么大的改变。这个衰字,是从外孙常看的一种图文书的书名上借来的。

外孙九岁,放学回家,常躲在他的小书房里,捧着一本小书看得津津有味,不时吃吃而笑。什么书呢,如此有趣,有次我实在忍不住了,过去扳下他的手看了书名:《阿衰》(云南教育出版社),且已出到第三十几册。此后注意到,"衰"几乎成了外孙的口头禅,我要是做下什么无来由的错事,甩过来的一句便是:"姥爷真衰啊!"以我的揣测,衰不仅是差的意思,还有弱智的意思。而这种弱智引来的结果,常是让人可笑可气又无可奈何。无以名之,亦无以责之,只能慨然曰:"衰。"这位"衰哥"还有一个特点,就是不管别人怎样嘲讽,做起他的衰事来,总是那样的兴头十足,不屈不挠也无怨无悔。这一点,也与眼下传记写作中存在的问题相似。总之,中国(大陆)的人物传记,可说是衰象连连又衰劲足足,令人可笑可气又无可奈何。

中国(大陆)人物传记的衰象,可分为以下几种:一、囿于手头材料,就事论事,不作延伸,不事搜求;二、各种材料都有,稍加联想,就会有所发现,竟茫然不顾;三、手头资料中,就有宝贵内容,细细察看,不难发现,竟视而不见;四、限于大陆已出资料,不知借重台湾所存的相关资料。就我所看过的众多人物传记查验,或许能选取更为典型的事例,只是这样一来,文章就会散漫无边且篇幅浩繁,因此之故,只选与林徽因传记有关的资料以资佐证。

林徽因的传记作品,改革开放以来,出版的差不多有 10 种。我在本文中,只选择三四种,例证多采用陈学勇先生的《莲光徽灯里的梦:林徽因的一生》。这不是因为陈学勇先生的这部林传最差,恰恰相反,陈先生的这部林传,是众多林传中,最为优秀的。陈先生是当今最有成绩的林徽因研究专家,编过《林徽因文存》(四川人民出版社),出版过林氏史实考证集《林徽因寻真》(附《林徽因年谱》),他本人又是北京大学中文系出身。无论材料的掌握,还是文笔的练达,他写的这本林传,截至眼下,仍是林氏传记的最高水准。用本文采用的词汇表述,应当说是最不衰的。这是要特别说明的。兹将这四种林徽因传的书名、作者、出版社及出版时间开列如下:

《莲光徽灯里的梦——林徽因的一生》:陈学勇,人民文学出版社,2008年8月;

《一代才女林徽因》:林杉,作家出版社,1993年3月;

《骄傲的女神·林徽因》:丁言昭,上海书店出版社,2002年1月;

《客厅内外——林徽因的情感与道路》:王晶晶,东方出版社,2011年7月;

我手头的林传不止这四种,有这四种也就行了。

以下就各种衰象分别举例并略作剖析,限于篇幅,一种衰象只举一例。

一、囿于所知材料,就事论事,不作延伸,不事搜求

《林徽因年谱》载:1934年8月上旬,林徽因、梁思成应费正清、费慰梅夫妇之邀,往美国传教士恒慕义博士购置的一座废磨坊改做的乡间别墅度夏,别墅坐落于山西省汾阳县滹沱河谷地。度夏前后,林徽因、梁思成考察了汾阳、孝义、介休、霍县、赵城、文水、太原等县市的数十处古代建筑。费正清、费慰梅亦同行。(《莲光徽灯里的梦——林徽因的一生》所附,全书第280—281页)

上文中,"滹沱河"系"峪道河"之误。滹沱河在山西北部,汾阳县在山西中部,行政上属吕梁市,其境内有峪道河,过去河上有磨坊。据我推测,陈先生之错,在于相信了《费正清对华回忆录》或《费正清自传》(与前书为同一书)的译文,或许是费正清原文就是错的。我疑心是费先生有"峪道河"的汉字记载,读起来则是"谷道河",音译成英文写入文章,汉译者不加考证,就成了"滹沱河"。

《莲光徽灯里的梦——林徽因的一生》里,无专章记其事。《骄傲的女神·林徽因》有专章记其事,第二十章,名为《晋汾之旅》。所用资料共四种,一为林徽因与梁思成合写的《晋汾古建筑预查记略》,一为林徽因写的《山西通讯》,一为费正清著、陆惠勤等译的《费正清对华回忆录》,一为费慰梅著、曲莹璞等译的《梁思成与林徽因——一对探索中国建筑史的夫妇》。文中叙事,主要引自

《晋汾古建筑预查记略》。对林徽因、梁思成此番晋汾之行,无论旅程还是行事,描述也还周详准确。

《一代才女林徽因》在名为《智慧的叶子掉在人间》的第十七章里,也写到了林徽因与梁思成及费正清夫妇的此次河汾之行。该书的写法近似小说,随时有依据史实杜撰的情节与对话。尤其令人吃惊的是,在写到由汾阳去洪洞的路上,作者在说了车把式的情形后,还让车把式一应一和地唱起了山西的民歌小调《亲疙蛋》,且将这首不算太短的民歌的歌词全部抄录在书上,且说:林徽因、梁思成、费慰梅不由自主地齐应:"小亲疙蛋——"。

引述此书的这一内容,是想说林徽因的传记,从最早的一部起,有就这种小说化的倾向,后来的发展,就更严重了。比如去年出版的《你若安好便是晴天》,便是循着这一路子发展下来的。此后对这类传记,不作论述。

《骄傲的女神·林徽因》是认真的著作。存在的问题是,囿于所知材料,就事论事,不作延伸,不事搜求。比如费正清的自传,作者采用的是陆惠勤等人翻译,1991 年 5 月北京世界知识出版社出版的《费正清对华回忆录》。费正清的这一著作,大陆还有另一个版本,就是黎鸣等人翻译,1993 年 8 月天津人民出版社出版的本子。且不说译文如何,前一个本子,删节较多是肯定的。同样是写"晋汾之行"的《我的中国朋友》这一节里,后一个译本里的内容要丰富得多。且有几段文字,是费正清摘引他当年的笔记。当然,译文也不无小的讹误,在一段摘自"当时的记录"里,有一处地方,费正清写的是"Huo chou",译者若能查一下山西地图,就会发现从汾阳到洪洞的路途上,必经之地有个"霍州",就不会译作"和州"了。《骄傲的女神·林徽因》的作者丁言昭女士,若采用这个译本,对这一段行程的叙述,当会生动一些,也翔实一些。

这还不是我所说的"不作延伸,不事搜求"。

丁言昭的这本林传,在《晋汾之游》这一章里,依据《费正清对华回忆录》里的资料,写了林徽因等人在汾阳期间,费正清曾与金岳霖通信,谈到当时荣获中国女子网球冠军王氏姐妹,也在峪道河的磨坊别墅度假,说"每一个都比另一个美"。金从北京回了信,说:"根据你对天气的描述,你们每人应该穿上两件毛皮衣。你们怎么打网球呢? 王氏姐妹怎么能打球呢? 也许除了更加漂亮之外,每一个姐儿还比另一个更加结实。"以金与林的关系,这样的信,说是写给费的,也可以说是写给林的。从信中可以看出,林费等人在峪道河磨坊别墅,还有打网球的活动,且是跟当时荣获全国女子网球冠军的王氏姐妹一起打。写到这里,应当作适度的延伸与搜求。前些年,山西太原曾办过体育历史图片展,报上作过报道,介绍过1933年全国女子网球赛中,获得冠军的是两位山西籍的混血儿姐妹,一位叫王春菁,一位叫王春蕤,两人获得女子双打冠军,一人获得女子单打冠军,第二年在上海举行的全运会上,这对姐妹花又再度蝉联冠军。费正清夫妇与林徽因夫妇来峪道河磨坊别墅度假,正是1934年8月,当在王氏姐妹蝉联冠军之后。这样的资料,除过报刊文章外(《山西文学》就曾刊登过王湄的介绍文章),在网上也可以查到。

若兴致更高,视野更广阔,还可以约略介绍一下峪道河附近的人文景观。1934年夏,正是中原大战停战不久,冯阎联军失败后,阎锡山曾将冯玉祥接到山西,名为保护,实为软禁,先是安置在他的家乡五台县河边村,后来就转移到这儿,具体地点,在峪道河上游,现在峪道河乡中学所在地。现在峪道河中学的理化实验实,系当年西北军将领高桂滋的公馆。是否专为冯玉祥而建就不得而知了。冯在此地住了年余光景,看中这里的好风水,将去世多年的父母的骨殖迁来安葬,并建有高大的碑楼。以情理而论,这些地方,林徽因他们是会来游览的。韩石山曾写有《寻访林徽因》一文,专记此事,收入他的同名随笔集《寻访林徽因》中。该书2001年10月人民文学出版社出版,不难看到。

这才是我所说的延伸与搜求。

二、各种材料都有,稍加联想,就会有所发现,竟茫然不顾

有一则史料,几乎所有的林传都会引用:

我曾问起过梁公,金岳霖为林徽因终生不娶的事。梁公笑了笑说:"我们住在北总布胡同的时候,老金就住在我们家的后院,但另有旁门出入。可能是1931年,我从宝坻调查回来,徽因见到我哭丧着脸说,她苦恼

极了，因为她同时爱上了两个人，不知怎么办才好。她和我谈话时一点不像妻子对丈夫谈话，却像个小妹妹在请哥哥拿主意。听到这事我半天说不出话，一种无法形容的痛苦紧紧地抓住了我，我感到血液也凝固了，连呼吸都困难。但我感谢徽因，她没有把我当一个傻丈夫，她对我是坦白和信任的。我想了一夜该怎办？我问自己，徽因到底和我幸福还是和老金一起幸福？我把自己、老金和徽因三个人反复放在天平上衡量。我觉得尽管自己在文学艺术各方面有一定的修养，但我缺少老金那哲学家的头脑，我认为自己不如老金。于是第二天，我把想了一夜的结论告诉徽因。我说她是自由的，如果她选择了老金，祝愿他们永远幸福。我们都哭了。当徽因把我的话告诉老金时，老金的回答是：'看来思成是真正爱你的，我不能去伤害一个真正爱你的人。我应该退出。'从那次谈话以后，我再没有和徽因谈过这件事。因为我知道老金是个说到做到的人，徽因也是个诚实的人。后来，事实也证明了这一点，我们三个人始终是好朋友。"

这个材料，最早见于梁思成续弦夫人林洙的文章《碑树国土上，美留人心中——我所认识的林徽因》(1991 年)，后来收入刘培育主编的《金岳霖的回忆和回忆金岳霖》(1995 年，四川教育出版社)，再后来又由林洙几乎原封不动收入她的《大匠的困惑》一书中，就广为人知了。上文中的"我"即林洙自称。文中梁思成说的 1931 年去宝坻调查古建筑，不准确，当是 1932 年。具体时间是这年的 6 月中旬。这一点，陈学勇的书中有订正。

由此引发出的评价与感慨，不外林与金之间的感情如何的纯洁真诚，梁思成面对即将爆发的婚变，又是如何的沉着思索，从容以对。正是由于三人的品优学高，终于使这一即将爆发的婚变化险为夷，且成为中国现代婚恋史上的一段佳话。

这样的评价与感慨，都是把这一事件，看成一个完全孤立的事情，前无因，后无果，就它一个，孤零零地发生 1932 年 6 月的某一天的夜晚到第二天白天的某个时刻。

论者至少应当留意到，《林徽因年谱》上有这样的记载：1932 年 8 月 4 日，林徽因子梁从诫生于北平协和医院,林巧稚助产。取名从诫,意在纪念宋代建筑家李诫。(陈学勇《莲光徽灯里的梦——林徽因的一生》所附,全书第 276 页)

有了这一材料,作为一个诚实的写传者,写到这一晚上林梁夫妻之间的谈话时,至少应当说上这么一句:与金岳霖倾心相爱,导致向梁思成提出离婚时,林徽因已怀有 8 个多月的身孕。

再就是,依常情而论,第二天林徽因将金岳霖的话告诉梁,或是林与金一起再见梁,三人之间一定有一场严肃认真的谈话。这场谈话的内容是什么,没有留下文字材料。往后三人之间的关系,该是最有力的佐证。大量的材料证明,这个谈话的最核心的部分当是,林是可以爱金的,金也是可以爱林的。

如果是细心的作者,下面的材料也会留意到。

林徽因致费慰梅信:"我们正在一个新建的农舍中安下家来。它位于昆明市东北 8 公里处一个小村边上,风景优美而没有军事目标。邻接一条长堤,堤上长满如古画中的那种高大的笔直的松树。我们的房子有三个大一点的房间……这个春天,老金在我们房子的一边添盖了一间'耳房'。这样,整个北总布胡同集体就原封不动地搬到了这里,可天知道能维持多久。"(陈学勇编《林徽因文存》散文卷第 122 页,四川人民出版社)

这三个房间的房舍,与旁边的耳房,是怎样的一种格局?

清华大学建筑学院编,2004 年由清华大学出版社出版的《建筑学家林徽因》收有一文《梁思成、林徽因昆明龙头村旧居简介》。该文附有《梁、林旧居测绘图》。看图上的标识,知道这个耳房与正房之间的墙上,有个可开阖的房门。进去是梁家的起居室,东侧是梁家的主卧室。这样一来,不算正房最东边的一间,这三间房子就构成了一明两暗的格局,中间是客厅,西边是老金的卧室,东边是梁林的卧室。从图中能看出,老金的这个耳房,没有单独与外面院子相通的房门。

晚上是怎样的情形?

林徽因致费慰梅信:"老金这时走进已经暗下来的屋子,使事情更加叫人心烦意乱。他先是说些不相干的事,然后便说到那最让人绝望的问题——即必须做出决定,教育部已命令我们迁出云南,然后就谈到了我们尴尬的财政状况……老金无意中听到这一句,正在他屋里格格地笑,说把这几个词放在一起毫无意义。"(陈学勇编《林徽因文存》散文卷第121—122页,四川人民出版社)

也就是说,晚上梁林在东侧房里躺下,金在西侧房里躺下,中间隔着客厅,三人是可以对话的。

这样的事实,是否可以反证那天晚上林、金与梁,达成了怎样的协议。

众多的林传里,对此没有一句提及。

三、手头资料上,就有宝贵内容,细细察看,不难发现,竟视而不见

写人物传记,最棘手的是,少小时的材料难以寻觅。鲁迅的资料,可说是毫发无遗,可你知道鲁迅少小时的模样,他的亲人师友给他写过什么评价没有,想来是没有;若有,众多的鲁迅传里早就引用了。林徽因有一张少小时与妹妹及三位表姐妹的照片,也还清晰,上面还有父亲写的带评价性的文字。

这张照片,最早见于梁从诫编、百花文艺出版1999年4月出版的《林徽因文集》文学卷的插页,第155页,单色印刷,右侧文字有遗漏,不易辨认。最为清晰的是,清华大学建筑学院编、清华大学出版社2004年6月出版的《建筑师林徽因》的插页,稍大些且是四色印刷,周边的文字,几乎没有遗漏。仔细辨认,不难看出其文字的全部。照片上五个女孩,最左边的是九岁的林徽因。照片有边框,上、右、左三边的边框上,有林徽因父亲林长民用毛笔写的文字:

> 壬子三月,携诸女甥、诸女出游,令合照一图。麟趾最小。握其手,衣服端整身亭亭者王孟瑜,衣袖襞积,貌圆□□□□瑜妹次亮也。曲发覆额最低者语儿曾氏,徽音白衫黑裤,左手邀语儿,意若甚昵,实则两儿俱黠,往往相争,果饵调停,时时费我唇舌也。瑜、亮,大姊出;语儿,四妹出;徽、趾,吾女。趾五岁,徽九岁,语十一岁,亮十二岁,瑜十四岁,读书皆慧。长民识。

从这段文字上可以看出,父亲对女儿的评论是:一、为人黠;二、读书慧。人从三岁看到老。能说林氏少女时的德性与才分,没有延长到成年吗?这么重要的材料,众多的林传都没有顾及。

四、限于大陆已出资料,不借重台湾存有的相关资料

多部林传里,都写到傅斯年分别写信给朱家骅与翁文灏,希望他们通过陈布雷说项,让蒋介石亲批一笔大额款项,以接济因病致贫,困居李庄的梁思成、梁思永两家人。所依据的材料,多是傅斯年给林徽因的信及林给傅的回信。林的信见多种林徽因文集,傅的信见湖南教育出版社出版的《傅斯年文集》。

台湾历史语言研究所存有"傅档"(傅斯年档案的简称),学界许多人都知道,未听说写林传的人,去台湾查过"傅档"。听学界的朋友说,历史语言研究所是允许大陆学者使用"傅档"的。

2011年,台湾历史语言研究所整理出版了《傅斯年遗札》三卷,内中颇多与林徽因有关的资料,且有一通林徽因的遗札。

从《傅斯年遗札》中能看出,此番请款,翁文灏那边后来是见了效,朱家骅这边并非没有尽自己的努力。朱的办法是,说动中英庚款基金董事会总干事杭立武同意,由傅斯年与林徽因相商设个学术著作项目,由中英庚款基金给以"科学研究补助"。于是便有了林徽因给傅斯年的这封信。原信正文是:

> 今为实际生活所需,如不得已而接受此项实利,则最紧要之条件,是必需让我担负工作,不能由思成代劳顶替。
>
> 与思成细商之后决定,用我自己工作到一半的旧稿,用我驾轻就熟之题材,用半年可完之体裁,限制每日工作之时间,作图解及翻检笨重书籍时,由思成帮忙,则接受,不然,仍以卖物为较好之出路,少一良心问题。
>
> (《傅斯年遗札》第三卷第1273页)

查梁从诚编的两卷本《林徽因文集》(百花文艺出版社),陈学勇编的三卷

本《林徽因文存》(四川人民出版社),均未收入。多种林徽因传亦未提及。说是一通遗札,当无大谬。

从《傅斯年遗札》所收傅斯年致其妻俞大彩的信里,虽片言只语,也能看出傅与林之间的情谊,远在傅与梁之上。1946年1月7日傅斯年给俞的信里说:"现在托徐轶游兄带去此信,另带啤酒一小罐(林徽音送我,梁二反对之)。"(同上书第1666页)梁思成排行为二。信中梁二,该是傅俞夫妻间平日对梁思成的指称语,不会是此番专为蔑视而另铸新词。

此时林已离开李庄,来到重庆,不久又去昆明看望金岳霖。重庆居住期间,林徽因曾去医院检查身体,病情恶化,活不长久,朋友圈内已广为人知。3月5日傅斯年给俞大彩的信里说:"林徽音的病,实在没法了。他近月在此,似乎觉得我对他事不太热心,实因他一家事又卷入营造学社,太复杂,无从为力。他走以前,似乎透露这意思,言下甚为怆然,我只有力辩其无而已。他觉得是他们一家得罪了我。他的处境甚凄惨,明知一切无望了,加上他的办法,我看,不过一二年而已。"写至此处,特加一注:"你可写信给他。昆明北门街七十一号金岳霖转。"指称女性仍用他字,该是傅氏的一个习惯。信中可以看出傅斯年的情感,光复之后,分手在即,他已不可能给林徽因切实的帮助,仍希望妻子写信劝慰病困中的老朋友。(同上书第1674页)

衰象罗列出来了,解救之法是什么呢,无他,反其道而行之是也。毛病不是一日得下的,救治怕也非一日之功所能奏效。但愿有志于此者,及早认知,尽力补救,使中国(大陆)的人物传记的写作,早日走上正道,走上坦途。

2013年7月22日于潺湲室

韩石山　1947年生,曾任《山西文学》主编,著有《李健吾传》、《徐志摩传》、《寻访林徽因》等。

Peripheral Perspective and Transnational Life Writing: Two English Accounts of Lao She's British Sojourn

Xiaoning Lu

论文提要： 本文考察了罗伯特·毕可思于 1994 年撰写的传记笔记《老舍、伦敦与伦敦的传教协会(1921—1929)》和安妮·韦查德于 2013 年撰写的文学传记《老舍在伦敦》，发现这两篇英文作品针对老舍的旅英经历都采用了边缘视角。本文认为，边缘视角侧重于传主的侧面剪影而非正面刻画，这不仅从策略上解决了历史资料匮乏的问题，而且使作者能展示老舍的文化活动与伦敦都市生活环境之间更为复杂的关系。由于毕可思与韦查德不同的社会、文化、学术关注，他们通过对个体旅居者提出整合性的、跨国的历史理解形式，为老舍的中文传记叙事提供了重要补充。

关键词： 老舍　旅居　跨国传记　边缘视角　现代主义

Rapid increases in international migration over the past few decades have not only ignited the public's interest in but also drawn scholarly attention to migrant and diaspora narratives and life writings. As the conceptualization of life writing was broadened from a clearly delimited genre to "a signifier of a generic category"[1] in the 1990s, journals, notebooks, travel books, letters, anthropological life narratives, fictionalized biography, along with the conventional forms such as non-literary autobiography have since come under the purview of life-writing

---

[1]　Marlene Kadar, "Life Writing: From Genre to Critical Practice", *Essays on Life Writing: From Genre to Critical Practice,* ed. Marlene Kadar, Toronto: University of Toronto Press, 1992, p. 20.

scholars and promoted closer connections between life writing and such academic fields as gender studies, migration studies, and postcolonial studies. For historians, sociologists and cultural studies scholars, migrant and diaspora life narratives provide valuable sources to explore the complexities of transnational lives ranging from emotion, transnational social practices, to daily negotiation with one's multiple and heterogeneous cultural identities. Certain forms of life writing such as letters, diaries and oral histories have been prized as they authenticate lived experience and bear out what Robert Orsi has termed as an "inner history" of migration. ① For life-writing scholars, these new sources open up opportunities to explore questions such as stylistic attributes of new forms of life-writing, inter-generic connections, and the relation between location of writing and narrative construction of transnational subjectivity.

With respect to life narratives of overseas Chinese, this sub-field has been closely linked to literary studies and diaspora studies. Memoirs such as *The Woman Warrior* by Maxine Hong Kingston, *Sweet Bamboo: A Memoir of a Chinese American Family* by Larson Louise Leung, and *The Opposite of Fate* by Amy Tan depict the Chinese diaspora's day-to-day experience and illustrate their grapple with identities which involves constant negotiation of cultural affiliation and national allegiance. These works have not only entered the Anglophone literary canon but also become foundational texts in Ethnic Studies in North America. ② Whereas Chinese diaspora narratives have evoked enthusiastic responses across various academic disciplines, Chinese sojourners' life narratives have received scarce attention in Western academia. This paper aims to redress this imbalance by examining two important English-language narratives of the renowned modern Chinese writer Lao She's sojourn in Britain: Robert Bickers' 1994 biographical

---

① Robert Orsi, *The Madonna of 115th Street*, New Haven: Yale University Press, 2010.

② See Rebecca Walkowtiz, ed. *Immigrant Fictions: Contemporary Literature in an age of Globalization*, Madison: University of Wisconsin Press, 2007.

notes "New Light on Lao She, London, and the London Missionary Society (1921-1929)" and Anne Witchard's 2012 book-length literary biography *Lao She in London*. It will argue that a peripheral perspective—casting a side-glance instead of a direct gaze at the subject—adopted in both accounts not only strategically responds to a paucity of historical records but also enables the authors to bring forth and reveal a more complex relationship of Lao She's intellectual activities and London's urban milieu. Yet, due to the two authors' divergent social, cultural, and disciplinary concerns, the above-mentioned life narratives written nearly two decades apart present different challenges to the main biographical paradigm—the well-established secret-self biography that searches for internal motivation underlying a particular life trajectory. ① Hence, the two accounts open up some new possibilities of writing about transnational lives.

The Sojourning Life: Neglected Tales

To analyse life narratives of the sojourners is to acknowledge sojourn as a mode of transnational mobility as important as diaspora and migration. It also entails recognition of a particular narrative conundrum conditioned by this type of transnational practice. Diaspora, migration, and sojourn each predicates a specific subject position adopted by the geographically displaced people in their articulation of cultural identity. "Diaspora" emphasizes a process of place-bound social formation, and hence diaspora narrative commonly foregrounds the porousness of identities as well as a socio-cultural space of heterogeneity, hybridity, and multiplicity. "Migration" is more flexible and unpredictable where notions of home and nationality are concerned, whereas "sojourn" implies readiness to return

---

① This is exemplified by Leon Edel's multi-volume biography *Henry James: The Treacherous Years, 1895-1900*.

to one's homeland, as the renowned scholar of the Chinese diaspora, Wang Gungwu, has pointed out. ① With their temporary-stay mentality, the sojourners neither intend to be assimilated by their host countries, nor do they practically prepare themselves for the exhausting process of adapting to new societies. It is not surprising that while most diasporic Chinese choose to write in their host country's language, sojourning Chinese take comfort in jotting down their daily life and travelling experience in their native language.

Shu Qingchun (舒庆春), better known for his penname Lao She, is a prominent Chinese writer who sojourned in Britain from 1924 to 1929 due to his employment at the School of Oriental Studies (SOS) in London. During these few years, Lao She tried his hand at writing fiction in vernacular Chinese and produced three novels— *Old Chang's Philosophy* (《老张的哲学》, 1926), *Sir Chao Said* (《赵子曰》, 1927), *Mr Ma and Son* (《二马》, 1929), which were serialized in *Short Stories Monthly* (《小说月报》) and thus contributed to the ongoing literary modernization in China. Although there is an increasing interest in these formative years of his literary career, accounts of Lao She's sojourn remain few and far between. They primarily include personal essays written by Lao She at the time, such as *My First Day* (头一天), *School of Oriental Studies* (东方学院) and *My Landladies* (我的几个房东). These sketchy narratives at best offer glimpses of his activities in London, but can barely lend insights into how his sojourn helped shape his literary mind and his vision of a modern China. Up till the 1990s, there had been no substantial biographical account of Lao She's sojourn in English mainly due to the unavailability of verifiable sources and partially because the significance of Lao She's literary contribution in this period had not yet been recognized. Within the field of Chinese literary studies in Western academia,

---

① Deborah Madsen, "Diaspora, Sojourn, Migration: The Transnational Dynamics of 'Chineseness'", *Diasporic Histories: Archives of Chinese Transnationalism,* eds. Reimenschnitter, Andrea and Deborah L. Madsen, Hong Kong: Hong Kong University Press, 2009, p. 43.

scholars of the 1960s and 1970s took a strong interest in exploring the Chinese Communist Revolution's impact on Lao She as a leading Chinese intellectual, and thus focused their attention on Lao She's "mature" pieces, such as his critical realist fictions written in the 1930s and 1940s and socialist realist dramas written in the 1950s. ① A wider range of Lao She's works did not come under scrutiny until the 1990s when scholars began to investigate various aspects of modern Chinese culture ranging from modern literary techniques, over the articulation of masculinity, and to the rise of the humour phenomenon. ② Meagre biographical materials pertaining to Lao She's London years inevitably have elevated Lao She's self-narrations into "authoritative" texts about his sojourn and posed a great challenge for reconstructing a life of obscurity. Only against this background can we appreciate the significance of Bickers' and Witchwards' accounts of Lao She, which are certainly welcome additions to life narratives of this Chinese literary luminary in particular and of sojourning Chinese in general.

Uncovering the Past from the Periphery: Robert Bickers' "New Light on Lao She, London, and the London Missionary Society"

Once in a while a biographer's decision to write about a certain figure is not determined by his incessant interest in his subject, but driven by his

---

① See ZbigniewSlupski, *The Evolution of a Modern Chinese Writer: An Analysis of Lao She's Fiction with Biographical and Bibliographical Appendices,* Prague: Oriental Institute in Academia, 1966; Ranbir Vohra, *Lao She and the Chinese Revolution,* Cambridge, Mass. : Harvard University Press, 1972; Innes Heran, *The Pen and the Sword: Literature and Revolution in Modern China,* London: Zed Books, 1992.

② See David Wang, *Fictional Realism in Twentieth-century China: Mao Dao, Lao She, Shen Congwen,* New York: Columbia University Press. 1992; Kam Louie, "Constructing Chinese Masculinity for the Modern World: with Particular Reference to Lao She's The Two Mas", *The China Quarterly,* 164 (2000), pp. 1062-1078; Diran John Sohigian, "Contagion of Laughter: The Rise of the Humor Phenomenon in Shanghai in the 1930s", *Positions: East Asia Cultures Critique,* 15. 1(2007), pp. 137-163.

disappointment at his peers' poor attempts. Robert Bickers' "New Light on Lao She, London, and the London Missionary Society", is a case in point. At the time when Bickers wrote this article, the biographical research of Lao She's sojourning years was in a sorry state. This phase of Lao She's life is often reduced into a flat sketch like this: In summer 1924, Lao She obtained a position teaching Chinese at the School of Oriental Studies at the University of London. He read widely in English literature and wrote three novels under the inspiration of novelists such as Charles Dickens. Bickers pointed out that insufficient and even erroneous biographical information, in particular, information pertaining to the Department of Chinese Language and Culture at SOS, had been scattered and replicated in various publications. In addition, scholars' surmise from "reading between lines of Lao She's essays and novels"[1] and their dependence on unreliable memoirs resulted in inaccurate accounts of Lao She's British sojourn. [2] Those existing biographical accounts then led to unsatisfactory or even misleading interpretations of Lao She's cynical portrayal of Christians in his fiction, and left a major event concerning Lao She's transnational life—how a "unqualified, relatively poor, and hardly well connected"[3] young man of Manchu ethnic background ended up teaching in London—unexplained.

Academically trained at the School of Oriental and African Studies (SOAS) and a historian by profession at the University of Bristol, Bickers is ready to take on this detective task—looking for the missing jigsaw puzzles in Lao She's early life. What he set out to do is not to unravel the mystery of a sojourner's mind, but to recover the "situated-ness" of a young sojourning Chinese. To this end, rather

---

[1] Robert Bickers, "New Light on Lao She, London, and the London Missionary Society (1921-1929)", *Modern Chinese Literature,* 8 (1994), p. 21.

[2] Bickers criticized early English publications by Ranbir Vohra, Innes Herdan and others for such inaccuracy. He also pointed out the unreliability of Ning Encheng's memoir "Lao She yuyingguo", due to its obvious mistake of placing Sir Reginald Felming Johnston in the Chair of Chinese during Shu's sojourn.

[3] Bickers, "New Light on Lao She, London, and the London Missionary Society (1921-1929)", p. 21.

than taking a head-on approach, Bickers adopts a tangential method to approach his subject. While direct personal writings by Lao She were consulted, the main focus is placed on gathering and organizing a myriad of materials that would offer a side view of his life.

Bickers' institutional affiliation with SOAS, once known as SOS, certainly expedites his search. Two different sets of English-language primary sources that he mainly consulted have been exclusively housed by SOAS. The first set of materials is SOAS administrative files, which include a slim folder of letters dealing with Lao She's appointment (under his English name Colin C. Shu) as "Lecturer in Chinese," latterly "Lecturer in Mandarin and Classical Chinese," from August 1, 1924 to July 31, 1929. These papers contain information such as terms of his contracts, teaching responsibilities, leaves of absence, and changes of address, special tuition responsibilities (including private lessons) and other matters. Similar files for other members of the Chinese Department, such as J. P. Bruce (Department Chair, 1925-1931) and Evangeline Dora Edwards (Principal Assistant to Chair) also aid his biographical research. Other materials in SOAS administrative files include correspondences between school officials and Chief Immigration Officer, between School Secretary and Head of the Chinese Department, and between Academic Registry and School Secretary. The second set of materials is from the archives of the London Missionary Society (LMS, now known as the Council for World Mission), which is part of SOAS rare book collections. Since certain Mission Archives held in China were not generally accessible to Western researchers in the 1990s, these materials play a key role in shedding light on Lao She's transnational migration. Bickers notes that the LMS archives contain "a tantalizing reference to Shu's stay in Beijing before leaving for the UK," including information about the structure of the LMS's Peking West City New Church (the Gangwashi Church) and important activities that Shu was involved in. ① According to the archives, Lao She attended English classes at the Church and became increasingly involved in the Church's social activities in 1921. In the following year, he entered the Church serving also as Director of the Sunday school and was baptized. ② Such information proved to be essential for Bickers to confirm Lao She's link with British missionary network and to refute the then popular conjecture that Lao She was merely a "rice Christian." ③

Juxtaposing the above-mentioned two sets of materials, Bickers traces down individuals and organizations that formed a transnational network through which Lao She was brought to Britain and discloses a rather intimate connection between the LMS and SOS. Bicker writes, around 1922 "W. Hopkyn Rees (1882-1967), previously of the LMS and Reader in Chinese at the University of London from 1921-1924, contacted Myfanwy Wood (1882-1967) of the LMS in Beijing in search of a candidate for a lectureship at SOS." ④ Hopkyn Ree's son-in-law, the Reverend Robert Kenneth Evans (1880-1925), not only taught at Yenching University but also informally supervised the Gangwashi Church and its pastor during his stay in China from 1916 to 1922. Considering that Lao She became an active member of the Gangwashi Church in 1921, his and Evans' paths would have crossed in 1922. Suffice it to say, when the lectureship was available at SOS, Evans probably recommended Lao She, a committed Chinese Christian with good education, to his father-in-law. Other tangential documents of the LMS also

---

① Bickers, "New Light on Lao She, London, and the London Missionary Society (1921-1929)", p. 23.

② Ibid., p. 26.

③ Rice Christian is a pejorative term used to describe someone who has formally declared himself a Chrisian for material benefits rather than for religious reasons. Some western scholars erroneously infer this "rice Christian" status from Lao She's lampooning of missionary officials in his fiction. Some are not even aware that Lao She was a Christian when they analyse his works. See Lewis Stewart Robinson's 1992 analysis of Lao She's works.

④ Bicker, "New Light on Lao she, London, and the London Missionary Society (1921 – 1929)", p. 24.

help sharpen the picture of Lao She's transnational move. "Wood herself lent Shu a sum toward his outfitting, while the LMS in Beijing lent him travel expenses to Shanghai, and the LMS in Shanghai advanced him his expenses for the voyage from Shanghai to Britain. "① Such seemingly trivial records reveal Lao She's economic destitution before his departure to Britain.

Employing the same approach, Bickers moves on to piece together Lao She's London years, with special attention paid to two important locations: Barnet in north London, where Lao She lived for a good part of his first year in the UK, and SOS, where he worked. Much neglected sources such as *Kelly's Directory of Barnet* 1926 and the local newspaper *Barnet Press* proved to be valuable in complementing Lao She's own biographical narratives, and particularly, in revealing Lao She's interaction with the local British community. Lao She's connection with the mission certainly eased his transition to a sojourner's life. For instance, R. K. Evans picked Lao She up upon his arrival at Cannon St. Station on September 14, 2014. ② He also arranged lodging for him in a local British family of two sisters (the Misses Parrott) in his neighbourhood in Barnet. ③ These episodes in Lao She's life later assumed their literary incarnations in his novel *Mr Ma and Son*. The connection with the mission may also have imposed some obligations on Lao She. For instance, during his stay in Barnet Lao She attended the local church services regularly at the Barnet Congregational Church in Wood Street. Bickers raises an astute point: It is hard to know whether Lao She's attendance was due to his religious commitment or the local atmosphere in which he was immersed. For one thing, Lao She's colleague at SOS and Evans' father-in-law, W. Hopkyn Rees, had been a Deacon and a "valued helper" in that

---

① Bicker, "New Light on Lao she, London, and the London Missionary Society (1921 – 1929)", p. 24.

② Lao She, "Touyitian" (My First Day).

③ Bickers, "New Light on Lao She, London, and the London Misslonary Society (1921 – 1929)", p. 29.

church. For another, the Barnet Congregational Church, which had direct missionary links, was under the care of a forceful pastor, W. Emlyn Jenkins at the time. ① Moreover, Lao She may have felt obligated to live in the same place until 1925 when Evans moved away from Barnet to take up a schoolmaster's job. ② The most interesting glimpse that these scattered tangential materials offer is how Lao She's presence incited responses from the local religious community. Bickers points out a plausible connection between Lao She's arrival in the congregation and the Reverend Jenkins' thematic evening address in mid-November 1924 on "the British and Foreigner." In the speech, the pastor contrasted "the impressions of a visitor to Britain who might well be shocked by the slums, sins and 'pagan life functioning' and the often appalling behaviour of the British overseas toward other races" and came to a rather striking conclusion: "Were we to be sure that when God created man in his own image he made him white?" ③ At other times, the Christian atmosphere in Barnet may have been stultifying for a young free spirit. *Barnet Press* shows that the Reverend Jenskins' preached against the "sex relationship ... gnawing away the vitals of our modern civilisation." ④ This concern could hardly be shared by Lao She, who assisted Clement Egerton in his English translation of the decadent Chinese classical novel *The Golden Lotus* after joining Egerton's household in Holland Park. ⑤ By engaging circumstantial evidences that occupy a peripheral position in life writing, Bickers sees previously uncontemplated connections. He infers that Lao She's dropping of the anglicised moniker "Colin" C. Shu for a simpler transliteration C. C. Shu and his unkind portrayal of the missionary in *Mr Ma and Son* may have been attributed to his rejection of this

---

① Bickers, "New Light on Lao She, London, and the London Missionary Society (1921-1929)".
② Ibid., p.30.
③ Ibid., p.29.
④ Ibid., p.30.
⑤ Ibid., p.30.

Christian atmosphere and his Christian past. ①

Examining Lao She's life from a peripheral perspective also allows Bickers to question the centrality and authority of Lao She's reminiscence of his time at SOS. Tangential and contextual materials relating to SOS bring out a mosaic of events, which complement and even question Lao She's self-narratives. For instance, in his essay "The School of Oriental Studies," Lao She writes,

> With respect to scholarship in Far East languages and cultures, English academia obviously lags behind that of Germany and France. If the English were willing, they could hire rather good professors from Germany or France for a fairly modest salary. But they refuse to do that. Their professors must be British, regardless of what their scholarship is like. As far as I know, none of the professors of Chinese in this school has any decent knowledge of the subject. They are at a disadvantage in academia. ②

Bickers rebuts Lao She's criticism of the then Professor of Chinese, J. Percy Bruce's scholarship by taking account of the institutional history of SOS. He points out that Bruce, an ex-missionary teacher, held the position of chair, which was created in May 1925, until 1931 on an annually renewed basis. The institute at that time was still in its infancy and the most urgent need for the department was teaching language classes for businessmen and missionaries. Bruce did not fall short of his job expectation, which consisted mainly of "schoolmaster's work." ③ With regard to Lao She's complaints about his work in the essay, Bickers claims that administrative files on course assignments do not show Lao She was given unfairly heavier workload than his two colleagues.

---

① Bickers, "New Light on Lao She, London, and the London Missionary Society (1921-1929)", p.31.

② Lao She, "Dongfangxueyuan" (The School of Oriental Studies). *Xifeng*, March 1937, no.7.

③ Bickers, "New Light on Lao She, London, and the London Missionary Society (1921-1929)", p.31.

In the 1927-1928 session ［Lao She］ taught conversation to the Elementary Colloquial class（Bruce taught the oral lessons and Edwards the written）. With the others he taught one diploma student and the special class arranged for British American Tobacco Company personnel. Two students took Buddhist text classes with Bruce and Shu and he taught, alone, classes in Newspaper Chinese and New National Language, and the two Chinese students of Mandarin. ①

However, the School Secretary's report on the Chinese department suggested that the chairperson and his principal assistant's use of Chinese teachers for the evening classes for bankers "has been far from satisfactory" as there seemed to be persistent problem of classroom management issues. This may account for Lao She's complaint about such students in his essay. ②

The discrepancy between Lao She's self-narratives and archival materials leads Bickers to caution us against the conventional practice of taking Lao She's essays as factual sources. Through compiling biographical notes he also draws attention to the "performative" aspect of Lao She's auto-biographical writing, in particular, "cultivated misery" which was a common feature in overseas student writings. ③ For instance, Bickers points out, despite his occasional grumblings, in reality Lao She was "giving great satisfaction in his work," according to the School Secretary's letter in 1926. ④ In that year, Lao She's annual salary was raised from £250 to £300 when he was given a new contract. The raise seemed to be a generous response to Shu's personal request rather than an award for his good

---

① Bickers, "New Light on Lao She, London, and the London Misslonary Society（1921－1929）", pp. 31-32.

② Ibid., p. 32.

③ Ibid., p. 22.

④ Ibid., p. 32.

job performance, as Lao She put in his letter of request that he was still sending money to his mother in China. ①

Furthermore, while Lao She's essays picture a rather dull life in London, including bland English cuisine, gloomy weather, poverty and loneliness, Bickers' biographical notes remind us that those accounts present only a partial picture of his sojourn. Lao She's employment certainly opened up opportunities for his social and cultural engagements. "He was asked to give a BBC radio talk on the Chinese language (which earned him 3 guineas), and his was the voice on the gramophone records issued as part of the 1930 Linguaphone Chinese course. ② The two volume handbook issued with the records was jointly authored by Bruce, Edwards, and Shu, and the calligraphy was by him. "③ Besides teaching-related engagements, Lao She was invited to participate in cultural events of Chinese communities in Britain. In 1926 he turned up among those present at the Xinhai Revolution anniversary dinner held by the Central Union of Chinese Students in Great Britain and Ireland. The guest of honour and key speaker was Hu Shi, and other guests included famous writer H. G. Wells. The weekly business paper the *China Express and Telegraph* mentioned that on January 13, 1927 Shu read aloud a translation of an episode from the *Shuhuzhuan* and then sang (in Chinese) at a symposium of the China Society. ④ Bickers suggests, considering the crisis in relations between Britain and the Nationalist Party in China around that time, it is reasonable to infer that Lao She adopted a position of selective amnesia with respect to this event. This in turn "throws into realistic ambiguity" Lao She's memories and presentation of himself as a patriot who devoutly followed the

---

① Bickers, "New Light on Lao She, London, and the London Missionary Society (1921 – 1929)", p. 38.
② Ibid., p. 33.
③ Ibid.
④ Ibid., pp. 33-34.

revolutionary army's progress during the Northern Expedition. ①

Archival materials excavated by Bickers not just flesh out the early biography of Lao She, offer anecdotal novelty to his life, and help contextualize Lao She's works, but also complicate the self-image that the writer presented to the public through his writing. According to Bickers, Lao She did not appear to have led "quite the lonely, bitter, bookish life he later recorded". In September 1928 "he was able to afford a month-long holiday to Ireland. " After spending three months on the Continent he notified the school that he intended to return to China at the expiration of his contract.

> The school paid £80 toward his travelling expenses, and he left Britain, presumably in August, on travels that took him to Paris for about six weeks, through other European countries, and then to Singapore. ②

Although it is legitimate to question the authority of Lao She's self-narratives, Bickers seems to miss an important layer of textual mediation in Lao She's autographical essays: a light hearted tone and understated humour. It is this important textual feature that sets apart Lao She's memories of his sojourn from many overseas students' self-fashioned sentimental accounts of a "miserable sojourn". What emerges from such writings is a witty young Chinese intellectual who observes and intellectualizes Sino-British cultural differences with curiosity, patience and tolerance, or what others may term as a "humorous literary persona. "

Nevertheless, Bickers' employment of a peripheral perspective of Lao She is illuminating. Casting a side-glance at Lao She's sojourn, Bickers brings out Lao

① Bickers, "New Light on Lao She, London, and the London Misslonary Society (1921 – 1929)", p. 33.
② Ibid., p. 38.

She's sporadic interactions with the British community. Although in this process the clarity of a young Lao She becomes diffused, this young Chinese intellectual of ambiguities emerging from Bickers' sketch is far more interesting than the bland character featured in the early biographical narratives of Lao She.

The Silhouette Seen from the Periphery: Anne Witchard's *Lao She in London*

Published in 2012, Anne Witchard's biography *Lao She in London* is an engaging read for general public who are curious about Lao She and London's cultural past as well as for a group of more specialized readers who take interest in modernism. Whereas Bickers painstakingly pieces together scattered rare historical materials in order to disclose the obscured early years of Lao She, Witchard skilfully weaves Lao She's sojourn into an eloquent and rich narrative of cultural landscape of metropolitan London in the 1920s. Most importantly, Witchard's literary biography exemplifies a new trend of biography writing, succinctly termed by Leonard Cassuto as "silhouette biography."

Silhouette biography, according to Cassuto, results from the effort to reconstruct a life from which little information has survived. It essentially reverses the positions that context and focus occupy in the conventional biographical genre. Instead of using historical contextual information to gain a deeper understanding of a biographical subject, it uses a subject's life to explore history. When differentiating "silhouette biography" from "cultural biography"—two biographical genres that closely engage with contextual materials, Cassuto claims that silhouette biography goes a step further. While cultural biography reveals how a biographical subject reflects the social environment and even transcends it, silhouette biography draws insights from backdrop and presents the life as a slice of the times. Thus, silhouette biography displays a unique set of biographical conventions. For instance, it is largely inductive, presenting "conjectural creation of a subject based on limited fragments of concrete evidence." Speculation and equivocation abound in such biographies, signalled by linguistic markers such as "could have", "would have", and "may have."①

Witchard's *Lao She in London* manifests many of the above-mentioned generic characteristics. Instead of chronicling Lao She's transnational move, the book is elliptical and fragmentary in style, jumping back and forth between 1900 and 1929. Most of the headings of main chapters are either quotes from works by famous writers such as Ezra Pound, Hui Shi, and Sax Rohmer or popular movie title of the time, suggesting historical scope, geographical breadth, and the thematic focus on cultural interactions of the book. Using a series of contextual information including art exhibitions, news reports, popular English fictions and Lao She's literary works, Witchard projects Lao She into a vibrant cultural scene of early twentieth century London. Seen from an elongated peripheral perspective, Lao She's sojourning life does not come into a sharp relief, but is brought out in the form of a silhouette, which refreshingly and effectively presents the cross-cultural interactions between Britain and China.

Cassuto certainly provides us with a useful term to identify and categorize a cluster of biographies that exhibit those new generic features. However, to fully understand the specificities of biographical practices, it is necessary to ask what kinds of theoretical intervention within literary and cultural studies animate and inspire each practitioner's concrete takes on silhouette biography. In the case of *Lao She in London*, Mary Louis Pratt's notion of "contact zone" in transcultural interaction and recent revisionist scholarship on cultural modernism are the key intellectual sources that buttress Witchard's ingenious biographical practice.

① Leonard Cassuto, "The Silhouette and the Secret Self: Theorizing Biography in Our Times", *American Quarterly*, 58.4 (2006), p.1256.

According to Pratt, contact zones refer to "social spaces where cultures meet, clash, and grapple with each other, often in contexts of highly asymmetrical relations of power."① This concept is originally used in examining colonial subjects' practices of self-representation in their strategic engagement with culture of the metropolis and the conqueror. Conceived to contrast with discrete, self-defined, and coherent communities, "contact zones" posits cross-cultural encounter as a productive space, full of messiness and unpredictability and fraught with political negotiations. This concept offers a useful analytical model that challenges the previous "influence and response" paradigm in studying cultural exchanges and interactions. It not only problematizes culture as a pure singular entity but also foregrounds issues such as agency and appropriation. Relatedly, the field of modernism studies has undergone revitalization in the past few decades and offered new insights into cross-cultural interactions. Although Western discourse conceived modernism as an international movement, in practice it had long "systematically denied a membership in its pantheon to the nonwhite non-West."② As a consequence, the supposedly international tenor of the movement had been set by the Euro-American metropolitan modernism. Since the late 1980s, scholars in women's studies, ethnic studies, and area studies have challenged metropolitan modernism from various fronts. By paying attention to the "situatedness" of non-Western modernisms in Asia, Africa, and Latin American, namely, their connection with local notions of modernity and nationhood and their link to the history of colonialism and imperialism, these scholars have shown that non-Western modernisms not just offer different experiences and narratives of modernity but also hybridize and heterogenize metropolitan concepts of modernism. Shu-mei Shih's study of Chinese modernism in semi-colonial China is an exemplary work of such

---

① Mary Louis Pratt, "Arts of the Contact Zone", *Profession* (New York: MLA), 91 (1991), p.33.
② Shu-mei Shih, *The Lure of the Modern: Writing Modernism in Semicolonial China*, 1917-1937, Berkeley: University of California Press, 2001, p.2.

revisionist studies. Through questioning the usual binary models of the non-West's confrontation with the West and highlighting Japan's role as the mediating transmitter of Western culture in the formation of Chinese modernism, Shih forcefully argues that "Chinese modernism both challenges the construed history of modernism as primarily a Euro-American event, and destabilizes Western modernism's claim to ontological primacy and aesthetic uniqueness. "①

It is not difficult to notice that Witchard anchors her narrative of Lao She's sojourn upon two Sino-Anglo contact zones: the spheres of literary modernism and of London's popular culture. Much of her discussions of the context from which Lao She emerged as a modern Chinese writer and Lao She's major fiction during his sojourn *Mr. Ma and Son* are inspired by revisionist works on modernism.

Using a diverse range of historical and cultural texts that includes literary journals, museum guidebooks, and bulletins, Witchard reconstructs the first contact zone where Western and Chinese intellectual and artistic texts interacted in fashioning their respective literary modernism. The facts that China was one of major influences on Western modernism and that Ezra Pound's misuse of Chinese culture contributed to his rise as a modernist giant have already acknowledged by many scholars and become well-established. ② Witchard deepens our understanding of China's role in the shaping of Western modernism by presenting us with a far richer and wider picture of British modernists' engagement with Chinese arts and philosophies in the first decade of the twentieth century. She recounts a spectrum of cultural events organized and participated by an assorted group of Edwardian writers, artists and intellectuals. Of particular note is the pivotal role that Laurence

---

① Shu-mei Shih, *The Lure of the Modern: Writing Modernism in Semicolonial China*, 1917-1937, p. 4.

② See Zhaoming Qian, *Orientalism and Modernism: The Legacy of China in Pound and William*, Durham: Duke University Press, 1995, and Xiaomei Chen, "Rediscovering Ezra Pound: A Post-Postcolonial 'Misreading' of a Western Legacy", *Paideuma*, 23.2/3 (1994), pp. 81-105.

Binyon, "erstwhile Decadent poet, arts critic for the Saturday Review, and Keeper of the Museum's Department of Oriental Prints and Drawings," played in cultivating a proper understanding of Chinese arts and aesthetics among London's avant-garde writers. ① In 1908 Binyon presented a series lectures on "Art and Thought in East and West" in the small theatre of the Albert Hall, which were remarked by Ezra Pound as "intensely interesting. "② Two years later, he curated the British Museum's Exhibition of Chinese and Japanese paintings, thus fostering the English public's exposure to Chinese art. In 1911 he developed a formalist vocabulary that effectively explains the compositional values of Chinese art and the mimetic values dominating Western art in his book *The Flight of the Dragon: An Essay in the Theory and Practice of Art in China and Japan*, which was paid serious attention by Pound in the Vorticist journal BLAST No. 2. ③

Not only does Witchard skilfully correlate a vast number of intrinsically disparate and extraneous facts into a comprehensive and flowing narrative of the interconnections between the visual and the textual and the dialogues between art critics and poets, she also uses a diverse range of cultural texts to illustrate how an antiquated China became a constituent element of Western culture's rejuvenation. In the Cambridge philosopher Goldsworthy Lowes Dickinson's 1902 book *Letters from John Chinaman*, the author uses a Chinese observer as a literary device to expose "England's political shortcomings and peculiar characteristics" and to evoke an idealized China. The Cambridge sinologist Arthur Waley also presented China as an aesthetic utopia. He distributed his privately printed book of translations, *Chinese Poems* (1916), among his Bloomsbury associates including Bertrand Russell, E. S. Eliot, and Lenoard Woolf and sent copies to the Irish

---

① Anne Witchard, *Lao She in London*, Hong Kong: Hong Kong University Press, 2012, p. 36.
② Ibid., p. 38.
③ Ibid., p. 40.

poet, W. B. Yeats and avant-garde mover and shaker, Ezra Pound. ①As for Ezra Pound, his most important collection of verses, *Cathay* (1915), exemplifies his inspired endeavour to approximate the terse and allusive classical Chinese poems in the hope of rectifying the ornate and verbose style of Victorian writing. He was also attracted to certain ideas of Confucianism, such as its positioning of artists as an elite class in society and its emphasis on "artistic self-perfection rather than a reliance on the circumstantial conditions of material satisfaction," as he regarded Confucianism as a viable defence against the vulgarization of Western capitalist modernity. ② Apparently, the idealized China imagined by British intellectuals was far from the real China of the time which was suffering a stream of foreign encroachment and was deep in political crisis. And classical Chinese thoughts and aesthetics that English modernists revered and borrowed as an antidote to the spiritual inadequacy in the materialist West were under vehement attack by the May Fourth generation of Chinese intellectuals. Witchard's biography rightly captures such moments of ruptures and mismatches in Sino-British cultural interactions and relates them to the English modernists' project of rejuvenating the stagnated Western culture, thereby highlighting contact zones as generative spaces.

Meanwhile, expanding her perspective to China's literary modernization in the early twentieth century, Witchard discusses the global reach of reciprocal influences of literary modernism. Specifically, she points out that Hu Shi's influential article that ignited China's literary upheaval, "Some Tentative Suggestions for the Reform of Chinese Literature," drew heavily from Pound's famous Imagist manifesto "A Few Don'ts by an Imagist" in both content and rhetoric. ③ Western modernism's influence on China's localized articulation of radical literary modernization is undeniable and certainly displays an uneven play of power. But this origin of

---

① Anne Witchard, *Lao She in London*, pp. 36-37.
② Ibid., p. 49.
③ Ibid., pp. 50-51.

influence itself was a result of cross-cultural fertilization. In the meantime, what sets Chinese literary modernization apart from Western literary modernism is the former's inextricable relation to and obsession with China's modernization project. Overall, by situating the rise of modernism in Britain and the emergence of radical literary movement in China within the international network of global modernization, Witchard accentuates the dialogic relation between China and the West and presents us a richly textured background of Lao She's literary creation and sojourn.

Evidently, context plays a much greater role in silhouette biography than in conventional biography. Lacking concretely documented personal information of the subject, Witchard reconstructs Lao She's story through educated conjectures and detailed cultural landscape. She particularly dwells on the literary collaboration between Lao She and Clement Egerton and its bearing on Lao She's fiction *Mr. Ma and Son*, which is unusual for its London setting and multi-ethnic characters. Lao She struck up an acquaintance with Egerton, "an eccentric and jovial scholar, educationalist, and anthropologist," in the SOS library and the two got on so well that they later rented a flat together in an elegant mid-Victorian terrace in West London's leafy Holland Park. ① Although Lao She's friendship with Egerton had been noted by others including King Hu and Robert Bickers, it is Witchard who turns their collaborative English translation project of the classical Chinese novel *Jin ping mei* (*The Plum in the Golden Vase*) into a source of inspiration to position Lao She in Sino-Anglo contact zones.

The English translation appeared as four-volume *The Golden Lotus* in 1913, bearing Egerton's dedication "To my friend-Shu Ch'ing Ch'un". In the translator's note, Egerton expands, "Without the untiring and generously given help of Mr. CC. Shu, who, when I made the first draft of this translation, was lecturer in Chinese at the School of Oriental Studies, I should never have dared to undertake such a task. I

---

① Anne Witchard, *Lao She in London*, p. 73.

shall always be grateful to him."① She surmises that Lao She *could never* acknowledge his role in Egerton's translation, as in his time this 17th century masterpiece was seen as "an irremediably pornographic product, exemplary of the most degenerate aspects of China's feudal culture."② Informed by recent literary scholarship, Witchard explicates the novel's historical significance and artistic sophistication and deliberates on its influence on Lao She's London novels. Along with other classical Chinese vernacular novels such as *The Water Margin* (Shuihuzhuan) and *Dream of the Red Chamber* (Hongloumeng), *The Golden Lotus* played an important role in the development and eventual legitimization of vernacular literary fiction in China. It is illustrative of the formal structure of Chinese traditional linked-chapter novel-being episodic. This formal characteristic, which is drastically different from Western realist novels' aspiration for totality, was denigrated by Western scholars in the past. However, recent studies in narratology re-evaluate this formal characteristic and associate it with modernist writing. For instance, Gu Mingdong's study suggests, far from being flawed or inferior, the classical Chinese novel presupposes a "pictorial spatial quality, a panoramic canvas employing 'congeries of poetic images', and dense underlying patterns of linkage and metaphoric connection that we associate with modernist writing."③ Moreover, the virtuosity of the unknown author of *The Golden Lotus* has recently been compared with the Dickens of *Bleak House*, the Joyce of *Ulyssess* and the Nabokov of *Lolita*. The author's encyclopaedic command of China's history, politics and culture and elaborate description of "the architecture and furnishings, festivals and fashions, the sexual proclivities, practices and peculiarities of life in Ming China" elevated *The Golden Lotus* from storytelling into a "crafted art of imagery, symbolism, allegory, motif,

---

① Anne Witchard, *Lao She in London*, p. 74.
② Ibid.
③ Ibid., p. 75.

and pattern. "① While the writing revels in lavish detail, the novel makes a sustained critique of the morals and values of its time and place and the transience of material things.

Witchard's extensive discussion of *The Golden Lotus* leads to the most speculative portion of her biography that centres on Lao She's public engagement in London. She suggests that Lao She was uniquely positioned to appreciate the formal significance of the Chinese novel for developments in modernist literary style in the West, and his collaboration with Egerton might have kindled his interest in introducing London's educated elite classical Chinese literature. When he was invited by the SOS Director to contribute to a series of public lectures on "The Poetry of the East and of Africa" in autumn 1926, Lao She chose to "speak on the moral and ethical dimensions of Tang love stories, a genre which had paved the way for the developments in *Jin pingmei* and Yuan and Ming dynasty epic drama. " His lecture *would* outline how Tang tales or chuanqi (marvel tales) marked a milestone in the advance towards modern notions of characterization in literary narrative. ② And the success of this public lecture led to an invitation in January 1927 from the China Society to give a reading of a translation of an episode of *The Water Margin*, followed by a singing performance in Chinese. ③

The Lao She-Egerton collaboration, constructed as a pivotal event in Lao She's sojourn, not just enables Witchard to postulate causal connections between known facts in Lao She's life. It also encourages her to read Lao She's early works against the grain and to illuminate how the fiction *Mr. Ma and Son* opens up a path between realist and modernist narrative forms. Among Lao She's London novels, *Mr. Ma and Son* is the only one depicting the multifaceted overseas experience of the Chinese. It revolves around Mr. Ma and his son Ma Wei, two Chinese

---

① Anne Witchard, *Lao She in London*, p. 75
② Ibid., p. 77.
③ Ibid., pp. 77-78.

immigrants who come to London to run the curio shop they have inherited from Mr. Ma's elder brother. Witchard infers that the narrative originality of this fiction has much to do with Lao She's being positioned at the intersection of Chinese and British cultures. She states,

> Working with Egerton on the translation *of Jin ping mei* while devouring the newly published works of Conrad, Lawrence, Joyce, Huxley, and Woolf, must have given Lao She tremendous confidence in what might be achieved by China's modern fiction. ①

Her formal analysis of the fiction suggests that having been previously underappreciated, *Mr. Ma and Son* is in fact a text that self-consciously registers Lao She's negotiation of realist and modernist modes of writing. For instance, literary techniques common in classical Chinese novels such as the intrusive narrator are employed in the fiction. At certain junctures in *Mr. Ma and Son*, the narrative points outside of diegesis to unjust forces in contemporary society and the narrator intrudes into the novel to appeal directly to the Chinese people to open their eyes to the troubled state of their motherland. In so doing, Lao She abolishes the boundary between the real and the fictional. Furthermore, different from his contemporaneous Chinese writers who zealously adopted objective realism as a fundamental means to modernize Chinese literature, Lao She idiosyncratically uses melodramatic and farcical modes in his novel, which, as David Wang comments, bring "a reflexive dimension to the supposed objectivity and impartiality of realism."② Moreover, in terms of narrative structure, the flash-back framing structure in *Mr Ma and Son* is certainly inspired by Joseph Conrad's novel *Heart of Darkness*. In this section of the

---

① Anne Witchard, *Lao She in London*, p. 85.
② David Wang, *Fictional Realism in Twentieth-century China: Mao Dao, Lao She, Shen Congwen*, 1992, p. 16.

biography, Witchard pays much attention to the evolving literary scholarship. She attributes the lukewarm reception of Lao She's early works to an older generation of scholars' narrow methodologies of reading and dogmatic notion of objective realism, while suggesting that the regenerated scholarship on modernism and eclectic approach to Chinese literature will bring justice to Lao She's early literary contributions. Her own narrative insinuates to us that Lao She shall not be merely treated as a modern writer in China but be placed among the trailblazing modernist writers in the world. Witchard gracefully indicates Lao She's modernist aspiration by correlating Lao She's real life experience with James Joyce's literary imagination:

> Just before the start of his final teaching term on 4 September 1928, [Lao She] made a literary pilgrimage to Dublin where he stayed for a week at the Waverley Hotel, perched on the Summit of Howth from where he could look across Dublin Bay's crescent-shaped shoreline which curves around to Dunn Laoghaire's Martelo tower, home to Stephen Dedalus at the beginning of Ulysses. [1]

After uncovering the intricate and dynamic relation among classical Chinese culture, English modernism, and Lao She's fiction writing, Witchard's biography positions Lao She in another contact zone-the sphere of British popular culture which exhibits hostility toward China and its people. The author astutely observes that whereas Chinese exoticism was aestheticized in a self-conscious way by English writers and artists as avant-gardist chic, it became the synonym of decadence, evil and crime in popular press and was exploited by such mass-market fiction writers. In this portion of the biography, Lao She's presence still remains shadowy, as his

---

[1] Anne Witchard, *Lao She in London*, p.83.

fiction Mr. Ma and Son is not used to unearth his secret self but to project him in a time when racist discourses of Yellow Peril ran rampant in Britain. Witchard elaborately introduces the socio-historical context of the period spanning from the Boxer uprising of 1900 to the late 1920s in which xenophobic and racist ideas germinated in Britain. Although the emergence of a small Chinatown along London's dockside streets was inextricably linked to labour and service demands posed by British expansion in China in the late 19th century, with the outbreak of the World War I the fact of "foreign quarters" in the metropolis threatened the idea of a nation based on racial purity and social homogeneity.

Throughout the 1910s political concerns manipulated domestic fears of cheap Chinese labour while writers of popular fiction began to exploit the dramatic potential of London's Chinatown. [1]

In the popular press the overseas Chinese were attributed a sinister reputation of opium smokers and gamblers and their habitation, London's Limehouse district, was conceived as filthy drug-filling dens. The most disquieting of the Yellow Peril narratives were popular fictions about yellow Chinamen's sexual relations with white women or girls. Thomas Burke, a London journalist, scandalized "forbidden romance" in his notorious 1916 book *Limehouse Nights: Tales of Chinatown*, thus instilling fear in his readers about British racial impurity and degeneration. [2] The pernicious effect of such fictive narratives continued into legislative areas, as popular fiction infiltrated both "the language of police and Home Office officials" and their directives. [3]

Previously, *Mr. Ma and Son* has been interpreted as a text in which Lao She

---

[1] Anne Witchard, *Lao She in London* p. 60.

[2] Ibid., p. 61.

[3] Ibid., p. 89.

attempted to establish his nationalist credentials by writing a harsh indictment of British racism. ① Certainly, the fiction pokes much fun of the narrow-minded British who hold racial prejudices against the Chinese. The Mas' landlady is originally quite concerned with taking the Chinese as her tenants, as they "cook rats" and "smoke opium". The only British who have some knowledge of China are missionaries and traders. But the former regard the Chinese as "no more than heathens whose souls need salvation" and the latter mock the Chinese's incompetency in managing their money. ② Nevertheless, the fiction addresses a wider range of themes that were socially relevant at the time: the differences between old and new learning, the generation gap, the discrepancies between Chinese and British cultures, interracial love and desire, and race riots. Moreover, the key location of the plot, the Mas' curio shop, is ingeniously positioned. Located in a quiet side street behind St Paul's cathedral, this shop bridges "the gulf between Bloomsbury and Limehouse and the two different classes of Chinese in London."③ By following the Mas' social whereabouts, the fiction presents an unusual array of characters: a British landlady, missionary friends, a university professor, and students, the shopkeepers, café proprietors, and seafarers who make up the major part of London's small Chinese community.

By far *Mr Ma and Son* is the most substantial writing of Chinese immigrants in London that Lao She left behind. Instead of interpreting the fiction as a manifestation of Lao She's nationalist fervour, Witchard treasures it as a valuable source for reconstructing London's cultural history of the 1920s and for understanding Lao She's emotions and thoughts as a Chinese sojourner. In

---

① Kam Louie, "Constructing Chinese Masculinity for the Modern World: with Particular Reference to Lao She's The Two Mas", p.1063.

② Lao She, "Er Ma", *Mr Ma and Son: a Sojourn in London*, trans. Julie Jimmerson, Beijing: Foreign Language Press, 1991.

③ Anne Witchard, *Lao She in London*, p.62.

particular, she devotes much of her energy to tracing various dialogical relations between Lao She's fiction and the then popular English cultural texts. For instance, Witchard investigates how Lao She's work contrasts with the then prevalent British cultural imaginary of the Yellow Peril and provides the reader with a fresh view of London's Chinatown and its inhabitants. What dominated the mainstream cultural market of the period were works such as Sax Rohmer's fiction *The Mystery of Dr. Fu Manchu* (1913) and Ewald André Dupont's film *Piccadilly* (1929). The former kicks off Rohmer's construction of Dr. Fu Manchu—the insidious and cunning criminal mastermind and the ultimate incarnation of the Yellow Peril-in a series of fiction; the latter appeals to a wider audience in jazz-age London as it uses the exotic Chinese femme fatale character played by Chinese American actress Anna May Wong and a tragic interracial love story to combine the glamorous West End of London with the seedy Limehouse quarter in the East End of London. Lao She's *Mr Ma and Son* provides a Chinese view of such stereotypical cultural representations, which rarely exists in other historical documents. Witchard notes that the un-named film in the fiction replicates *Piccadilly* in the polarity of its Anglo/Chinese setting. It is also like Piccadilly in that it "had been written by one of England's most celebrated literary figures." The narrator of *Mr Ma and Son* incisively comments,

> This gentleman was perfectly well aware that the Chinese are a civilised people, but to suit others' mental attitudes, and for the sake of literary art, he nonetheless depicted the Chinese as cruel and sinister. Had he not done so he would have found it impossible to earn people's praise and approbation. ①

In addition, Lao She gives texture and beauty to the landscape of Limehouse. His depictions such as "the saplings on the banks that had newly popped their light-

---

① Lao She, "Er Ma", p. 102.

green leaves" and "the early tide in the river whose waves inlaid by the sunlight with gold scales" stand in a stark contrast to the clichéd representations in Burke's *Limehouse Nights* (1916) according to which April in Chinatown is only known "by the calendar [since] Limehouse has no seasons," "every whispering house seems an abode of dread things," and "under the uncommunicative Limehouse the river ran like a stream of molten lead."① While Lao She's writing effectively reveals "the distorting interference of the British gaze and the constructedness of the mediated, orientalised space that was Limehouse in British fiction,"② it also betrays his frustration over the entrenched racist practices in British culture. The interracial love and desire, the main theme of the subplot of Ma Wei's fantasizing of his landlady's daughter, is also dealt with subtly in the fiction, with much attention paid to the young Chinese man's psychological discomfort including self-doubt, anxiety, and shyness.

As a matter of fact, *Mr Ma and Son* bridges the two Sino-British contact zones in that it presents a vernacular articulation of metropolitan life and forms an intertextual relation to its contemporaneous British novels, be they popular or modernist. For instance, Lao She writes about various scenes of everyday London life such as Christmas festivities, flapper fashions, cafes and public houses, sports and dating. In addition to Chinatown, places around Lao She's last residence in London such as Museum Street, Torrington Square, Russell Square, and Gordon Street also become the landmarks of the city in his fiction. London under Lao She's pen is saturated with colour, just as the city of those seminal works of metropolitan modernism such as Aldous Huxley's *Antic Hay* (1923) and Virginia Woolf's *Mrs. Dalloway* (1925),

---

① Thomas Burke, "Limehouse Nights", quoted in Anne Witchard, *Lao She in London*, pp. 114-115.
② Anne Witchard, *Lao She in London*, p. 116.

a city of gay flowers, scarlet uniforms, polished brass door knockers, striped awnings and rosy-cheeked girls, a city where determined commerce and hedonism contest with post-war neuroses and despair. ①

Furthermore, Lao She creates many rounded and believable characters, such as the aspirational and pragmatic Chinese assistant in the Mas' curio shop, the lovelorn young Ma, the small-minded landlady MrsWedderburn, her petulant daughter who occupies herself with trivial pursuits, the demur and independent young lady Catherine and her arrogant brother Paul who is proud of his parochial nationalism. Some of these characters, for instance, the landlady who keeps up appearance on limited income and the landlady's daughter, are largely modelled after Lao She's real-life encounters in Barnet, Bloomsbury and Streatham Hill. They are also the fixtures in interwar British novel. ②

Clearly, Witchard makes a full case of Lao She's fiction *Mr Ma and Son* and highlights it as a literary product shaped by dynamic forces within Sino-British contact zones. Lao She, the man behind the fiction, who critiques, mediates, and engages in an imagery dialogue with his British counterparts, remains a shadowy yet colourful silhouette.

Conclusion

Despite written in drastically different styles, both Bickers' and Withcard's accounts question the notions of authenticity and authority of self-narratives. Nevertheless, employing the same peripheral perspective that focuses on the tangential, marginal, incidental occurrences in Lao She's life, the two writers

① Anne Witchard, *Lao She in London*, p. 64.
② Ibid., p. 65.

demonstrate divergent concerns. What underlies Bickers' biographical notes is an urge to rectify existing biographical errors and to recover historical truth of Lao She's sojourn; what motivates Witchard's book-length literary biography is an aspiration to uncover the Chinese thread in the tapestry of global modernism and to acknowledge the significance of Lao She's early literary contribution in both Chinese and British cultural history. Unlike many self-narrated transnational life stories, these two accounts of Lao She's sojourn do not dwell on issues such as the subject's psychological state and identity problems. But in their own ingenious ways, Bickers and Witchard show us that Lao She, who sojourned in London in the roaring twenties, harbours nothing if not ambivalent feelings about the English, and his particular positioning in the Sino-British contact zones gives his early writings a peculiar flavour of modernism. Suffice to say, their accounts complement Chinese-language life narratives of Lao She, and put forward an integrated, transnational form of historical understanding of individual sojourners.

Works Cited

Bickers, Robert. "New Light on Lao She, London, and the London Missionary Society (1921-1929)." *Modern Chinese Literature*, vol. 8 (1994): 21-39.

Cassuto, Leonard. "The Silhouette and the Secret Self: Theorizing Biography in Our Times." *American Quarterly*, 58.4 (Dec. 2006): 1249-1261.

Kadar, Marlene, "Life Writing: From Genre to Critical Practice," in Marlene Kadar ed., *Essays on Life Writing: From Genre to Critical Practice*, Toronto: University of Toronto Press, 1992.

Lao She, *Er Ma*, trans. Julie Jimmerson, *Mr Ma and Son: a Sojourn in London*, Beijing: Foreign Language Press, 1991.

——, "Dongfangxueyuan" ("东方学院", The School of Oriental Studies), *Xifeng* (《西风》), March 1937, no. 7, reprinted in *Selected Essays of Lao She*

(*Da zhiruoyu: Lao She sanwenji* ,《大智若愚：老舍散文集》), Nanjing: Jiangsu wenyichubanshe, 2005.

Louie, Kam. "Constructing Chinese Masculinity for the Modern World: with Particular Reference to Lao She's The Two Mas. " *The China Quar* terly, 164 (December 2000): 1062-1078;

Madsen, Deborah. "Diaspora, Sojourn, Migration: The Transnational Dynamics of 'Chineseness', " Reimenschnitter, Andrea and Deborah L. Madsen, eds. *Diasporic Histories: Archives of Chinese Transnationalism.* Hong Kong: Hong Kong University Press, 2009, 43-54.

Pratt, Mary Louis. "Arts of the Contact Zone. " *Profession* (New York: MLA) 91 (1991): 33-40.

Shih, Shu-mei. *The Lure of the Modern: Writing Modernism in Semicolonial China,* 1917-1937, Berkeley: University of California Press, 2001.

Witchard, Anne. *Lao She in London,* Hong Kong: Hong Kong University, 2012.

陆小宁　英国伦敦大学亚非学院讲师，从事中国现代文化与语言研究。曾于《文艺研究》、《中国电影杂志》、《当代中国》等中英文学术期刊上发表多篇关于中国现代电影与文化的论文。

本文系国家社科基金项目《境外中国现代人物传记资料整理与研究》(11&ZD138)之阶段性研究成果。

A Transference of Hope?

From Civil War Spain to Mao's China:
An Englishwoman's Perspective

Angela Jackson

内容提要：佩兴斯·达尔顿是 20 世纪 50 年代受邀来中国工作的少数几位英国女性之一。近年新发现她的书信和文件,这为我们提供了难得的机会去了解外国女性眼中的北京生活(她曾被外文社聘用 4 年)。本文探讨她在她所处环境中作出如此戏剧性的改变背后的动机,并将她的经历置入当时语境之中。1937 年西班牙内战期间,她身为一名拥有资质的护士,自愿报名加入国际纵队并到前线工作。西班牙共和国 1939 年的失败打击了她,为此,她伤心地与医疗队的其他许多同事前往中国寻找希望,并相信在中国可以建立起一个真正的社会主义社会。她于 1954 年抵达北京,又过了几个月之后她与前国际纵队成员艾瑞克·艾德尼结婚,并在 1955 年生下儿子。她在给其姐妹所写的书信中表现了她细致入微的观察。她以独特的眼光每天洞察她周围的环境,她收藏的其他文件与报告也表明了她对共产主义政治体制的同情以及中国官方是如何经受考验的。

关键词：20 世纪 50 年代的中国 "外国朋友" 在中国的国际纵队队员

Mao said to the peasants, "tell me frankly what you think of the Party. Tell me your complaints. My goodness! They had millions of complaints. "[1]

This comment on the "Hundred Flowers Movement" was made by Patience

---

[1] Patience Edney in the collection of interviews with women who went to Spain during the civil war by Petra Lataster-Czisch, " *Eigentlich rede ich nicht gern über mich.* " *Lebenserinnerungen von Frauen aus dem Spanischen Bürgerkrieg* 1936-1939, Leizpzig und Weimar: Gustav Kiepenheurer Verlag, 1990, pp. 9-105.

Edney (née Darton) when she was almost eighty years old and remembering the four years she had spent in China in the 1950s. Chairman Mao Zedong had invited criticisms of the Chinese Communist Party's policies, based around the poetic slogan, "Let a hundred flowers bloom, and a hundred schools of thought contend," aiming to "promote progress in the arts and sciences and a flourishing socialist culture in our land." When, in an abrupt about turn, the voices that had suggested change were silenced, Patience and her husband were caught up in the backlash.

How had an Englishwoman in her mid-forties come to be working in China at a time when so few foreigners were allowed to do so? The answer reveals an unusual life story, fascinating both for its historic value and dramatic scope. I first met Patience in 1994 when carrying out interviews with women who had gone to Spain during the civil war in the 1930s. We had spent hours talking about her childhood and the road that had led her to work as a nurse near the front lines in support of the Spanish Republican government, but the subject of China was hardly mentioned. The focus for my research was her work as a nurse in Spain. Over a decade after her death in 1996, I began to write her biography and fervently wished we had spoken more about the period she had spent in China from 1954-1958, working for the Foreign Languages Press in Peking (Beijing). With tremendous good fortune, Patience's letters from Spain and China had been kept by her son who allowed me to use them when researching his mother's life. This correspondence became the heart of the biography and made it possible to tell Patience's life story not only from recorded interviews, inevitably retrospective in nature and intended for the public domain, but also at a more personal level in the form of expressive and intimate contemporary letters. ① Through these fragile

---

① *"For us it was Heaven": The Passion, Grief and Fortitude of Patience Darton from the Spanish Civil War to Mao's China,* Brighton, Portland and Toronto: Sussex Academic Press, 2012, published in Spanish as *Para nosotros era el cielo. Pasión, dolory fortaleza de Patience Darton: de la guerra civil española a la China de Mao* Barcelona: Ediciones Sant Juan de Dios, Campus Docent, 2012.

documents, we see a young, upper middle-class nurse becoming dramatically caught up in Spainish Civil War and the passionate political issues of her times, though the content and style of her intimate writings reveal emotions and attitudes that strike a chord with most women today. We learn of her love for Robert Aaquist, a German volunteer in the International Brigades, deeply committed to the anti-fascist cause. Though he died at the front, their relationship coloured the rest of her long life. Perhaps in part due to a degree of "survivor guilt", Patience carried the torch of his political beliefs onwards, joining the Communist Party of Great Britain on her return to England from Spain late in 1938, despite the doubts she had repeatedly expressed in her letters about the individual disempowerment that this would entail.

When the International Brigades were withdrawn from the front in October 1938, the Battle of the Ebro had not yet ended. Early in 1939, the Republican Army was overpowered by Franco's superior forces but continued to fight a bitter rearguard action for several weeks. The majority of foreign volunteers were being repatriated but, among certain Brigaders, the possibility of going to China became a subject for discussion. China offered a new front to continue their fight against fascism, and a new opportunity to create a socialist society. There were many Brigaders who could not return to their own countries. The Germans, Austrians, Czechoslovakians and Italians knew that having fought for the Spanish Republic, their lives in all probability would be very short if they returned home. The rise of Nazi and Fascist dictatorships had forced many of them into exile even before the Spanish civil war had begun. The outbreak of another world war would have given them the chance to continue their fight, but the allied policy of appeasement was in place and the outbreak of the Second World War was no more than a probability in an unpredictable future.

At the time of the Brigades' withdrawal from the front, Patience had been in Spain for almost two years, carrying out the exhausting and frequently dangerous work of nursing wounded and sick soldiers, prisoners of war included, and at times, the civilians who had been injured in bombing raids. When the foreign volunteers of the International Brigades, medical personnel among them, were recalled from the front, the majority were sent across the border with France by train. Rather than returning to England immediately, Patience stayed in Paris for two weeks, trying to help a group of German and Austrian doctors she had worked with in the medical units. She was able to arrange for the sponsors they needed to reach Britain. Their intention was to continue helping in the fight against fascist forces by supporting the Chinese Communists in their struggle with the Japanese.

And we'd already started organising in Barcelona for some of the doctors to go to China-Germans and Austrians, because where could they go and what could they do anyway? They wanted to go on fighting—they wanted to go on doing something, and China of course, we all knew about, we had read *Red Star over China* which was one of the books being passed round in Spain. We knew all about Mao and the rest of them. And there was this group of seven doctors who wanted to go to China, because at least it was somewhere to be—they didn't particularly want to leave Europe but they wanted to go on being somebody in something. ①

From the perspective of those on the left, there were strong similarities between what had happened in Spain and what was taking place in China. The historian, Tom Buchanan, points out that both China and the Spanish Republic were victims of fascist aggression in the 1930s, and that each suffered high levels of civilian casualties. The image of a "new" China struggling to shake off the shackles of the

---

① Patience Edney [PE] (née Darton), interview with the author, 18 March, 1994.

old was almost identical to the left's interpretation of Spain in the 1930s. ① For Patience and others who had been so deeply committed to the belief that a Republican victory would result in a greater degree of social equality in Spain, the sense of loss brought by defeat was devastating. The opportunity therefore to transfer their hopes and continue fighting for the same ideals elsewhere must have offered at least some consolation.

As the Spanish Civil War drew to a close, the "China Medical Aid Committee" made arrangements in collaboration with the Chinese Red Cross for the doctors' journey. ② At one point, Patience intended to go with them.

> I wanted to go, and was interviewed by the Chinese ambassador, a very polished customer, who seized on the idea. ③

But it seemed that the Committee did not approve of sending out nurses, so this time Patience's plans were thwarted. Eventually however, after working with the Czech Refugee Trust Fund and then with United Nations Relief and Rehabilitation Administration during the Second World War, she was to succeed in her aim.

Following the establishment of the People's Republic of China in 1949, a small number of veterans of the International Brigades worked for varying amounts of time in China. David Crook, a former Brigader, and Nan Green, an administrator in the medical units in Spain, both lived in Peking at the same time as Patience. Both had also attended the Peace Congress of the Asian and Pacific Regions held in Peking in 1952, an event to which Patience was also invited.

---

① Tom Buchanan, *The Impact of the Spanish Civil War on Britain : War, Loss and Memory*, Brighton and Portland: Sussex Academic Press, 2007, p. 189.

② The Chairman of the China Medical Aid Committee was Lord Horder, and the Secretary, Dr Mary Gilchrist.

③ Patience Darton [PD], notes, undated.

David, Nan and Patience formed part of the team of interpreters and translators at the Congress. David, who had gone to China in 1947, was working in Peking as a teacher. ① He noted that International Brigaders with a knowledge of Spanish were welcomed at the Congress because the majority of Spanish speakers in China at that time were either Catholic priests or professional athletes-not the ideal candidates to present China's aspirations and political policies to foreigners. He believed that Patience made a good impression on the Chinese at the Congress.

Patience was prepared to take on any humble tasks which would serve the group of translators as a whole and did so tirelessly. This work attitude was no doubt responsible for her being invited to work in China later. ②

In 1954, Patience was given the opportunity to return to China to work for the Foreign Languages Press. As the subject of Patience's years in China was never the subject for detailed discussion in interviews in her later life, at first there seemed little hope of being able to recover details about her experiences there. Fortunately, Patience's collection of documents and photographs were found by her son after her death and contained a substantial amount of material from China, including long letters written to her sister Hilary, in London. Among these papers was a CV in which she stated that her work in China had consisted of the sub-editing of reports, magazine features and books that had been translated into "Chinese English". She would "polish" these texts to improve the English, though her attempts to remove political jargon often failed. ③

---

① David Crook, interview with the author, 16 August 1996. David and his wife, Isabel, lived in China for many years. During the Cultural Revolution, they were accused of spying. David Crook spent five years in prison from 1968 to 1973. See his memoirs, "Hampstead Heath to Tian An Men", available online at: www. davidcrook. net/simple/main. html

② David Crook, letter read out at the funeral of PE, 15 November 1996.

③ PE, CV2.

The Foreign Languages Press had been newly created specifically to translate selected Chinese books into other languages, but was occasionally also responsible for translating politically acceptable foreign books into Chinese. Research by Anne Marie Brady gives background information on how those from abroad, like Patience, were regarded.

A few other trusted foreigners living outside China who had worked with the Chinese Communist Party in the past were invited to return, mostly to work as language polishers for CCP foreign propaganda organs... These chosen few foreigners were known initially as international friends, to distinguish them from the foreign detritus of assorted imperialists, missionaries, and the like who were being cleaned out of new China. ①

Any dealings with foreign residents in China were subject to stringent controls, some of them readily apparent, others more subtle. They were given considerable privileges regarding food and accommodation which served to remind them of their outsider status. The underlying message was that foreigners were there only by invitation from the Chinese, not as free agents. Their movements were limited by various practical restrictions, such as the requirement to carry registration booklets and permits to travel outside their areas of residence. Nevertheless, research has shown that in 1950s China, amongst "foreign friends" and Chinese alike, there was generally a great deal of idealism and enthusiasm for the new government. ②

This was the political atmosphere in which Patience was to live for the next few years. However, at this time, additional factors were having a great impact on her life. She had not gone to China alone. Also invited was Eric Edney, a

---

① Anne-Marie Brady, *Making the Foreign Serve China: Managing Foreigners in the People's Republic*, New York and Oxford: Rowman & Littlefield, 2003, p. 99.

② Ibid., pp. xi-xii, p. 99, pp. 101-102 respectively.

former International Brigader and Communist Party official, the man who was to become Patience's husband. Fluent in Russian and with a good grasp of Chinese, he would have been considered a useful asset at the Foreign Languages Press. In one of the earliest letters to her sister, Patience breaks the news that she is expecting a baby. The marriage to Eric is to take place as soon as his divorce is finalised. Though many of the letters are undated, they can be put in order by following Patience's progress during the months of pregnancy, her first days as a mother, and by watching through her eyes as the baby changed into a little boy. The wedding, on 6 March 1955, was a low-key affair.

> Eric and I had a very sweet wedding. We expected it to be in the afternoon after the office on Saturday, and both were going to smarten up in a mild way in the lunch hour. Imagine our surprise therefore when our best man came in the morning at ten-thirty and said come along. ①

The ceremony took place making use of a wedding ring given to Patience by one of her colleagues who had been married twice and had one to spare, with the bride wearing "padded dirty blacks and torn pullover" and a groom who hadn't shaved. ② The best man was anxious that the official business of the marriage he had arranged in the Registry Office should make a good impression on them, "very proud indeed of his dear Republic as well he might be", said Patience. However, as they waited, the Registrar had to deal with other cases, and the golden image the best man had wished to present of the "new China" was somewhat tarnished.

---

① PE to Hilary Darton [HD], [4] undated.
② PE to HD, [6] undated.

In came a bashful young couple. 'Ah my dears,' beaming social worker smile [from Registrar], 'have you come to get married? ' Both at once, to get in first, 'Not on your life, we want a divorce. ' Smile fades, stern lecture, must do more than want it, bring back your work mates and arbitrators, serious step, very retrograde with young people, can't do it today. Unfortunately, the next couple also wanted a divorce! But the only contretemps was a nasty old feudal daddy who was trying to get married without producing the bride. He got a very friendly lecture, but told absolutely nothing doing, the woman is as important as the man, and she has to be completely willing and in love with you. I fear he was trying to get a free *baomu* [servant], but it didn't come off... We had a lecture, questions on the marriage law, what provisions for Katie, what arrangements for ex-wife, close scanning of decree (dated January 31 by the way, but we only got it in the middle of February.) Are you both making a free choice, do you both want to help one another in work and home, how long have you known one another, (a bit taken back when we said since 1939), do we know that in China money, property, land, everything is completely equal property of man and wife? This to Eric. But our dear best man filled it all in for us and I really feel that he performed the ceremony. We have a large certificate each, in colour, one made out with my name first and one with Eric's, and a seal and a stamp on the back of the decree into the bargain. ①

A key person now entering Patience's life was Gwang Ying, the Chinese *baomu* whose services as a housemaid, and later, as nanny, Patience relied on so heavily over the next three years. The trials and tribulations of learning about each other's cultural differences was a protracted process that was explained to Hilary in

---

① PE to HD, [4] undated.

great detail. However, when Gwang Ying's mother moved in too, Patience began to appreciate her *baomu* more than before.

I realise more and more how extremely sophisticated Gwang is to accept as much as she does, and with such grace and enthusiasm. Her old mother, who never thought to read, heaven help us, hasn't got as far as telling the time, so her household here is having a rather difficult time. The old duck has also a strong feeling that only her local village dialect is understandable and refuses to understand the local accent or Mandarin. I think we shall have to get a couple of sheep and some chickens, and make a little paddy field for her. ①

Patience was fascinated by the different cultural traditions in China and still found religious ceremonies appealing, even though no longer a believer. She wrote at length to her sister describing the events she witnessed.

By the way, I meant to tell you. There was a lot of Easter here, it dragged on because all the Russian Orthodoxes had it a week later, so there was rather a lot of bell ringing and midnight masses of one sort or another. Good Friday too had a lot of tolling twice, which seemed rather queer, but there was an actual performance of Stainer's Crucifixion, the last thing I expected to find in Peking. I didn't go because I only knew about it afterwards from the daily news release. All the papers carried the various do's [sic] religiously, same as they do the Moslem ones. The chaps are killing about it in the office, very disapproving narrow minded blighters, it's part of their constitution. But fancy old Stainer! No Matthew Passion though. Pity.

---

① PE to HD, [4] undated.

We shall be able to get a long playing of it now that we have a long playing gram. Wireless out of order now though. Deep gloom reigns, poor Eric can't play his records... The shops which cater for western food had chocolate Easter eggs and rabbits, Russians have rabbits it seems, no sillier than eggs when you come to think of it, [Margin note from Eric ' They had eggs too. '] and Pasque cake, a long shape like a blunt sugar loaf with sparse currents and cinnamon, tasting like an unfruity Christmas cake. I have a feeling that we have Easter cake in some part of the country, saffron, is it? Easter being a moon festival it coincided with Ching Ming, Bright and Clear, when you go into the country to enjoy the beauty of spring now. It is really the day when you go to your ancestral graves and bow to the ancestors and sweep the graves. But they always made a picnic of this, having swept the graves they sat down and ate on them and now it is a general spring outing. The peasants keep it better, because they haven't budged from their ancestral village, but most workers and townspeople are too far away from their original homes now, what with one thing and another. All the places of work, schools and offices have an outing. We were very puritanical and had it on a Sunday but quite a lot have it in working hours, a much better idea. ①

Unfortunately for Patience, due to an important ceremonial occasion on the same day as the outing, she was only able to imagine walking amongst the trees in blossom.

Our Office went to the nearby (30 miles) hot springs and climbed a mountain, but we were incommunicado waiting for one of our big do's, blast

---

① PE to HD, [5] 26 April 1955.

it. I was longing to get out of these walls and climb gently up a mountain through the apricot trees all in flower. Pooh to protocol, though as a matter of fact it was THE VERY GRAND DO, even though we only figured as others present. Eric was taken aback at being presented arms to, having always been at the other end, but the presenters were sweet and grinned as well, seeing how excited we were. They have got lovely manners, even the guards behave like welcoming hosts. I must say, one feels a mug bowing one's way through, I felt like the dear Queen, but you can't just sweep by nose in air, and the guards are as thrilled as we were looking at the bods, I don't know who inspected who more closely. ①

As May Day approached, Patience anticipated that attending the lengthy ceremonies might be more than she could physically endure in her condition.

You really need to be in training for these things, besides I can't get into any of my best clothes. I am feebly asking to go and watch the parade from a hotel near the square, because I don't feel like four hours solid watching, but I expect we shall get into the grand stand where one can slip out of the back and have tea. The parks are all wired up with loud speakers and floodlights for country dancing and I badly want to look around and see the party in the square and the families and tribes in the parks. The minorities beat every one else hollow for dresses, but our uniform blue coat and trousers look very nice too. The evening do is lovely for 1 October but, judging by the preparations, May Day is even better folklorically. It will be sad only being an onlooker. ②

---

① PE to HD, [5] 26 April 1955.
② Ibid.

As Patience continued her work at the Foreign Languages Press, eight hours a day, six days a week, she found the gruelling schedule increasingly arduous. Plans for a holiday were an attractive possibility, but still not definite. She would have liked something simple, but the officially proposed destination was distant and exclusive. She complained to Hilary, "We are wrapped up in cotton wool at the wrong time, and worked like slaves otherwise, what a life."① Nevertheless, she was finding much of her work interesting and worked on a variety of publications with Eric, Gladys Yang, Ruth Weiss and Sid Shapiro. ② Patience hoped that Hilary would read some of their output and offer a stern critique of form and content, adding, ' we relish criticism and have lovely meetings about it'. ③

Summer came, and with it, an adventure that Patience was to write about at length; a trip to Lushan, the prestigious mountain resort, retreat of the elite. The holiday, Patience told Hilary afterwards, had been trying in many ways, not only as her pregnancy was too far advanced for comfort during much of the long, hot journey, but also because the trip had been organised with "masses of precautions of various foolish kinds and no common sense."④ These frank comments to Hilary were included in milder form in a detailed article entitled, " Holiday Journey in China", possibly written for publication in one of the propaganda magazines. The long journey by train, two nights and a day, gave Patience the chance to observe the changes that were taking place. The porters, train staff, sleeping arrangements, and even lavatory facilities-all were scrutinised carefully.

---

① PE to HD, [5] 26 April 1955.

② Gladys Yang (née Taylor) was a British translator who in 1968 was arrested and detained until 1972, along with her husband, Yang Xianyi, both accused of being British spies. Ruth Weiss was one of several Jewish people who had gone to China to escape Europe. Most of her family died in the Holocaust. See Brady, *Making the Foreign Serve China*, pp. 163 and 103 respectively.

③ PE to HD, [7] undated.

④ PE to HD, [8] 11/12 July 1955.

During the course of her work, she had read a great deal about the agricultural reforms being introduced in China, and now she saw the practical results of these policies. From her window, as the countryside passed by, she could see peasants labouring in the fields. She tried to decide whether the inhabitants of each village were working together as a co-operative or a mutual aid team, or still as an old-style family group. In her article she writes of Hankow, the Yellow River and the Yangste, but does not describe the remainder of her holiday in Lushan. Her letter to Hilary gives a little more information, particularly about some of the problems that arose. It seemed that not everyone in China found it easy to fulfil the expectations of the new regime.

Boat down the Yangtse at 7 next a. m. Lovely new boat, everyone bursting with pride. Sprung beds, bedside lights, fans in room, chairs and tables, big lounge. Here the ultimate shame came to our courier. She is the well brought-up daughter, Western educated, of a very high up general, who saw the light in time (just). She had of course been to Lushan in the old days, I am sorry to say along with Chiang and Co. Her mother had a house there with a swimming pool. She is very pretty, dresses well, perfect lady, dumb as dumb, but with an innocent sweet nature. Her manners are beautiful, exactly the same to everyone, but unfortunately she has no brain, a Pooh.① She works in my office and I know her very well... On the boat, the security man came at once, having been notified about us by efficient Hankow, and took strong exception to Dora not being armed. Dora giggled, but was upset. Dora armed would be about the most insecure thing I could imagine, by the way. I wouldn't trust her with a toy pistol with caps, not that she would want to have such a nasty thing. But she is terribly willing and

---

① Winnie the Pooh was the bear of 'very little brain' in the stories for children by A. A. Milne.

earnest, and cries like anything when she's criticised for not being an earnest female. Then she is criticised for crying. However, we laughed about her being armed. ①

The steep ascent to Lushan was a nerve-wracking experience; negotiating hairpin bends in dense low cloud, "rain and wind howling, cataracts foaming off cliff on one side, precipice with un-seeable bottom on other." They arrived in the late evening, exhausted, but there was still the formal welcome for senior comrades to endure.

Eric speechless, ears blocked feeling the height, me green as grass from the drive, and longing for bed, and Dora on her best behaviour having to do all the translation of speeches of welcome, and effusive thanks from us. ②

On her return to Peking from Lushan, life became even more onerous for Patience. Temperatures reached 110 degrees in the shade and humidity was high. She continued to drag herself into the office everyday as it was cooler there. The new doctor assigned to her case met with her approval, "English trained, not American", though being pregnant had its problems. "I can no longer see the ground under my feet, it's like always carrying a tray."

Patience's world changed completely with the birth of her son in September, "an unusually beautiful and talented child, of course." ③ She named him Robert in memory of the German Brigader she had loved and lost in Spain, but she always refers to him as "bobbin", "Bobby" or "Bob". Patience was now to find out more about Chinese attitudes to children and methods of child rearing. Chinese

---

① PE to HD, [8] 11/12 July 1955.
② Ibid.
③ PE to HD [13] undated.

colleagues gave Eric and Patience a scroll to mark the birth, using ancient script and replete with traditional symbolism. Congratulations were given on the birth of "a jade playing creature", indicating a boy, considered "very valuable and counts as a grade one birth. " The girls in Patience's office objected strongly to the use of this Chinese symbolism, saying it was reactionary and feudal. At first Patience rather liked the notion, then changed her mind.

"Jade playing" suits him very well as his Chinese name is Bah-bee, which I say is short for Robert. Popular name, though a little old fashioned nowadays. It means treasure... Stop Press. I have now heard that little girls only get a broken bit of pottery to play with, and the congratulations, if any, merely say, "We hear you have a small shard-playing object born to you. " Pah, I don't wonder the girls in the office took a poor view of using this feudal nomenclature. ①

Celebrations were held, as was the custom, when the baby was one month old.

The mother is then technically visible. Up till then in the old style she has not been out, read a word, got up, eaten anything cold (including fruit) etc. I had to do some of the things, like drinking milk with brown sugar and chicken soup, but I didn't keep in bed a day. ②

Patience was to go back to full-time work very soon after the birth, but spending more time at home for several weeks had allowed a little time to meet other mothers living within their compound. Breast feeding was a hot topic of

---

① PE to HD [14] undated.
② Ibid.

conversation.

Did I tell you that one of the other mothers in the compound says I'm just like her? Everyone always asks how the milk is, and I told them that I am a bit one sided, an awful lot in one, not so much in the other and baby fancied one side more than the other and had to be bullied every time to take from the small side. She said she was like that and whipped out her bosoms. I hesitate to call them by the name. One was completely atrophied, like mother's little money purse, a flat brown flap, about two inches. The other was like a brown sock with a small tangerine in the toe, hanging down below her waist. She is still breastfeeding her 7 month old, who practically stands and swings on it. Lots of mothers feed toddlers. They just sit down and let the toddler stand up and pull it out, like strap hanging. They don't mind at all about looks, nor do the men. Apparently the breast here is what it should be, not an adult erotic symbol at all, purely a mammary gland for use. The men don't get excited about it, and don't admire or want women to have a bosom in our sense of the word. But I still can't stand it when my compound friend joins our little mother's circles and says her bosom is just like mine...①

There were certainly tensions at times between Patience and Gwang Ying over child-rearing customs. Patience believed Gwang Ying would give in to the baby's every whim, whereas she herself was inclined to take a firmer stance. Gwang never left him to cry for even a minute, and insisted that all Chinese babies slept with the light on. " There's some superstitious pap about it, " Patience

---

① PE to HD, [15] undated.

complained, "Gwang won't dare leave him in the dusk when she's looking after him."①

Meanwhile, as Gwang Ying was "conquering illiteracy" by going to classes three nights a week, Patience was learning Chinese with a personal tutor. One of the lessons was on Chinese terminology within family relationships. She was surprised to find that there was no word just for 'brother'; one had to specify either "older" or "younger" brother. The customs relating to the naming of women were even more deplorable.

Did I tell you I lose my name too? Except to the *baomus* and others who knew me before as an important government foreign friend and still call me Pay-Shen-Dze I have now degenerated to being Bao-bee-de Mumma. Bobby's mother, which is all the name married Chinese women ever used to have. Many women had no given name at all in the old days. They used their fathers' surnames till they were married and then their husbands', but had no given name at all. If they had no children or only girls they weren't even so-and-so's mother.②

In March 1956, when the offices of the Foreign Languages Press were relocated to the outskirts of Peking, the Edney household also had to move. Patience and Eric had different opinions about their new home. Eric seemed pleased, describing a "brand new building about a mile outside the city-outside the old city walls, that is—the city is growing enormously. It's much more commodious and bright than the old place which we'd grown out of badly."③ Patience was less enthusiastic.

---

① PE to HD, [18] undated.
② PE to HD, [24] undated.
③ Note from Eric Edney to HD, [19] 21 March 1956.

We live at the office now, worse luck, in new Peking outside the city, beastly, in a modern block of jerry-built flats. The kitchen has a better stove and the hot and cold [water] runs beautifully quickly otherwise everything is worse than our nice little Chinese tumbledown compound. ①

Work and the baby took most of Patience's energy during the following months. Sight-seeing trips included a visit to the Great Wall of China, and the Ming Tombs, 50 km north of Peking. Opportunities to get together with other British people for some sort of social life seem to have been limited, though there were occasions when they would have drawn together for mutual support. Resident friends of China were bound not only by their ideological commitment to Chinese communism but also by displacement from their own societies. It was through politics that much of their social interaction took place, particularly at the "study groups" where members read translations of Marxist-Leninist thought, selected articles of Mao Zedong thought and discussed contemporary political issues. ② David Crook recalled Patience at one particular study group meeting, shortly after the Soviet Union entry into Hungary on 4 November 1956.

Patience was an active member of the British study group in Beijing and I remember how indignant she was on learning of the Soviet incursions into Hungary, expressing herself with characteristic candour. ③

Although letters to Hilary rarely contained references to politics, the Suez crisis, also in November 1956, did raise the subject. Patience had heard the news of a huge demonstration in London. The crowd had chanted, "One, two, three,

---

① PE to HD, [20] undated. Address given as FLP, Flat 20, Pai Wan Chuang, Peking, 37.

② Brady, *Making the Foreign Serve China*, p. 103.

③ Crook, letter, 1996.

four, we won't fight in Eden's war," in protest against the invasion of Egypt. ①

I had many congratulatory remarks about the almost unanimous reaction of over half the population of England, which had full treatment in the press here including photos in the biggest paper of the demo in Trafalgar Square which made me very homesick. I had enough in Spain of having to be ashamed of my country's rulers and trust, dear sister, that you are registering your disgust of Eden etc. ②

In the coming year, Patience's sympathetic opinion towards Chinese officialdom was to be put to the test. The Hundred Flowers Movement, despite the pleasant image it conjures in the mind, brought distinctly unpleasant experiences for Patience in 1957. When Mao's policy of inviting comments was reversed, not only the Chinese were to suffer.

The Party was in a panic and was so angry that they started to frighten people, trying to put an end to the Hundred Flowers. Eric was not used to biting his tongue—very English—and said, 'We English are accustomed to speaking out and discussing our problems in public. If the Chinese don't want us to do so, they shouldn't ask any English person to come here.' After saying this, Eric was arrested and I was interrogated too. The Chinese wanted me to denounce my husband, but I said 'No, no.' I didn't want to say anything bad to discredit him—although I often thought he was wrong, I wasn't about to criticise him over this. Then, the Chinese said, 'Very well, we'll put you in

① Anthony Eden (1897-1977) was a Conservative politician who served as foreign secretary in three different decades and became Prime Minister in 1955. His premiership was overshadowed by the Suez Crisis and he resigned after little more than 18 months in office.

② PE to HD, [24] undated.

prison and take away your son.' Bob was still under two years old, and the Chinese were fully prepared to do it. In a situation like that, it's difficult to decide what to do. One isn't a heroine, just a normal person. I thought perhaps the Chinese wouldn't dare keep us in prison very long, and Nan Green came to visit me and said that if they shut me away as well as Eric, she would look after Bob, and she stood outside the prison with a placard in protest. Anyway they didn't lock me up, but the situation was horrible, horrible. ①

Not surprisingly, in 1957, Patience's thoughts were turning increasingly towards going home. However, the business of leaving was not as simple as might have been expected. Sometime in the summer, a letter to Hilary mentioned that there were problems relating to their departure.

Our time has now been settled. They seem to have ambivalent ideas here! We were always firm about having a time, i.e. not here for ever, but when we found they were so surprised and grieved that we had our own ideas about it we had long arguments. I don't know why, except as a sort of compliment to our indispensability, as all the others here have perfectly ordinary contracts. However, it is now settled that we come back after four years, that is, next June. ②

But instead of being settled, matters actually became much worse. Correspondence and transcriptions of meetings with Chinese officials were carefully kept by Patience, recording details of two serious misunderstandings, the first relating to the general principle of assistance for foreign staff returning home, and the second, to

---

① PE, Lataster-Czisch, 'Eigentlich rede ich nicht gern über mich.'
② PE to HD, [26] undated.

accusations that the Edneys had misappropriated £800, given to them before they left England. Due to the complexities of currency exchange between China and the rest of the world, this money had been sent from the Chinese via Czech comrades and then, the British Communist Party. When finally the sum had been handed over to Eric and Patience, it was on the understanding that the money was to cover their financial commitments in England while they were away, such as their mortgage repayments and Eric's alimony payments to his first wife, plus money for their journey. Despite the fact that they had asked for confirmation of this arrangement several times after arriving in China, they had heard nothing further about the matter. Now the Chinese were insisting that the money had only been loaned to them and should have been deducted from their salaries. This had never been done, so repayment was being demanded as a lump sum, a very large amount to find in those days. Patience and Eric did not have the funds available to meet this demand. Believing that they were staying till the following June, they had spent their savings on tickets for Eric's daughter Katie to visit them during the summer holidays. Then suddenly, they had then been told by the Foreign Languages Press that they should leave almost immediately, six months earlier than previously stated.

On 30 November 1957, Patience and Eric met with Feng Hsi-liang and Lo Liang. Feng's manner was hostile and dismissive as he re-iterated the official view that "The £800 should have been repaid, and we think it should still be repaid out of your salary." Lo was rather more conciliatory, but both seemed resentful of the fact that as foreigners, the Edneys had been paid more than their Chinese colleagues. The acrimonious tone of the meeting caused Patience great distress, as a short extract from the transcript reveals, not only because of confusion about the date of their departure, but also due to the insinuation that they had been involved in some sort of financial chicanery.

Patience : Once this spring and once last year, Comrade Yang Chenfang was very much surprised at my raising the question of our going home at all. He said it was not a matter for me to decide. When I said that we had always understood that we were only here for four years, he was very surprised at that too.... I was very surprised that Comrade Yang seemed to think that any time limit was none of our business—that we were simply sent under orders....

Eric : I find it very strange that all this financial matter has been allowed to drift until this date-three and a half years after we arrived in China. We took the very first opportunity of raising it—the very day we arrived, and on many occasions later. And we took the first opportunity of reporting back to the Party in Britain that we had done so, and the fact that we had got no results. My own conscience on this matter is absolutely clear.

Feng : Well, if you have any other questions, you can raise them with the leadership.

Comrade Feng left.

Lo: [*to Patience*] If you are not satisfied with anything, you can take it up with the leadership.

Patience : Comrade Lo Liang: be human. Of course I am not satisfied. How would you feel if you had virtually been accused of embezzling sums of Party money? No, of course I am not satisfied. ①

---

① Transcript of meeting, 30 November 1957. Present: Patience, Eric, Feng Hai-ling and Lo Liang.

Nan Green demonstrated her sterling qualities of reliability and dogged determination by taking up their case and arguing for clarification of the matters of principle involved that would also affect other foreign employees. She sent several letters and spoke at length with the comrades of the Liaison Bureau pointing out that had the Edneys known they were going to be sent home so soon, they would have saved more and not spent money on Katie's visit. The Bureau attempted to offload the problem on to the Foreign Languages Press (FLP) or the CPGB, but Nan was not so easily put off and fought valiantly again on their behalf. ①

Patience wrote a long and anguished letter to Betty Reid of the National Organisation Department in the CPGB, explaining the whole sorry saga to her at length. She admitted that the problem had been exacerbated to some extent by Eric's difficult relationship with his employers and Chinese Communist Party officials.

> An added complication is that Eric baffles them, originally with his accent, and subsequently with his British working-class reaction to things, so that everything is done through me, and I often have to carry messages to Eric which he doesn't agree with. ②

The support of Nan and her husband had been crucial when they had been faced with unjust accusations.

> I was very heartened to find how kind and sensible Nan Green and her husband were. We went straight round the night after, not knowing quite

①　Undated notes from a conversation between Nan Green and the "comrades of the Bureau", sent (with official permission) from Nan to Patience.
②　PE to Betty Reid, undated.

what had hit us, and Ted's sterling commonsense made me want to cry. ①

After raising the practical issues to be resolved, Patience made her attitude to their difficulties clear.

> Now nothing I've said has to be taken to mean that we are not heartbroken at all the mess, I rather less than Eric because I'm only an accessory in that old-fashioned, feudal way they have here. Eric has nothing like the crimes on him that he is accused of, but both of us take full responsibility and are very sorry. We tried and tried not to do the wrong thing, but in the end just being② was wrong. I don't have to tell you that none of all this has been said or even hinted at to anyone who has been here, nor will it be said to anyone after our return. It's a very nasty little molehill, but we don't propose to make a mountain out of it. ③

After Nan Green's intervention on their behalf, the matter was referred to Wu Wentao. At a subsequent meeting in early December, the atmosphere had changed completely. Wu Wentao had succeeded in discovering the source of the misunderstanding and was full of apologies for the "inconvenience it has caused you comrades." Embarrassed, he admitted there had been "shortcomings" over the matter and promised that regulations would be worked out for future cases. "We hope that you comrades will also help us with criticisms and suggestions so that we can improve." Patience, still unhappy about the accusations that had been made against them, offered to continue "polishing" translations after returning to England to help to pay any outstanding debt, but it was made clear that it was not

---

① PE to Betty Reid, undated.
② "being" means "existing"-editor's note.
③ Ibid.

necessary to repay the £800 as had been previously stated, and that they would be given help to arrange their journey home. ①

Eric's comments to Wu Wentao on this occasion reflect his unease at the disparity in the salaries earned by the foreigners and the Chinese, so pointedly remarked upon by Feng Hsiliang and Lo Liang at the earlier meeting. As already noted, "privilege" was used as a manner of re-enforcing the divisions between the Chinese and other nationalities. Eric had been concerned for some time about the salaries for foreign employees, thinking them too large, saying that they "put a barrier between us and the Chinese comrades." He had discussed this with some of the other British employees, and had wanted to raise the matter officially, but had been told not to do so, because the "Chinese Party took everything into consideration when fixing salaries." However "comradely and helpful" their meeting had been that day, it was a pity, said Eric, that they had not had such talks in the past as it would have saved a lot of trouble, and also saved the Chinese Party expense. Being so overpaid, many of them had given large sums to the British Party and *Daily Worker*. This was all very nice, explained Eric, but should not have been done at the expense of the Chinese Party. He believed most comrades from Britain would welcome frank discussion on salaries and possible readjustment downward in many cases. "In any case," he added according to the transcript, "if today's meeting had done anything to improve relationships, it would have been well worth while." ②

At the end of December, another document records assurances from representatives of the Bureau of Experts' Affairs about arrangements that had been made for financing the Edneys' journey home. A small resettlement sum would be paid into their bank account in England. Once again, it was stressed that the

---

① Transcript of meeting, Thursday 5 December 1957. Present: Patience, Eric, Wu Wentao, Feng Hailing (interpreting), Lo Liang, Peng Fei, Yang Chenfang.
② Ibid.

accusations against them had been made in error.

> When the Edneys came to China, £800 was sent to the CPGB for their family commitments and part travelling expenses. THIS MONEY WAS PROPERLY USED. Due to a misunderstanding we did not get this clear. We regret this misunderstanding. I repeat: we know that the money was properly used, and the misunderstanding has been cleared up. ①

As the date for departure grew nearer, Patience began to feel really homesick. Nevertheless, rather than travel back as quickly as possible, she hoped that a few days in Canton and Hong Kong, followed by a slow boat home, would give her the opportunity to see a bit more of the country. She had told Betty Reid how restricted their opportunities for travel had been.

> None of the wretched foreigners here have seen so much as a measly factory for the past eighteen months or even had a duty trip to a farm. It will be nice to have something in China to talk about favourably and forget the nasty block we live in, to say that it's fun working for a people's democracy. ②

Even more importantly, the slow voyage would give her chance to rest and recover from the worries that had left her almost numb with exhaustion. However, one short trip to a temple in the hills towards the end of her stay had been possible, and Patience remembered this particular October day she had spent with her son with great pleasure.

---

① Nan Green, transcript of meeting with two representatives of the Bureau for Experts' Affairs, 31 December 1957.

② PE to Betty Reid, undated.

The trees were changing colour and the sun was hot as hot and the persimmon trees looked like Christmas trees, bare crooked branches covered with golden shiny fruits, and winnowing and harvest all over the place, heaps of corn cobs thrashed and un-thrashed and whole cobs drying under the eaves like Spain. ①

Then came the frantic business of packing up their lives for the journey home. The final farewells were not easy, as Patience explained in a long letter to Hilary when once on board ship.

I only stopped crying in Hong Kong as we kept on having send offs and everyone was so lamblike. A huge send off at the station, and poor Aunty Gwang out of control, it was dreadful. I hope she is now basking in three months' pay etc, plus perks and masses of photographs in her village. ②

The month-long voyage home on the Carthage P&O gave Patience time to reflect on the changes in her perspective after four years in China.

Hong Kong is really beautiful but man is very vile. Goodness how horrid capitalism is, also American cultural oppression, also beggars, poor things. ③

Being once again back in a British social environment after living in China, Patience was struck by the racist attitude of the woman in charge of the nursery.

---

① PE to HD, [30] undated.
② PE to HD, [32] 2 February 1958.
③ Ibid.

She said "Isn't it fortunate he turned out fair", as though Chinese colouring is catching and unfortunate. Also, "Was there anyone there for the poor little thing to talk to?" And when I said yes, 600 million, she said, "No, I meant nice people...." ①

Patience arrived home on 18 February 1958, having had the opportunity, rare among Englishwomen, to have experienced both positive and negative aspects of life in China. Despite an inevitable degree of disillusionment, she wrote later "I wouldn't have missed those four years for anything."② Looking back shortly before she died, she was aware that many of her hopes remained unfulfilled and there were things she wished she had done differently. But not all.

Only when I think of Spain, yes! I believe it was a wonderful thing to be able to feel so united. We—the International Brigaders—were so fortunate. We were so lucky that the Spaniards let us go to their country. We were so fortunate to be able to be with people who were committed to such a just cause, people who were really fighting against fascism. ③

Victory for General Franco in 1939 brought a dictatorship of almost forty years to Spain. Those who had fought on the side of the democratically elected Republican government had to wait until after his death in 1975 for a return to democracy. In 1996, after sixty years, Patience returned to Spain for the first time. She died in a Madrid hospital, the day after having been present at an impressive concert organised to welcome the volunteers of the International Brigades. The resounding applause, the chanting of the cry from the civil war,

---

① PE to HD, [32] 2 February 1958.
② PE, CV 2.
③ PE, Lataster-Czisch, '*Eigentlich rede ich nicht gern über mich.*'

'No Pasarán'—'They shall not pass', and the reprise of songs she had heard long ago in the International Brigades, must all still have been ringing in her ears.

安琪拉·杰克逊　历史学博士、著有《英国女性与西班牙内战》(伦敦:劳特瑞奇出版社,2002 年),曾前往加泰罗尼亚研究和撰写当地百姓与国际纵队的外国志愿者之间的关系。她的著作以英语、加泰罗尼亚语、西班牙语出版。她最近出版了裘斯·达屯的传记《这就是我们的天国》(布莱顿:苏塞克斯学术出版社,2012 年)。

象征性消费:胡文虎之居所及其品牌塑造探析

沈仪婷

内容提要: 万金油大王胡文虎于20世纪上半叶在新加坡和香港分别建筑了几幢别墅,无论是作为自我宣传,抑或为其永安堂虎标药品作宣传,这些私邸兼有文化与商业目的。本文通过当时新加坡的中、英文报纸以及中国的报刊等文献之记载与叙事,深入分析其长子的婚礼与其寿筵等象征性消费行为,探讨胡氏是如何将这些原本属于私人的空间转换成为"公共"的空间,于宣传其个人与品牌之同时,亦塑造了中国与南洋地区的现代文化景观。

关键词: 胡文虎 虎豹别墅 万金油花园 象征性消费

一、导 言

诞生于英属缅甸仰光的胡文虎(1882—1954),实为原籍中国福建省永定县的客家人。① 他与胞弟胡文豹(1884—1944)②于1908年继承父亲的永安堂国药行后,便着手扩充药行并研制虎标万金油等药品面世。后因虎标药品销行印度、缅甸、马来亚等地,胡氏决定扩充业务,1926年正式到新加坡创建制药厂,不久之后成为当地富豪。除了在马来亚各地设立分行外,他先后在中国各大城市及南洋英、荷各属地广设分行。随着虎标万金油的风行世界,胡氏也以"万金油大王"之称而家喻户晓。胡氏平生所关注且出力最多的是在文化、教

---

① 胡文虎生平参见《胡文虎先生六秩晋五寿辰专刊》,香港:星岛日报社,1947年;罗香林,"胡文虎先生传"《香港崇正总会46周年纪念特刊》,香港崇正总会编,香港:香港崇正总会,1966年,8—9页。
② 柯木林主编,《新华历史人物列传》,新加坡:教育出版私营有限公司,1995年,149页。

育、慈善、卫生等领域,他多次宣称自己对财富始终抱持"取之社会,用之社会"的宗旨,并以建立学校、创办医院、设立报馆三大事业服务社会。1954 年 9 月 4 日,胡氏因心脏病不治而寿终于夏威夷檀香山皇后医院,享年 72 岁①。

纵观胡氏一生都生活在英属殖民地——19 世纪 80 年代出生于英属缅甸首府仰光;20 世纪 20 年代以后,他选择将永安堂总行与总制药厂迁至英属海峡殖民地首府新加坡;之后,又于 20 世纪 30 年代于英属香港设立制药厂,作为其前往中国大陆发展的前沿,并长期在香港与新加坡两地居住。作为一名长期受到西方文化耳濡目染的海外华侨,胡氏自然有许多想法与做法是与传统的中国人有所差异的。其中有一样,至今仍然为人所津津乐道的,便是他先后在香港和新加坡所建筑的两座虎豹别墅(又称万金油花园),不仅作为他和胞弟胡文豹的私邸,还曾免费开放给公众参观,作为"公共"的私家花园。

研究胡氏及其各项事业存在一定的难度,因其一生活动范围广、业务遍布英属马来亚和新加坡、南洋各地、中国、香港、印度,甚至是全球。虽其企业是以客家人的网络为基础,但却跨越了族群的藩篱,并在各地之各族群与文化中建立了声誉②。而有关胡氏的资料亦分散于各处。此外,胡氏的文化产品亦是多元的:横跨了科学、产品研发、医药、原料、报业与出版、作为休闲与行销用途的虎豹别墅、体育,还有他倾力最多的三大公益事业(建设学校、医院和报馆)等。因此,有必要采用跨域史学的视野才能展现历史的复杂性与多面性③。

有关胡氏慈善事业与商业活动之报道,主要刊载于其星系报上;其次,则收录于星系报各报社和各客属会馆所出版的纪念特刊④。其传记亦被收录于一

---

① "Literary Landmarks of 1954", *Books Abroad*, 29(Spring 1955), p.158.

② Sherman Cochran, *Chinese Medicine Men: Consumer Culture in China and Southeast Asian*, Cambridge: Harvard University Press, 2006, pp.118-150.

③ 有关跨域史学的研究方法详见黄贤强,《跨域史学:近代中国与南洋华人研究的新视野》,厦门:厦门大学出版社,2008 年。

④ 如傅无闷主编,《星洲日报周年纪念册》,新加坡:星洲日报社,1930 年;傅无闷主编,《星洲日报二周年纪念刊》,新加坡:星洲日报社,1931 年;关楚璞主编,《星洲十年》,新加坡:星洲日报社,1940 年。

些名人集传之中①。除外,英属海峡殖民政府所出版的宪报与政府公报②及英文报纸和国家历史档案馆之口述历史访谈记录③,甚至香港与中国国民党南京政府时期的报刊④以及历史档案馆⑤,皆有一些零星的资料。在众多的材料之中,最具有参考价值的是1940年由关楚璞主编《星洲十年》所收录的"胡氏事业史略"⑥。然而,由于这是由胡氏旗下的商业机构所发行的材料,难免有避短扬长与自我宣传的意图,因此在使用时,必须审慎明辨并与其他同时期的史料(例如中、英报刊)互相参照、证明,以便取得对胡氏较全面的认识与客观的评价。

虽然市面上已出版多种胡文虎的传记,但因受限于材料,往往缺乏较深入的分析,不能算为学术研究⑦。直至21世纪,美国商业史权威高家龙(Sherman Cochran)研究20世纪10年代至30年代期间,胡文虎所建立的几乎覆盖了东亚主要城市的庞大行销网络,发现他的商业王国是建立于以家族、同乡以及客家人为基础的人际网络之上⑧。高氏分别从制造、销售和广告三方面切入,认为胡氏的慈善事业与其所发行的星系报及在香港和新加坡的虎豹别墅和万金油花园皆为其高超的广告策略;其中又以慈善事业为决定性因素。这是有别于前人的观点,因高家龙客观地把胡氏视为一在商言商的企业家,而非带着民族和文化的情感,一味地美化他所做的一切。可惜的是,高氏在该文中并没有深入地分析到底胡氏是如何利用慈善事业、星系报业及虎豹别墅作为广告策略

---

① 如林博爱主编,《南洋名人集传》第一集,槟城:南洋民史纂修馆编辑部,1922年,200页;Victor Sim, *Biographies of Prominent Chinese in Singapore*, Singapore: Nam Kok, 1950, p.4.

② 例如 *Monthly Review on Chinese Affairs*, CO 273.

③ National Archives of Singapore (http://www.nas.gov.sg/), Oral History Interview.

④ 例如上海《新闻报》、《申报》、《时事新报》。

⑤ 例如福建省档案馆《胡文虎捐款百所小学校舍及捐赠救伤车档案》及《胡文虎组建福建经济建设股份有限公司档案》。

⑥ 计四章,八万余字。除了参考历年各地报章实录外,还有虎标永安堂星洲总行簿记,且主纂者亦曾实地咨访调查。详见关楚璞,"跋语",《星洲十年》,关楚璞主编,无页码。

⑦ 例如康吉父,《胡文虎传》,香港:龙门文化事业有限公司,1984年;张永和,《胡文虎》,厦门:鹭江出版社,1989年;李逢蕊、王东,《胡文虎评传》,上海:华东师范大学出版社,1992年;Sam King, *Tiger Balm King*, Singapore: Times Books International, 1992;张永和,《胡文虎传》,新加坡:崇文出版社,1993年;寄丹,《报业豪门:胡文虎、胡仙传》,广州:广州出版社,1995年。

⑧ Sherman Cochran, "Intra-Asian Marketing: Aw Boon-haw's Commercial Network, 1910-1937", *Commercial Networks in Modern Asia*, eds. S. Sugiyama and Linda Grove, Richmond, Surrey: Curzon, 2001, pp.171-181.

的。因此,本文将会针对最后一点进行较深入的研究。

其实,除了虎豹别墅之外,胡氏在新加坡前后建筑的几幢别墅都展现了其强烈的风格,同时,它们更成为他向公众展示的空间。无论是作为自我宣传,抑或为其永安堂虎标药品作宣传,这些私邸就好像"公共"的橱窗般,展示了一些带有其印记且精选的"风景"。这一种兼有文化与商业目的的生活方式,相当具有现代性,在中国传统社会中可谓绝无仅有,甚至在 20 世纪上半叶的南洋地区也属罕见。本文将透过当时新加坡的中、英报刊及中国的报刊等文献之记载与叙事,探讨胡氏是如何将这些原本属于私人的空间转换成为"公共"的空间,于宣传其个人与品牌之同时,塑造了中国与南洋地区的现代文化景观。

二、前虎豹别墅时期

胡氏在新加坡取得相当商业成就后,便决定要建一幢能具体展现其财富与地位的别墅。1928 年 10 月间,当其位于纳申路之新居落成时,不仅街头巷尾人尽皆知,就连时任中华民国政府主席的蒋介石也题词"热忱爱国"祝贺其新居落成①。他将蒋氏的墨宝刊于其本人所赞助的当地小报上,似乎有意显示他虽为海外侨商但热爱祖国,且已获当时国家领袖之赞许与肯定。自此以后,胡氏的私邸便在塑造其个人形象与永安堂虎标品牌中扮演极为重要的角色。这种结合了媒体宣传的做法可说是颇为现代化的广告方式,同时也塑造了近代中、西与南洋地区的文化景观。

此外,当地英文小报也对此进行详细地报道②。可见,胡氏善用中、西媒体来为自己制造噱头,在新加坡此一英属殖民地中,不仅展现其累积财富的能力,亦显示出他在上流社会的地位。其实,自胡氏从缅甸仰光迁至新加坡后,其私邸一直是当地英文媒体的新闻焦点,而他本身亦似有意使用不同时期的寓所,作为展示其财富与成就的空间。最早的记录是 1927 年 1 月间,胡氏以赞助人

---

① "蒋主席题贺胡文虎君新居之字:热忱爱国",新加坡《星报》,1928 年 10 月 20 日。

② "New Residence of Messrs. Aw Boon Haw and Aw Boon Par (of Tiger Medical Hall) at Nassim Road, Singapore", *Malayan Saturday Post*, 27 Oct. 1928.

的身份开放位于东海岸路 50 号的私邸接待业余体育会的全体会员①。随后，1928 年 8 月间，胡氏亦曾在东陵路 2 号的私邸设记者招待会暨茶会，欢送他所赞助的伦敦汽车探险队②。随着同年 10 月间位于纳申路 3 号的新居落成后，它自然便成为当地媒体的新焦点。此后，胡氏经常于该别墅接待他所赞助的社团与体育团体，并留下许多团体照作为纪念。按照惯例，这些团体照皆会刊于英文报的社团及体育活动专栏上③。由于新加坡西方社群极重视社团与体育活动，各英文报皆设有专栏特别报道相关新闻，这也是当时英属殖民地上流社会的风尚④。而胡氏善用这些英文媒体的"公共空间"，以协助他塑造并强化其个人与虎标的品牌形象。

同时，胡氏常慷慨地租借其名下的另一处产业给当地的社团及体育团体举办常年活动。这幢位于西南海岸的度假屋成为了许多社团聚会的首选之地，十分有助于胡氏塑造其热心公益并赞助体育的形象。如前所述，当时英文报上都会刊登有关的活动讯息与照片，这无疑提高了胡氏在英文媒体的"曝光率"，为其名声远播提供了许多免费的广告版位。据笔者统计，在虎豹别墅落成前的九年间，胡氏曾将该度假屋租借给形形色色的社团近 60 次，其中包括了足球队、羽球队等体育团体、戏剧社、音乐社、读书社、学生会等文娱社团⑤。可见它及其周围的运动设施和游泳池，深受当时许多社团的欢迎。随后 1930 年，胡氏在该地段所兴建的虎豹游泳场（即后来的中华游泳场）亦深受当地华侨的欢迎⑥。胡氏为新加坡与华侨的体育所打下的基础及所付出的努力是深受肯定的。胡氏可谓充分利用了此一空间，作为展示和宣传，亦建立了他在新加坡此英属殖民地

---

① "Group photograph taken at the seventh anniversary celebration of the Amateur Sporting Association", *Malayan Saturday Post*, 29 Jan. 1927.

② "Singapore to London by Car", *Malayan Saturday Post*, 18 Aug. 1928.

③ 例如"The Straits Chinese Amateur Dramatic and Musical Society", *Malayan Saturday Post*, 15 Feb. 1930.

④ See Janice N. Brownfoot, "'Healthy Bodies, Healthy Minds': Sport and Society in Colonial Malaya", *Sport in Asian Society: Past and Present*, eds. J. A. Mangan and Fan Hong, London: Taylor & Francis e-Library, 2005, pp. 106-128.

⑤ See *Malayan Saturday Post*; *Singapore Free Press*; *Straits Times*, 1929-1937.

⑥ "Local Chinese Topics: Great Philanthropy of Mr. Aw Boon Haw", *Singapore Free Press*, 18 Oct. 1935.

英国人的社群以及侨社中广泛的人脉与公信力。事实也证明胡氏当时的投资是颇有远见的,后来在这片土地上建筑的虎豹别墅,为万金油王国赚取了许多有形与无形的资本与名声(详见下一节的讨论)。

作为一种文化消费,现代体育的推广与现代企业家的赞助有着密不可分的关系。① 这些大型企业利用赞助国际的体育赛事,例如奥运会等,进行大规模的广告宣传活动。在东方或许最能够展现这种现代化企业精神的是胡氏。② 英文报上的这些资料,同时显示出胡氏在行销这一方面的专长是长期的经营,且对于推广文化与体育活动的不遗余力,这些皆与其商业活动密不可分。在胡氏的例子中,可见文化生产、文化消费与文化认同三者之间的交互作用,商业与文化可谓一体的两面。由此足见,胡氏的想法与做法在20世纪的上半叶实属"现代"。他看见了成为体育赞助人背后之商机,其中牵涉了多种资本的转换。同时,因着他的慷慨赞助,南洋地区的文化景观有了许多的改变。

三、虎豹别墅

1935年,胡氏斥资港币1600万元在香港岛大坑的大坑道兴建第一座虎豹别墅(又名万金油花园)。③ 两年后,又于新加坡兴建第二座虎豹别墅,送给胞弟文豹作居所。④ 两处别墅皆有许多鲜艳夺目的雕塑,包括"西游记"、"八仙大闹龙宫"、"十八层地狱"等,大多取材自中国神话故事、民间传说、佛、道教寓言故事,也不乏家喻户晓的历史人物,例如在虎门销烟的民族英雄林则徐(1785—

---

① See Trevor Slack ed., *The Commercialisation of Sport*, London & New York: Routledge, 2004; Harald Dolles and Sten Sderman eds., *Sport as a Business: International, Professional and Commercial Aspects*, New York: Palgrave Macmillan, 2011.

② Howard L. Boorman ed., *Biographical Dictionary of Republican China*, Vol. 2, New York: Columbia University Press, 1968, pp. 178-180.

③ 香港虎豹别墅又名万金油花园(Tiger Balm Gardens),后被称为胡文虎花园(Aw Boon Haw Gardens)。

④ 新加坡虎豹别墅(Haw Par Villa)曾落入私人发展商手中,经多番易手后,业权终于在1999年3月归还新加坡旅游局。现在每天免费开放给游人参观。

1850)。总体而言,它们的主题乃导人向善,劝人莫作恶,并强调因果报应,具有道德教化作用①。它们的设计概念皆出自胡氏,由其口述并交由擅长园林设计的汕头师傅建造,可谓充分地反映了其品位与价值观②。当然,它们还有实际的广告目的,胡氏希望透过口耳相传,能吸引更多人到两处游览,借此替虎标万金油及其他药品作宣传③。例如新加坡虎豹别墅入口处的对联嵌有"万"、"金"两个字,而整座花园处处都是虎标标志与老虎的形象。

香港和新加坡的两座虎豹别墅不仅满足了制药商和消费者的多元需求,还成为了两地市民的集体记忆④。有学者认为它们就像是胡氏所开办的教室,为当时不识字的访客提供完整的中国历史、文化、民俗、宗教、道德和行为规范的课程;在英殖民期间,这不仅标志着胡氏个人的成就,也代表了整个侨社在当地的成就⑤。这些研究足以说明胡氏的杰作标志着两地的文化进入现代的阶段,亦有助于胡氏在消费者心中塑造其虎标品牌。

那么,胡氏又是如何透过这两座别墅来强化其自我形象塑造和品牌包装的? 其实,当香港虎豹别墅竣工后,胡氏便举办了一盛大的乔迁宴,当时的受邀嘉宾达 1600 名,包括了英属香港总督郝德杰(Sir Andrew Caldecott, 1884—1951)及中国领事馆官员等社会精英。⑥ 此盛事亦被新加坡英文报转载,使得胡氏作为远东英属殖民地两座城市巨富的形象跃然纸上。几个月后,为了庆祝新加坡虎豹别墅落成,胡氏又再举办类似的乔迁宴,据当地英文媒体报道这是

---

① *Factsheet on Interesting Places to Visit*: *Aw Boon Haw Gardens*, Hong Kong: Hong Kong Tourist Association, 1986.

② 有关香港和新加坡虎豹别墅的介绍,详参 Judith Brandel and Tina Turbeville eds., *Tiger Balm Gardens*: *a Chinese Billionaire's Fantasy Environments*, Hong Kong: Aw Boon Haw Foundation, 1998;朱迪. 布兰德尔、蒂娜. 特伯维利编,《虎豹花园:一位中国的百万富翁建构的太虚幻境》,胡文虎基金会译,香港:胡文虎基金会,2007 年。

③ Judith Brandel and Tina Turbeville, "Introduction", *Tiger Balm Gardens*: *a Chinese Billionaire's Fantasy Environments*, p. 17.

④ Brenda S. A. Yeoh and Peggy Teo, "From Tiger Balm Gardens to Dragon World: Philanthrophy and Profit in the Making of Singapore's First Cultural Theme Park", *Geografiska Annaler*, Series B, *Human Geography*, Vol. 78, No. 1 (1996), pp. 27-42.

⑤ Hong Lysa and Huang Jianli, *The Scripting of a National History*: *Singapore and Its Pasts*, Hong Kong: Hong Kong University Press, 2008, p. 211.

⑥ "People in the News: Romance of Trade", *Straits Times*, 30 Jul. 1936.

新加坡有史以来最盛大的乔迁宴①。对于在场的上千名宾客而言,这座在新加坡西南隅的虎豹别墅是当时新加坡与柔佛海峡最美丽的景观②。

这幢别墅还被评为远东地区最出色的现代建筑范例之一③。它因动用了新加坡所有的黄金库存而轰动全城④。另外,它的照明系统还打破了全新加坡其他建筑物总和的记录,就连英军在夜空中飞行时还能见到虎豹别墅的灯火璀璨⑤。除了宏伟的外观,它的内部也十分讲究⑥。由外至内的每个细节都尽显华贵,不仅凸显出主人的别具匠心,更代表了他欲显扬其财富的渴望。除了价值不菲的设计与摆设之外,胡氏对于别墅外面广阔的花园更是费尽心思。当地英文报已有相当翔实的特写报道,胡氏旗下的《星洲日报》、《星中日报》、《总汇报》,甚至香港《星岛日报》自然皆有大篇幅图文并茂之报道。足见胡氏斥资建造这两座别墅,在当时引起了两地社会广泛的注意与回响。这情形在二战前后的新加坡与南洋地区并不多见。这些也说明了胡氏深谙媒体的宣传功效。

笔者认为对胡氏而言,这两幢别墅的象征意义大过其实质意义,借着这有形的资产,他获得了许多象征资本。就像法国社会学家皮埃尔·布迪厄(Pierre Bourdieu)的研究所揭示的——消费者的品位与其社会阶层有着密切关联,象征性消费(symbolic consumption)也界定了消费者的社会地位。⑦ 而虎豹别墅也成为展现胡氏乐善好施形象以及虎标品牌故事的公共空间。就像他所出品的虎标各药,主要是针对不识字的老百姓,也尽可能触及广大的群众。以下两节将分别通过第二次世界大战前后的两个实例,来探讨胡氏如何透过在其私邸所举行的两大喜事(婚礼和寿筵),塑造其个人形象及虎标品牌。

---

① "Around the Town: Housewarming", *Singapore Free Press*, 19 Mar. 1937.

② "Around the Town: The Villa", *Singapore Free Press*, 19 Mar. 1937.

③ "A ＄250,000 'Bungalow', Mr. Aw Boon Haw's Villa at Pasir Panjang", *Sunday Times*, 31 Jan. 1937.

④ "＄300 Gold Anklets Are Returning To Fashion", *Straits Times*, 2 Oct. 1938.

⑤ R. J. Gilmore, "High Over China Seas With The R. A. F.: Sunday Times Reporter's 230-Mile Flight in A Singapore III", *Straits Times*, 24 Jul. 1938.

⑥ "Around the Town: The Villa", *Singapore Free Press*.

⑦ See Pierre Bourdieu, *Distinction: a Social Critique of the Judgment of Taste*, trans. Richard Nice, Cambridge: Harvard University Press, 1984.

四、老虎娶媳妇，全城共瞩目

即使到了如今，若非皇家贵族或名流明星，一般人鲜有将婚礼细节巨细靡遗地刊载在报端。然而，作为第二次世界大战前就崛起的报业巨子而言，胡氏已善用此优势来为其个人及企业作宣传，尤其是 1940 年 6 月 15 日，他在新加坡纳申路 3 号的虎豹堂，为其长子胡蛟（1914—1984）①与陈家裕（1925—2002）举行婚礼这件喜事上②。此前胡氏收购了《总汇报》，并任命长子胡蛟为该报社的经理；因此，该报对这场婚礼有详尽的报道。由此可见第二次世界大战前胡氏的社交网络：当天的证婚人是中华民国驻新加坡总领事高凌百③，介绍人则是胡氏的同乡新加坡著名的西医胡载坤（1895—1984）④和祖籍福建安溪的有名侨领林庆年（1893—1968）⑤，他们与胡氏可谓交情匪浅。而胡氏的亲家陈令典（1884—1963）⑥也是来自福建省的。

由于当时正值抗战期间，因此胡氏对其长子婚礼一切从简，除了设茶会招待本地与马来亚各地的各籍侨领、社会闻人以及亲友之外，也免去繁文缛节，且一致谢辞亲友的馈赠，并将节约的费用国币一万元捐献给重庆难童保育院，于婚礼当天即席签交高总领事转汇中国。这些做法都是为了要显示出他"无一不为国家民族着想"以及"为善最乐"的品格⑦。而据报载，当天中西各界的来宾约有 900 人⑧。这实在是一个广告的良机。

在一位 1940 年初甫到新加坡的英籍女记者的眼中，这场中西合璧的婚礼

① 详见柯木林主编，《新华历史人物列传》，152 页。
② "本报社长胡蛟与陈家裕女士昨在虎豹堂举行结婚盛况"，《总汇报》，1940 年 6 月 16 日。
③ 高凌百，祖籍江苏江阴，详见沈云龙主编，《近代中国史料丛刊续编》（第八十四辑），台北：文海出版社，1981 年，501 页。
④ 详见柯木林主编，《新华历史人物列传》，151—152 页。
⑤ 详见柯木林主编，《新华历史人物列传》，123 页。
⑥ 陈令典，祖籍福建龙溪，新加坡基督教长老会礼拜堂牧师，详见柯木林主编，《新华历史人物列传》，72 页。
⑦ "本报社长胡蛟与陈家裕女士昨在虎豹堂举行结婚盛况"，《总汇报》。
⑧ "本报社长胡蛟与陈家裕女士昨在虎豹堂举行结婚盛况"，《总汇报》。

不仅非常新奇,且是她所撰写的每周专栏中的一大亮点。她以女性独有的敏锐观察和细腻笔触,详细报道了这件城中盛事,尤其是婚礼的焦点——正值二八年华的新娘①。她特别注明"新娘是陈令典牧师夫妇的幼女"。原来胡氏的亲家陈氏因在新加坡开办了不少教会与学校,而在英文社群中颇具盛名,且深受敬重与爱戴②。然而,这一点在中文媒体中却没有半点着墨,或许因胡氏的星系报都将光芒聚焦在胡氏本身。与此同时,眼尖的她还观察到了一件非常有趣的事——新郎母亲所穿的浅蓝色绸缎上印有许多小老虎的图案,而其领口还别着一枚钻石的老虎胸针。就像胡氏一贯的打扮与作风(见下一节的讨论),胡夫人当天俨然是虎标永安堂的"代言人"!接着,这名女记者继续描绘这幢虎豹堂及其中的布置如何展现了胡氏的身份与地位。

第二次世界大战前,胡氏的身家与地位正值黄金时期,是英属殖民地中西人士一窥侨商生活的窗口,更是海外侨商向西方展示其财富与地位的平台。然而,这喜事还有很重要的一点,就是刊登在《总汇报》上的近80位宾客的名单中所反映的,皆是当时新加坡与马来亚侨社中各界的知名人士。由此可以一窥胡氏的交游圈子及社交网络:

> 高总领事夫妇,李正领事夫妇,郑副领事,曾副领事夫妇,林随领,高主事,南侨筹赈总会代主席陈延谦,星华筹赈会代主席李俊承,中华总商会会长李光前,闽侨各会馆联席会议主席林庆年,当商公会主席林文田,广帮筹赈会主席曾纪辰,客帮筹赈会主任林师万,南洋茶阳救乡总会主席蓝如晏,琼帮侨领郭新,林文庆博士夫妇,四海通银行行长李伟南,枋木同业公会总理梁元浩,广东银行行长姚伯龙,中国保险公司李德樵、潘华典、张江磋,同济医院总理吴胜麟,南洋医院院长胡载坤医生,客属总会副会长杨溢璘、海天游艺会会长伍燊才,安记栈东王声世,柔佛筹赈会主席黄树芬,森美兰侨领邱廉耕,吉隆坡华侨树胶公司主人黄重吉,怡保侨领曾智强,令金客属公会

---

① Mary Heathcott, "Free Press Feature: A Singapore Woman's Diary", *Singapore Free Press*, 18 Jun. 1940.

② "Rev. Tan (founder of schools and churches) dies", *Straits Times*, 3 Dec. 1963.

代表陈笑石,庇拉侨领萧尚武,新山客属公会代表郭惠明,同源社代表邬惠堂,星洲学校代表吴信昌,麻坡侨领罗美东;各界知名之士:□瑞朝、何乐三、连瀛洲、李合平、梅启康、胡少炎、王吉士、庄惠泉、洪开榜、简永年、许戊泉、陈海□、邝修文、朱树彬、李渭泉、丘子夫、静方校长杨瑞初、中正校长庄竹林、胡守愚、星洲日报社长胡昌耀、主编关楚璞、编辑郁达夫、总汇报主编冯列山夫妇、胡步华、古实根、钟少甫、林儒荣、陈伯专、林吉泉、袁凯军、林建邦、黄素云、江振华、陈天寿、陈庆元、郑文山、胡仕皆、杨永新、张云□。①

以上名单上不仅有来自中华民国领事馆的领事团,且有南侨与星华筹赈会、中华总商会的代表;除了来自胡氏相同血缘的客帮,也包括了闽帮、广帮、琼帮组织的代表,以及代表政、商、医、银行、教育、新闻等各界代表,甚至马来亚的新山、麻坡、吉隆坡、怡保等地的侨领皆前来向胡氏道贺。这足见第二次世界大战前胡氏的社交网络已涵盖了中央与地方,乃至血缘、地缘与业缘的精英。同时,《星洲日报》《总汇报》还连续数日刊登了不少篇幅的贺词,它们都标志着第二次世界大战前胡氏在新马侨社中所享有的声望与地位。经过中、西各报如此大篇幅报道,"胡氏娶媳妇"这件城中盛事,成了另一展示其财富与乐善好施形象的"公共空间"。这时期可说是胡氏二战前事业与地位的巅峰,亦反映了他既广且深的社交网络及善于制造话题以吸引众人目光——利用了公众窥探社会名流隐私的欲望,展示并塑造了自己及虎标的公众形象。

五、老虎庆寿诞,千叟同欢宴

第二次世界大战期间,胡氏的胞弟文豹和两名幼子二虎、三虎相继去世,而新加坡虎豹别墅亦惨遭日军所毁。为了忘掉这些伤痛及重整旗鼓,他不得不于战后展开新的建设工程,重建其个人与虎标的品牌形象。经过了两年多的时间,这座宣称斥资 25 万元位于东陵路的新居——虎厦终于竣工,且被当地英文

---

① "本报社长胡蛟与陈家裕女士昨在虎豹堂举行结婚盛况",《总汇报》。

报誉为"新加坡光复后最豪华的私宅"①。1948年2月4日,即胡氏65岁寿辰当天,他举行了盛大而别开生面的寿筵暨乔迁宴,柬邀1000名来自新加坡各族的65岁以上的贫苦老人与他一同欢庆。当地最大的英文报还图文并茂地追踪报道此"新闻"——上千名老人为了获得胡氏所发出的请柬,而在永安堂的大门外争先恐后②。由此看来,胡氏的确有善于制造新闻话题的本事。

然而,耐人寻味的是:既然报名当天已有超过1000人争先恐后前来索取请柬,此千老宴的名额应已额满,为何胡氏于事后又于同一份英文报刊登启事呢?③这显示出其用意在于广告,而非公告。更明确地说,这是为了重塑胡氏作为新加坡华侨富商与慈善家的形象而进行的慈善工程。在展示其乐善好施的同时,胡氏亦有意展示其财富与社会地位,甚至是品位。2月4日当天,该英文报还于头版刊登了胡氏的特写照片,照片中的胡氏戴着一副金丝眼镜,右手拿着点燃的雪茄,怡然自得地站在由意大利贵族画家 Count Bernardino del Boca di Villaregia (1919—2001)所绘的双壁画旁边④。画中描绘人力车夫正拉着车往前走,而车上坐着的是身穿绸缎马褂的侨商,背景则是宛若宫殿的中式豪宅;极可能是胡氏延请这位画家特地为"虎厦"的落成而创作的。该报道强调胡氏当天早上刚于新居为1000名贫苦老人举办了乔迁宴,而当天傍晚即将为另外1500名嘉宾举行鸡尾酒会。显然,胡氏这种奢华且慷慨的形象在新加坡的西方社群中颇为受落。

当天早上,胡氏于新居接待了1000名贫苦老人享用丰盛的早餐,并为他们预备了总值三万元的红包和礼物,且动员了其全家上下参与此慈善工程⑤。当天,皇家警察还派出十位警员前来协助维持秩序⑥。新加坡电车公司及胡氏旗

---

① "Tiger Mansion", *Straits Times*, 7 Feb. 1948.

② "Singapore Millionaire to Entertain 1,000 Poor", *Straits Times*, 27 Jan. 1948.

③ "Notice: Aw Boon Haw's 65th Birthday: Entertainment for 1,000 Aged People", *Straits Times*, 27 Jan. 1948.

④ "Mr. Aw Boon Haw, Chinese millionaire philanthropist, photographed yesterday in his new $250,000 Singapore 'Tiger Mansion' at Tangling", *Straits Times*, 4 Feb. 1948.

⑤ "1,000 Poor Are His Guests", *Singapore Free Press*, 4 Feb. 1948; "Millionaire Gives Away $30,000", *Straits Times*, 5 Feb. 1948; "Wednesday was a happy day for 1,000 aged Chinese, who, on the occasion of Mr. Aw Boon Haw's birthday", *Singapore Free Press*, 6 Feb. 1948.

⑥ "Millionaire Gives Away $30,000", *Straits Times*, 5 Feb. 1948.

下的报馆及永安堂也为出席者提供了十多辆公车来回接送①。无疑的,如此高调并大规模行善的例子在东、西方社会都是极为罕见的,因此,它才会如此受到媒体的特别关注与广泛报道。

不久之后,远在中国南京的《大地周报》上,有人以"胡氏设千叟宴"为题,报道了这件"很有趣的事",该作者认为胡氏的广告术"噱天噱地、趣事甚多",并追忆了胡氏在新加坡发售虎标万金油时,曾带领"一批伙计,头戴虎帽,沿门挨户去推销"、"万金油以虎标著名,他便一切皆虎";因此,作者认为胡氏借着这一次的寿辰"又来玩一个花样"②。虽然,此文笔调带着贬义和嘲讽的意味,但由此仍可见第二次世界大战后胡氏之善于制造新闻话题不仅是局限于新马一带,同时在中国也引起了不少人的瞩目与讨论。

另外,这篇短文还透露了非常重要的细节:胡氏在当天穿了一件虎皮大衣,手上拿着虎头杖,寿堂上到处都是虎标,寿字幛上是以虎来代替,并特地请了名画家画了一幅"万虎图"悬挂在礼堂中间,且到会的每一位老人都被尊为"老虎",并获得一枚"飞虎寿章"佩带于胸前入席③。难怪在明眼人眼中,胡氏的所作所为都是为了促销他的虎标万金油。虽然,中、西媒体的报道重点不尽相同,但胡氏以及虎标的形象是深入民心的。该作者还认为胡氏如此"轰动星岛"、"星岛各报都目为旷古未有之盛举",其实是抄袭自清朝乾隆皇帝的噱头:乾隆皇帝七十大寿那年,除了按照往常的惯例免赋大赦之外,还广召各地的古稀老人,主要都是地方的绅士耆宿,入宫祝寿,号称是"千叟宴",并在他们祝寿之后,赐以缎匹、拐杖等物。因此,作者指出胡氏此举不能说是"旷古未有",但胡氏能号召到1000个老人大开筵宴,也是不易的事。他肯定地下结论说,若非胡氏的财力和噱头,恐怕也办不到"这样的玩意"。④

当然,在商言商的胡氏并非圣贤,他行善的动机不纯粹是为了慈善,而是一种象征性消费。胡氏善于把握时机触及当时社会中受忽视的群体,以制造话题;而同一天傍晚六时所举行的鸡尾酒会,所宴请的则是"代表了新加坡社会另一个

---

① "Millionaire Gives Away $30,000", *Straits Times*.
②③④ 莲子,"胡文虎设千叟宴",《大地周报》,第97期(民国37年),7页。

极端的上千名宾客",包括了当地的富商、政府官员、领事团、高级公务员以及他
们的眷属①。这场鸡尾酒会所展示的是胡氏在上流社会的人脉与地位,就像第二
次世界大战前分别于香港和新加坡虎豹别墅宴请了上千名嘉宾一样,他再次透过
盛大的乔迁宴,标志了自己在英属殖民地主流社会中的成功与能力。

就在胡氏举办了这两场面对不同阶层目标群体的盛大乔迁宴会之后,当地
英文报摄影记者发表了评论与建议。他表示虽然这种布施的慈善是很典型的慷
慨,但除此以外,他质疑新加坡的百万富翁从事真正满足劳苦大众迫切需要之建
设的能力②。由于当时新加坡防痨协会正在为新诊所筹募 50 万元的建筑费,因
此他呼吁第二次世界大战前已是新加坡知名慈善家的胡氏能抛砖引玉,以使其他
富豪能共襄盛举,最后他还作了很有意思的注脚:"虽然远近驰名的虎标万金油
不能治愈肺痨,但虎标万金油的利润却能办到。"③这里很清楚地说明了一事实,
就是胡氏的虎标万金油利润丰厚,不仅替他赚取了许多的经济资本,更带来许多
社会资本及象征资本。而胡氏在慈善事业长期的投入,已在中、西各个阶层,从最
高至最低的,有着相当的影响力。然而,该名记者并无法洞悉胡氏的高调行善,其
实是一种象征性消费,目的在于向公众揭示其身份、地位、品位以及现有资本,以
期能影响消费者的心理、左右其消费行为,并赚取更多的资本。

六、总　结

胡文虎的乐善好施一向来都非常高调,因此难免总是引起非议,认为这些都
是在宣传虎标药品的广告噱头。从以上的分析来看,胡氏是不可能私下行善的,
且总是要让远近皆知,似乎非如此便无法达到宣传的效果。在商言商,精明的胡
氏自然不做亏本生意。然而,这又何妨呢? 当时他自然得到了所期望的注意力以
及广告的宣传效果,而那些有需要的人们也得到了救济。这些高调的行善也起到
了一些抛砖引玉的作用,并推动了社会的发展。笔者认为与其批评胡氏行善动机
的不纯正,不如自这些有趣的现象进一步探讨背后可能的原因。自以上案例,可

①②③　"Tiger Mansion", *Straits Times*.

归纳出胡氏透过在其私邸所主办的庆典接触了广泛的人群——从社会精英至不幸的老弱贫病者。正如其虎标药品一样,他尽可能地接触广泛的大众。这足见无论来自中西的各阶层、各族群的人士,都是他打交道及做生意的对象,也是他说故事及企图影响的对象。早在20世纪20年代,当胡氏进入新加坡市场时就一直看重与当地各阶层人士保持良好关系,无论是中西各界,抑或贫富悬殊的群体。或许可以这么说,胡氏的商业策略就是尽可能地广泛撒种,以至最终能广泛收割。而这些遍布于社会各个阶层的美名与人脉,可说是他无形的资产。

此外,胡氏的影响力并不局限于商业上的成就,而是多方面且多元的,他也改变了行善的模式,即他的行善具有现代性,也是商业宣传所体现的另一种现代性。在胡氏之前并不多见,例如同样举办过千叟宴的乾隆皇帝根本不需要如此的宣传,乾隆的座上宾非富则贵;当然胡氏的嘉宾也包括了社会的精英,但他却特意去触及社会中的弱势群体。为此,当时新加坡的英文媒体还对胡氏寄以厚望,希望他能带头改善当地行善的模式,让更多有能力的捐献者从事更有意义且更广泛与持久的慈善公益事业。由于胡氏善用虎标药品的利润来造福人群,因此,自然而然地,他与虎标的声名便随之远播。这些慈善工程都带着胡氏清晰而独特的"虎标"印记,而且似乎在他的个案中,商业与慈善、私人与公共的界线也模糊了。

综合以上的讨论,足以说明胡氏是如何借着婚礼与寿筵等象征性消费,将其不同时期的私邸转换成为公共的空间,并且于宣传其个人与品牌之同时,塑造了南洋地区的现代文化景观。这些寓所,尤其是如虎豹别墅,后来也构成了当地历史记忆中相当重要的元素,也是前英属殖民地时代所遗留下来象征海外华人特性的文化遗产。

主要参考文献

中文书目

《胡氏先生六秩晋五寿辰专刊》,香港:星岛日报社,1947年。

《星报》,1928年。

《星洲日报》,1948年。

《总汇报》,1940 年。

关楚璞主编,《星洲十年》,新加坡:星洲日报社,1940 年。

黄贤强,《跨域史学:近代中国与南洋华人研究的新视野》,厦门:厦门大学出版社,2008 年。

柯木林主编,《新华历史人物列传》,新加坡:教育出版私营有限公司,1995 年。

莲子,"胡氏设千叟宴",《大地周报》,第 97 期(1948 年),7 页。

林博爱主编,《南洋名人集传》,第一集,槟城:南洋民史纂修馆编辑部,1922 年。

罗香林,"胡氏先生传",《香港崇正总会 46 周年纪念特刊》,香港崇正总会编,香港:香港崇正总会,1966 年,8—9 页。

朱迪·布兰德尔、蒂娜·特伯维利,《虎豹花园:一位中国的百万富翁建构的太虚幻境》,胡氏基金会译,香港:胡氏基金会,2007 年。

英文书目

Boorman, Howard L. ed., *Biographical Dictionary of Republican China*, vol. 2, New York & London: Columbia University Press, 1968.

Bourdieu, Pierre, *Distinction: a Social Critique of the Judgment of Taste*, trans. Nice, Richard, Cambridge: Harvard University Press, 1984.

Brandel, Judith and Turbeville, Tina eds., *Tiger Balm Gardens: a Chinese Billionaire's Fantasy Environments*, Hong Kong: Aw Boon Haw Foundation, 1998.

Cochran, Sherman, "Intra-Asian Marketing: Aw Boon-haw's Commercial Network, 1910-1937", eds. S. Sugiyama and Linda Grove, *Commercial Networks in Modern Asia*, Richmond, Surrey: Curzon Press, 2001, pp. 171-181.

Cochran, Sherman, *Chinese Medicine Men: Consumer Culture in China and Southeast Asian*, Cambridge: Harvard University Press, 2006.

Hong, Lysa and Huang, Jianli, *The Scripting of a National History: Singapore and Its Pasts*, Hong Kong: Hong Kong University Press, 2008.

Malayan Saturday Post, 1927-1932.

Singapore Free Press, 1934-1948.

Straits Times, 1927-1948.

沈仪婷 祖籍广东省肇庆市广宁县,马来西亚公民。台湾大学中文系文学士、新加坡国立大学中文系文学硕士、博士。

评《鼠疫斗士——伍连德自述》[*]

陈雪薇

  这套传记,是有"中国现代医学之父"之称的伍连德(1879—1960)①英文版自述 *Plague Fighter*:*The Autobiography of a Modern Chinese Physician* 的中译本。原著由伍连德亲自执笔,耗时七年完成,于 1959 年由英国剑桥的 W. Heffer and Sons 公司出版,全一册共 667 页,插图 30 幅。如今,中译版在相隔了半个世纪后,分上下册于 2011、2012 年出版。这对自新千禧年前后以来因重新发现伍连德,逐渐意识到伍之经历涉及许多中国近现代史相关领域如医疗史、海外华人研究等,故伍之自传不啻为一丰富文本,可资传记研究、历史研究等参考的中文世界读者而言,无疑乃一大好事。

  自述是伍连德晚年时,为追忆其自身经历及许多参与过其生命历程的人物而撰写的。这个写作目的从其自述献辞、全书结构和内文叙事获得清晰反映。首先是献辞。伍连德声明,自述是为了铭记其过往七十年的人生岁月中,在其事业初创和取得成功的过程里,直接或间接提供过帮助的人们而动笔的。因此,他以此传记纪念并呈献给两个影响其生命极巨的人:一是 1910 年时任中国外务部右丞并向清廷推荐伍连德前往爆发东北鼠疫的满洲里调查灾情及全权

  * 伍连德,《鼠疫斗士——伍连德自述》,程光胜、马学博译,王丽凤校,长沙:湖南教育出版社,上册:2011 年 3 月;下册:2012 年 4 月;共 807 页。

  本文承蒙新加坡国立大学中文系黄贤强副教授提供修改意见,特此致谢。

  ① 伍连德,祖籍广东台山,出生于马来亚槟榔屿。英国剑桥大学医学博士。1908 年受聘为天津陆军军医学堂帮办。1910 年临危受命,前往调查东北肺鼠疫,以一系列现代化防疫措施,在半年内扑灭瘟疫,挽救千百万生命,申张中国国家主权。其后三十年,伍连德在中国出掌东三省防疫事务总处、中国海港检疫管理处、上海海港检疫所、中华医学会等职,并曾任总统侍医。

指挥抗疫事务的施肇基;一是伍连德在剑桥大学依曼纽学院的导师兼后来的终生好友威廉·内皮尔·肖(Sir William Napier Shaw)爵士。可以说,没有施肇基的举荐,便不会有后来因抗疫成功,而将中国医学的现代化及个人医卫实务与研究成就推向国际舞台,从而在中国甚至国际现代医疗史上名留青史的伍连德。施肇基可说是伍连德在中国开展长达三十年的医卫事业之伯乐。另一方面,没有威廉·内皮尔·肖亦师亦友的指导、关怀和帮助,伍连德便难以在初抵伦敦留学时感觉宾至如归,并得以向海峡殖民地申请延长其女皇奖学金至五年,然后终于在 24 岁成功取得成为科学家必要的硕士和医学博士学位。由此可见,伍连德的自述乃以包括其自身和为其提供过助力者的人与事功为基调。

其次,自述共二十四章,可按内容分为四大部分,排序同样显现伍连德以功业引导人生纪事的书写策略。第一部分共四章,记述名声鹊起的功绩如何让伍连德连带中国的名字在世界备受注目,将其个人际遇与清朝甚或中国医学的形象直接挂钩,赋予伍连德及其自述以非同凡响的价值和时代意义。开首的四章细致地阐述了 1910 年满洲里的黑死病以及在伍连德指挥下成功扑疫后首个由中国召开的国际学术研讨会——万国鼠疫研究会议;并涉及有关肺鼠疫研究的基础和三次肺鼠疫的比较。关于满洲里鼠疫情况的亲身经历与专业记述掀开其传记序幕,彰显了伍连德对自身记忆、纪念及希冀传诸后世的焦点所在:记功,并将其个人与中国历史及中国医疗卫生现代化历程密切关联,以敷衍身世。

伍连德将其人生故事的时间和空间主轴定位在 1910—1911 年满洲里鼠疫的初试啼声之后,第二部分第五章至第九章,主要以倒叙方法交代其背景出身、家庭状况、在出生地英属马来亚成长和受教育的少年时代,到英国、巴黎等欧洲国家留学的历练,以及毕业后辗转至中国之前,在马来亚的执业经验和从事社会改革的际遇。身为土生华人的伍连德虽为马来亚本土精英,其本身也感念英殖民地的培育,但这一部分的内容颇可见出作为海外华人知识精英的他对西方统治政权和中国原乡的观感,其被动的姿态和幽微曲折的情思,有别于学界一般对土生华人精英或接受西方高级教育的知识分子之想象,平实而富参考意义。

第三部分包括第十章至第十六章,主要记叙伍连德于 1911 年扑灭瘟疫并主持奉天国际会议后,在中国三十年来所从事的其他医疗、防疫、公共卫生和社会福利等事业,在展现个人于推动现代医学发展、防治霍乱等传染病、建设公共卫生设施、普及化医院等方面的功业之余,也揭示中国医疗卫生现代化进程中,本土政治、国际势力、社会文化等力量的介入。在此,伍连德的实际作为包括了担任东三省防疫事务总处总医官,并先后以其声誉协助创建北京协和医学院、协和医院、北京中央医院(今北京大学人民医院)、哈尔滨医学专门学校(今哈尔滨医科大学前身)及其他检疫院所、医院、研究所、医校等二十多所,同时倡建中华医学会及主编《中华医学杂志》。1930年,也是在其倡导下,中国政府从列强手中收回海关检疫主权,并由他出任国家海港检疫管理总处首任首长。直到1937年日本全面侵华,他才返回马来亚悬壶济世。

第四部分为第十七章到第二十四章,是伍连德对于一代时事情势与所身处或经验的地方、国家、民族与人生省思的散论,感性与知性兼具。其中包括了反思毒品对人类社会的影响;刻印在华传教士的医疗事业上的贡献;感思他所出席过的国际会议;指陈其足迹所及之国家民族的特质;并且尝试比较中西医之别异。回返马来亚后的伍连德,于人生的古稀之年开始借助大量资料撰写回忆录。此时繁华落尽,这最后一部分的行文,愈到书末愈显出其回归生命原初的倾向,笔墨出入于宏观多元的世界与民族感怀,兼及具体而微的本土关怀和人生反思。他不仅叙及出生地马来亚和马来人的历史,关切写作期间错综复杂的马来种族政治问题,篇末更以聚焦家庭生活、追思故人等内容,探讨知足如何可为长寿之道为全书作结。

如此的结构方式不免流于散漫,却清楚显露伍连德对自身生命实践、所处时空及识人的感思与价值排序。整体而言,自述的内容因伍连德自身的阅历、见闻和感思之丰沛而广泛多元。在纵的时间方面,自清末、民初直至国民党政权崩溃;在横的空间方面,则以中国及马来亚为主,涵盖日本、印度、巴基斯坦和英国、美国、法国等东西方诸国。伍连德自我定位为出身海峡殖民地华人、学成西式现代教育的医学工作者兼科学家,而其关注的事物除了医疗卫生之外,亦不乏政治、教育、宗教和社会生活等人文省思。这主要是由于他明确表示,其自述的另一目的,是希望借由忆录其奉献了最美好岁月而亲身参与的一段历史,突出中国这个曾历经无数兴衰的国家,如何在不断动荡的世界情势中蜕变,并在其晚年回顾生平的

20世纪50年代,争得当时的世界地位。因此,伍连德往往将临床或灾疫现场所观察到的现象,与儒家文化浸濡的中国世俗价值观如身体发肤受之父母等孝道、重视福寿禄等观念一并思考,显见了一个海外华人科学知识精英隔膜却又关切的文化思索。

伍连德的自述对学术研究的贡献与价值是多方面的。首先在于中国科学史——尤其是现代医疗史方面。自述从1910年的东北鼠疫谈起。这场鼠疫是中国现代医疗史上的重要起点,并涉及了中国与俄国、日本甚至其他西方列强之间复杂的政治角力和文化政治,伍连德的亲身经历提供了学者观察中国现代进程的多个方面。与此同时,中国近现代史上许多重要的政治人物纷纷出现在伍连德的记述中,反映了20世纪初中国医疗卫生的政治性、社会性和集体文化观,细致地写实了中国在医疗现代化进程中的处境,值得有志于中国近现代医疗史学者的阅读。

其次,伍连德也宣称,其自述目的之一也在于纪念那些帮助过他的人。因此,他不仅从专业上记叙许多他接触过的清末民初政治人物如锡良、袁世凯、施肇基、唐绍仪,公费留美一代陈友仁、伍廷芳、辜鸿铭、梁启超、林语堂等人之功绩、才能与为人,更不吝笔墨记录他与这些历史人物的交谊,以及对他们亦公亦私、又专业又个人的评价,从而让这些人物展现不同于正史叙述的生动面貌、复杂处境与鲜明个性,对中国近现代历史有兴趣者读来或有不同体会。

另外,伍连德的自述对海外华人研究也有价值。伍连德本身就是以商贾为大宗的海外华人研究中少数被注意到的科学界先驱。在其自述中,他以切身经验说明一己如何在因缘际会之下,于英属马来亚施展抱负受限之际,选择到中国发展的过程和思想挣扎。相对于一般认为返回中国发展之华侨皆出于"爱国"的普遍印象,伍连德自述中的心路历程展示了20世纪华裔知识分子更复杂幽微的海外处境与身份认同选择,有助拓宽与深化对历史中海外华人的认识。同时,伍连德的自述不仅涉及医疗卫生方面的功绩,也旁及其早年与晚年在英属马来亚的社会关怀和实践,展现了他作为一个医界先驱和社会改革分子的面貌,为海外尤其新加坡与马来西亚华人研究提供了研究资源。

上述贡献本已存在于英文版的伍连德自述中,此次中文版崭新面世,让广大的华文阅读世界受惠更多,此自述的价值亦倍增。这主要是因为伍连德作为一有功于中国现代医学的工作者,在其自述中充斥大量专业医病卫生之名词术语,即使阅读英文无碍者一时也难以消化。如今获得在中国微生物界服务过半世纪的程光胜、从内史角度研究伍连德的哈尔滨医科大学马学博两位学者共同翻译,这些医学用语与许多中国东北地名获得了专业的译介。同时,伍连德身为一海峡殖民地华人,其自述行文不乏南洋人名地名和习惯用语,这一部分则获得任职新加坡媒体的王丽凤译校,并有多位新马地区的学者于各层面提供帮助。如此种种,都让这中文版伍连德自述得以在距离原著五十年后,以通行于中国和新马这两个伍连德主要根据地的现代汉语重新问世。而且,译者又在正文中附加了小标题,也让各章内容更为清晰易读。

除了语言之外,中文版也包含了一些原著所没有的内容,是富有价值的参考资料。例如,英国剑桥李约瑟研究所荣休所长何丙郁便在其执笔的序言中,以其自身升学时受伍连德推荐的亲身经验,指出后者奖掖后辈不遗余力的美德;复以其所在的李约瑟研究所,披露伍连德当年向李光前筹款成功而开启该享誉国际的科学史研究所向华侨筹款以维持学术活动运作的传统。另外,伍连德长女之序言和所补充的数十帧珍贵图片,也让中文版的史料价值进一步提升。尽管如此,由于中文版上下册的出版相隔了一年,全书缺乏一个完整的译者序言,对有意关照此传记在隔世纪后以跨语际、跨地域与跨领域之姿出版的读者而言,不啻美中不足。而且,书末的索引似乎并未能有效体现其检索功能。同时,"自传"(autobiography)一变为"自述",如此的翻译与体例区分标准何在,或仍需译者与本书所属丛书主编细细厘析。

综合上述瑕不掩瑜的特点,这一套两册包含了医学史和人文社会科学内容的中文版伍连德自述,不仅直接裨益中国医疗史的内外史研究,更体现传记之于中国近现代史和海外华人研究等领域的帮助,充分突出了现代传记的史料研究价值与多元诠释。这是一本内容丰富、跨越多重领域、资料与讯息都极其原始珍贵的传记,值得强力推荐。

陈雪薇:新加坡国立大学中文系博士候选人。

Abstract

Special Column: The Fourth "National Awards for Biography in Chinese (2007 – 2012, China)"

Zhang Sheng

Emerging from the War **and Life Writing: An Interview with Award Winner Zhang Sheng**

Zhang Sheng (1945 –): After high school, he joined the military and served there for many years. When he was decommissioned in 1994, he ran a business, from which he retired in 2000. His awarded biography is *Emerging from the War: a Dialogue between Two Generations.*

Tong Daoming

About Pu Cunxin's *I Know Where Light Is*

Tong Daoming (1937 –): A researcher at the Institution of Foreign Literature, Chinese Academy of Social Sciences, he has done much work on drama critique and translation of Russian literature. He is the co-author of Pu Cunxin's autobiography *I Know Where Light Is.*

Salvation, Manipulation, Gratitude and Growth: On Pu Cunxin's *I Know Where Light Is*

Shi Yu(1989 –) is an MA student of Zhejiang Normal University.

Quan Zhan

The Fourth "National Awards for Chinese-Language Biography (2007 – 2012, China)": An Inspection

Abstract: China's Fourth "National Awards for Chinese-Language Biography (2007 – 2012), reflects the new development of Chinese life writing in the latest five years. It gives testament to the fact that the prize winning biographies adhere to the literary spirit of the present age. The multi-dimensional life-consciousness and literary consciousness manifest the essence and aura of contemporary Chinese biographical literature and display many new possibilities in fostering the arts of biographical literature as well as encouraging different varieties of biography.

Key words: China's biography; the Fourth "National Awards for Chinese-Language Biography (2007 – 2012, China)"; taste and aura

Quan Zhan (1956 –   ) is Professor of Chinese Literature at Jingchu University of Technology. He serves as a council member in the Biography Society of China. His major works on biography are *A Survey of China's Contemporary Life Writing and Life Writing: Interpretation and Criticism*.

Special Article

Philippe Lejeune

From Autobiography to Diary, from the University to the Association: the Footprints of a Researcher

Abstract: The essay recounts how the author sets off on his study of autobiography, goes on to diary and finally moves into the area of common people's biography and diary. In the reminiscence of his own research career, it also illustrates the author's own publications at various periods.

Key Words: autobiography; diary; common people; biography

Philippe Lejeune (1938 –   ) is the world-renowned French autobiography researcher. He has a large number of publications on autobiography and personal diaries, including *On Autobiography* (1975), *On Diary* (2006). All his works lay a theoretical foundation in defining the genre autobiography and expanding the scope in the study of diary. He is one of the founders of the Association of Autobiography and Autobiographical Legacy.

Life writing: Theory Study

Yang Zhengrun

What to Learn From Sima Qian: The Modern Implications of the Biographical Approach in Shiji

Abstract: Sima Qian is fascinated with the exotic but does not seek it. He tends to choose those with extraordinary life experiences as his biographical subjects, which reflects the new social force and requirement. He gravitates towards exotic stories and reveals the meaning hidden in them, often including an exploration of the characters. He strives to study the relationship between Heaven and man, and to penetrate changes both ancient and modern, thus uniting the discourse to one single school. This is not only characteristic of his objective of writing, but pertinent to his writing approaches. His selection of biographical subjects, interpretation of them and a great many details and anecdotes in use are all situated in their historical context, including examination of morals and the appeal to "Tao of Heaven." His scene-oriented approach to organizing materials enables him to elaborate on the most spectacular deeds of his subjects on the basis of miscellaneous historical facts, thus assigning narrativity and dramatics to their lives. In conclusion, Sima Qian's biographical approach still merits our learning today.

Key words: Sima Qian, biographical approach, fascination with the exotic, Tao of Heaven, scenic-oriented, Grant Hardy

Yang Zhengrun (1944 -) is Professor of Chinese Literature at School of

Humanities, Shanghai Jiao Tong University. He is Director of SJTU Center for Life Writing and Vice Chairman of China's Society of Biography. His publication includes *Biography*: *A Historical Survey* (1994) *and Poetics of Modern Biography* (2010).

Liang Qingbiao

The "Micro-Political" Interpretation of Autobiography

Abstract: Although it is the individual's self-writing, an autobiography is not simply a personal narrative discourse. It lies within the great social and political web, thereby making revelations in a microscopic way. It can therefore be considered a kind of "micro-political" writing. This paper attempts to sort out the following aspects and interpretations: the politics of the genre, rhetoric and criticism of autobiography. Given this context, the relevant text and phenomenon of autobiography may be evaluated more objectively, and its real value can also be recognized.

Key words: autobiography; political; rhetoric

Liang Qingbiao, Ph.D. (Nanjing University, China) is an Associate Professor at College of Humanities, Jiangxi Normal University. His research interest is in the theory and critique of biography. Recent Publications: "Self-consciousness and Identity: the New Ways of the Interpretation of Autobiography" (2011); "The Construction of Identity in Dialogue: The Autobiographical Narrative of Günter Grass's Peeling the Onion" (2010). Current Research Projects: "Compilation and Research of Overseas Life writing on Modern Chinese People (Hong Kong and Macao Section; IN: 11& ZD138)", "Research on the Current Trends in Western Theory and Criticism of Autobiography."

Tsun-Jen Cheng

The Value of Biographies of Physically Disabled People

Abstract: In recent years, life writings of the physically disabled have increased rapidly, emerging as new genre of biography. The great number of disabled individuals is one of the reasons but of greater noteworthiness is the fact that issues that the disabled face cross gender, occupation and geographical boundaries. Also, the social culture and self-perception and attitudes of the disabled have changed as well. This article seeks to highlight the value of this genre of biography by firstly focusing on these phenomena against their social background, followed by discussions from three dimensions: hero's biography, the need for a voice, and therapeutic effects.

Keywords: physically disability; biography; voicing; scriptotherapy

Tsun-Jen Cheng is an Associate Professor of Department of Teaching Chinese as a Second Language at Ming Chuan University. He is the author of the book, *Research of Contemporary Biography Literature in Taiwan*, and has published articles both in biography and language-teaching.

Wang Jun

The Narrator in the Oral-Narrative Tradition

Abstract: Oral history is based on the dialogue of the interviewer and the narrator, with aims for truth rather than portraying the personality. The narrator's focus shifts according to the interviewer's questions during the interview, making it difficult to reveal his personality. The interview, being an occasion separate from normal routine, also limits the manifestation of the narrator's personality. The personality of the narrator is peripheral, which is different from autobiography.

Key words: oral history; interviewer; narrator; personality

Wang Jun, Ph.D., is a Lecturer at Huaqiao University. He teaches Western literary and cultural theory. His research is part of the major project "Compilation and Research of Overseas Life Writing on Modern Chinese People" sponsored by the National Social Science Foundation of China (IN: 11& ZD138), the project

"Research on Oral History and Autobiography" (12YJC751080) funded by Ministry of Education.

Li Fang, Peng Jia

Research on the Organization of Resources for Life Writing

Abstract: Through the perspective of information and knowledge organization, this paper studies the approaches to organizing life writing resources. It highlights the significance and value of analyzing resource-organization for life writing. It uses the method of information organization to design metadata framework, and builds inter-relationships between biographical resources through classification, thematic analysis and information maps.

Key words: Biography resources; life writing resources; organization of knowledge; organization of information; topic maps

Li Fang (1970 –) is an Associate Research Librarian at Shanghai Jiao Tong University Library. Her research interest is library science. She has published three works and over thirty articles in this area. Her recent work includes *Approaches in the Construction of Sources in Disciplinary Information.*

Peng Jia (1979 –) is a Librarian at Shanghai Jiao Tong University Library. She has co-authored two works and published eight essays in the field of library science.

Life Writing: Text Study

Tang Yuqing

On Europe's First Biography of Chiang Kai-shek

Abstract: *Le maréchal Chiang Kai Shek: Son Enfance, Sajeunesse* is written in French by Xie Shoukang. It was published in Belgium during the Anti-Japanese War and considered as the first biography of Chiang Kai-shek in Europe. The specific historical background, expected audience and the author's literary experiences all exert influence on the final published work.

Key words: Xie Shoukang; biography of Chiang Kai-shek

Tang Yuqing is an Associate Professor of Comparative Literature at Nanjing University. She had her Ph.D. in Modern French Literature at Paris III University (Sorbonne Nouvelle).

Shi Jianguo

On Wang Dingjun's Memoir

Abstract: The publication of the four-part Memoir by Wang Dingjun attracted extensive attention in academic circles. It can be seen that Wang Dingjun has a clear sense of style for he particularly points out the differences between a memoir and an autobiography. His tailoring of the materials, the deliberation of language and the skills of adequate expressions make his memoir both lively and intriguing. Additionally, as a Christian, his writing not only tells of the influence of religion on his life, but also exudes a deep religious dedication.

Key words: Wang Dingjun; memoir; writing Art; religious preoccupation

Shi Jianguo (1981 -), Ph.D., is a Lecturer at School of Literature & Journalism, Shandong University. He teaches Modern and Contemporary Chinese Literature. Recent publication: *The Biography of Sophia H. Z. Chen: A Singer of Creating Life* (2010) and more than 30 papers.

Wei Hongyuan

An Exploration of the Writing of the Biography of Wang Shouren in *History of the Ming Dynasty*

Abstract: The process of writing personal history into the history of the Ming Dynasty is very complex. The biographer needs to read his subject's chronicles, epitaphs, tombstones, sketches and works for reference. In addition to all this, he must make field investigations and visit the subject's various relations as well. The completion of the first draft goes through repeated modification before it is finalized. It is then incorporated into the Ming History, with further modification made by a number of historiographers. *The Biography of Wang Shouren*, characteristic of the huge accumulated efforts by generations of historians, stood the test of time. The first version is *Wang Shouren, a Historical Biography* by Wang Shizhen, who spent years working on revisions of earlier drafts before publication. Later generations of writers made modifications to the original version; examples from the Ming Dynasty include Yin Shouheng's *Chronicles of Wang Shouren* and Shen Zhaoyang's *Wang Shouren the Scholar*; in the Qing Dynasty there were various versions of biographies of Wang Shouren by Mao Qiling, You Tong, Wan Sitong, and Wang Hongxu. Historiographer Fu Weilin's *Biography of Wang Shouren* is almost a replication of Wang Shizhen's version, while the last version of *Biography of Wang Shouren* is further improved by Mao Qiling, Wang Hongxu, Fu Weilin, You Tong, Wan Sitong and Fu Weilin. From Wang Shizhen's *Wang Shouren: a Historical Biography to* " *Wang Shouren's Biography and Ming History*," Wang Shouren's biography witnessed more than ten versions. This attests to the serious-mindedness involved in biography-writing.

Key Words: Biography of Wang Shouren in *History of the Ming Dynasty*; Wang Shizhen; Wang Shouren; Biographies of Confucianism

Wei Hongyuan, Ph.D., is an Associate Professor in College of Chinese Literature at Lanzhou University, where he teaches ancient Chinese literature and philology. His research is part of the project of National Social Science Fund "Research on Wang Shizen's Literature and His Thoughts in His Later Years" (IN: 10CZW030) and the project of humanities funded by Ministry of Education. His recent publications include "Doubts on Wang Shizhen's *Feng Zhou Notes*," (2012) and "The Replacing of 'Wu Style' by 'Chu Tune' in the late Ming Dynasty" (2012).

Wang Yanhui

An Anthropological Approach to Autobiography: Michel Leiris and *L'Afrique fantôme*

Abstract: Anthropology and autobiography may seem like two completely unrelated fields but in actuality, these are both a form of self-discovery and self-recognition. In Anthropology, this is usually manifested as the exploration of foreign groups whereas in autobiography, it is the exploration of the self. As a writer and anthropologist, Michel Leiris demonstrates the mixture of the two, and *L'Afrique fantôme* is a product blending the two kinds of practice. In the expedition across Africa in 1930s, Leiris fused anthropological notes and autobiographical writing in the same text, in pursuit of a "journal total," by his definition.

Key words: anthropology; autobiography; journal; self-discovery; real

Wang Yanhui is Doctoral Student of the history and semiotics of text and image at Paris VII University. Research interest: literature and Arts (music, movies, beaux-arts), autobiography and anthropology.

Han Shishan

An Analysis of the "Decline" in Biography Writing in Mainland China: Biography of Lin Huiyin as an Example

Abstract: Through an analysis of a large number of biographies of Lin Huiyin over the recent three decades, this paper identifies four major problems in current life writings of modern cultural figures in Mainland China. These problems can be grouped in two categories, namely the carelessness in the research of the existing materials and the failure to effectively borrow from the existing modern textual materials kept in Taiwan. What is most important is that there is the severe lack of academic rigor. The current utilitarianism, the trend of short-sightedness, and the insufficient academic training of practitioners account for the phenomenon. Though no specific solution is provided herein, the answer is explicit from the analysis of various forms of the decline.

Key words: biography, decline, Lin Huiyin, Jin Yuelin, Fu Sinian

Han Shishan(1947 –), a historian, is the vice chairman of Shanxi Association of Writers. He served as editor-in-chief on *Shanxi Literature*. Some of his biographies include *Li Jianwu: A Biography*, *Life of Xu Zhimo* and *Revisiting Lin Huiyin*.

Shen Chen

Between Truth and Invention: Henry James of the 1890s in Three Texts

Abstract: Henry James in the 1890s is the subject of biography or biographical novels such as Volume III and IV of *Henry James* by Leon Edel, *Author, Author* by David Lodge, and *The Master* by Colm Toibin. All the three texts are based on the same historical period, aiming to present a truthful image of Henry James; however, their representations diverge quite a bit. Each biographer has his own preferences, whether on material-selection or on interpretations of the same event. All these result in different understandings of the relationship between the biographer and his subject. The unavoidable invention in the texts not only makes it difficult to touch upon the so-called Truth, but also serves to present to us the different levels and facets of the truth.

Key words: biography; truth; Henry James

Shen Chen is a graduate student in School of Humanities at Shanghai Jiao Tong University.

Life Writing: Subject Study

Xiaoning Lu

Peripheral Perspective and Transnational Life Writing: Two English Accounts of Lao She's British Sojourn

Abstract: Through an examination of Robert Bickers'1994 biographical notes

"New Light on Lao She, London, and the London Missionary Society (1921 –
1929)" and Anne Witchard's 2013 literary biography *Lao She in London*, this
article identifies a peripheral perspective employed in both English accounts of Lao
She's British sojourn. It argues that peripheral perspective—casting a side-glance
instead of a direct gaze at the subject—not only strategically responds to a paucity
of historical records but also enables the authors to bring forth and reveal a more
complex relationship of Lao She's intellectual activities and London's urban milieu
life. Sustained by their divergent social, cultural, and disciplinary concerns,
Bickers' and Witchard's accounts complement Chinese-language life narratives of
Lao She in that they propose an integrated, transnational form of historical
understanding of individual sojourners.

Key words: Lao She, sojourn, transnational life writing, peripheral
perspective, modernism

Xiaoning Lu is Lecturer in Modern Chinese Culture and Language at SOAS,
University of London in the United Kingdom. Her work on modern Chinese
cinema and culture has appeared in both Chinese and English academic journals
including *Wen Yi Yan Jiu (Research on Literature and Arts)*, *Journal of Chinese
Cinemas*, and *Journal of Contemporary China*. She would like to thank the
National Social Science Foundation of China for their funding of this research
("Compilation and Research of Overseas Life writing on Modern Chinese
People," 11 & ZD138). The author can be reached by email at xl1@ soas. ac. uk.

Angela Jackson

**A Transference of Hope? From Civil War Spain to Mao's China: An
Englishwoman's Perspective**

Abstract: Patience Darton was one of the few British women invited to work
in China in the 1950s. Her recently discovered letters and papers offer a rare
glimpse through female foreign eyes of life in Peking during the four years she was

employed by the Foreign Languages Press. This article explores what motivated her to make such a dramatic change in her circumstances and places her experiences there in context. In 1937, as a qualified nurse, she had volunteered to serve at the front with the International Brigades during Spain's civil war. Saddened and bereft at the defeat of the Spanish Republic in 1939, along with a number of other former members of the medical units she turned her hopes towards China, believing it to be a place where they could help to build a truly socialist society. A few months after her eventual arrival in Peking in 1954, she married Eric Edney, a former International Brigader, and in 1955 gave birth to their son. The detailed and nuanced observations in the correspondence with her sister offer a unique insight into the everyday world around her, while other documents and reports from her collection reveal how her sympathetic view of the Communist political system and Chinese officialdom were put to the test.

Key words: 1950s China; 'foreign friends'; International Brigaders in China

Angela Jackson holds a doctorate in History from the University of Essex, (2001). She is the author of *British Women and the Spanish Civil War* (published in Spanish as *Las mujeres británicas y la Guerra Civil española*) and other books on the subject of the relationship between International Brigaders and the local population. This article is based on her most recent publication, ' *For us it was Heaven*': *The Passion, Grief and Fortitude of Patience Darton from the Spanish Civil War to Mao's China* published by Sussex Academic Press and the Cañada Blanch Centre for Contemporary Spanish Studies, 2002. (Also published in Spanish in 2002 as *Para nosotros era el cielo. Pasión, dolor y fortaleza de Patience Darton*: *de la guerra civil española a la China de Mao.*)

Sin Yee Theng

Symbolic Consumption: **A Study of Aw Boon Haw's Villas and his Branding Campaign**

Abstract: Aw Boon Haw, the Tiger Balm King, constructed a few villas in Singapore and Hong Kong successively during the first half of the twentieth century. These villas served both cultural and commercial purposes. By reviewing his Haw Par Villas, Tiger Balm Gardens, his eldest son's wedding ceremony and his birthday celebration, I argue that through these "symbolic consumptions," Aw had converted his private residences into public spaces for his self-promotion and brand publicity; while shaping the modern cultural landscapes of China and Southeast Asia.

Key words: Aw Boon Haw; Haw Par Villas; Tiger Balm Gardens; symbolic consumption

Sin Yee Theng, with ancestry of Guangning County, Zhaoqing City, Guangdong Province, is a Malaysian citizen. She received her BA from Department of Chinese Literature, National Taiwan University and MA and Ph.D. from Department of Chinese Studies, National University of Singapore.

Book Review

Chin Hsuen Wei

Wu Lien-De, *Plague Fighter*: *The Autobiography of a Modern Chinese Physician.* (**Review**)

Chin Hsuen Wei is a Ph.D. Candidate in Department of Chinese Studies, National University of Singapore.

Call for Articles

Life writing studies, which have moved onto the central stage in the academia, have gained ever more attention both in and outside China. The biannual journal entitled the *Journal of Modern Life Writing Studies* aims to stimulate Chinese life writing studies, provides a forum for scholars of various disciplines both at home and abroad, attracts and promotes specialists in the field.

In an attempt to bring out the latest development of the research for life writing, the *Journal of Modern Life Writing Studies* seeks to, in modern visions and views, explore theoretical, historical, cultural aspects of life writing, focus on case studies, textual analysis, feature studies and deal with issues in the life writing practices. It also takes as its fundamental task expanding and enhancing the substance of life writing studies and stimulating live discussions of all the issues accordingly. The sections in the journal include interviews, book reviews, and biography-writings in the form of various media, in addition to articles. Long-length articles (10,000 Chinese characters; or 8,000 English words) or short essays (4,000 Chinese characters; or 2,000 English words) sparkling with insights and originality are welcomed.

The journal accepts submissions in Chinese or English. Articles and interviews should not exceed 10,000 Chinese characters, or 8,000 English words, notes included. Reviews should be about 4,000-5,000 Chinese characters; or 2,000-3,000 English words in length. Submissions should be double-spaced, in a Times New Roman 12 point font; or in Chinese Song character small 4 font. Paragraphs should be indented, rather than separated with a space. Footnotes are serialized on each page separately, with the sign ①,②,③ ⋯. Citations should be formatted according to the MLA Style or the standard sheet in the author's field. Acknowledgments (if applicable) should be given in a footnote at the beginning of the notes section. Please include a 150-word abstract and a biographical note. The journal follows a double-blind peer review policy. Submissions should be previously unpublished and should not currently be under consideration by other journals.

The author is in charge of his/her own academic honesty. All images must be used by permission only.

Work should be submitted by e-mail in Word format to the email address: sclw209@ sina. com

Two complimentary copies of the issue and a small remuneration will be sent to the author when his/her work is published.

The Journal of Modern Life Writing Studies is based in SJTU Center for Life Writing. We welcome suggestions and proposals, from which we believe the journal will surely benefit.

From the Editor

After a year of preparation, *Modern Life Writing Studies* is now available to readers. We are more than excited, pleased and grateful to the fact that many distinguished scholars of life writing studies or other academic fields both in and outside China have agreed to join our academic committee. This signals a favorable prospect for the journal to move into the international academic community. We hereby, in this issue, express our heartfelt gratitude to Professor Philippe Lejeune for his valuable contribution to be published in the Chinese version. As the author of *Autobiographical Pact*, a monograph which is certainly a significant document in academic history, and an essay every life writing researcher must read, he elaborates on his experience of autobiographical research.

Now that the Fourth "National Awards for Biography in Chinese (2007 – 2012, China)" have been announced, Zhang Sheng and Tong Daoming, two of the prize-winners, have kindly sent their papers at our solicitation. Although *Coming from the War* is Zhang Sheng's only biography, the author's writing skills and understanding of life writing are enlightening and hence recommendable. Quan Zhan makes detailed comments on each prize-winning work of the Fourth "Award for Biography in Chinese (2007 – 2012, China)" based upon a large number of sources. Shi Yu's reading experience of *I Know Where Light Is* testifies to the progress made by Chinese life writing from a variety of perspectives. The exuberant development of China's modern life writing is an important trend which also gives birth to our journal, so we will continuously focus on this field.

Despite the fact that China has long boasted of voluminous life writing production, the drawbacks in life writing identified by academia cannot be neglected. Through his rich writing experience and knowledge of historical documents, Han Shishan's evocative article criticizes some common defects in life writing as illustrated in several versions of biography of Lin Huiyin. Yang Zhengrun's recommendation of Sima Qian's biographical approaches is also pertinent to the negative issues in current Chinese life writing. In his impressive essay, he quotes European and American scholars' comments on Sima Qian to call attention of Chinese *Shiji* researchers .

Life writing theory is relatively weak within the field of life writing studies. Some articles in this issue attempt to change this situation. Quoting voluminous materials, Liang Qingbiao examines autobiography from the perspective of "micro-politics. " Tsun-Jen Cheng explores the milieu and significance of the emergence of disabled lives, a new sub-genre in Taiwan, while Wang Jun analyzes the presence of personality in oral history. Li Fang and Peng Jia, in the light of modern life writing concepts, perform their research on the ways in which life writing resources are utilized from the perspective of information management and knowledge organization. The pioneering spirit of all contributing scholars is highly commendable.

Some female authors have contributed their part to this issue, too. They share an acuteness and meticulousness in text interpretation. Xiaoning Lu identifies the narrative approach of "peripheral perspective" from two accounts of Lao She's British sojourn. From the construction and use of Aw Boon Haw's Villas in Hong Kong and Singapore, Sin Yee Theng examines the commercial strategy and cultural significance. Through her research on letters and other documents, Angela Jackson performs an in-depth psychological analysis of a British nurse from her account of four-year work experience in China in the aftermath of the Spanish civil War.

As far as commentaries and book reviews are concerned, they cover a wide range and manifest their unique features in methodology or perspective. Placing the first European biography of Chiang Kai-shek in the historical context and taking the biographer's identity into account, Tang Yuqing gives an analysis of its various particularities. Shi Jianguo's study focuses on the stylistic characteristics, literary approaches and religious concerns of Wang Dingjun's memoir. Wei Hongyuan, through his outstanding historiographic expertise, explores the process of composing *Wang Shouren's Biography in the Ming History*, reflecting his great efforts in collecting and synthesizing materials. Wang Yanhui employs his multi-disciplinary expertise in his analysis of how Michel Leiris embodies anthropological and autobiographical elements in *L'Afrique fantôme*. Shen Chen addresses three versions of Henry James biography and Chin Hsuen Wei's review of Wu Liende's autobiography both highlight the tinge of comparative life writing, which is a new branch, and deserves the attention of the academic community.

Covering a vast variety of topics and transcending time and geographic boundaries, this issue enjoys an array of contributions from renowned experts, well-established middle-aged scholars, and young Ph.D. and M. A. students. Apart from mainland China, authors are from France, U. S. , U. K. , Singapore, Malaysia and Taiwan. This finely dovetails with our aspiration of openness in the global age.